분노
죄책감
수치심

분노 죄책감 수치심
다루기 힘든 감정들과 친구 되기

펴낸날 초판 1쇄 2021년 4월 5일
제2판 1쇄 2023년 11월 15일

지은이 리브 라르손
옮긴이 이경아
편집 김일수
디자인 DesignZoo

펴낸이 캐서린 한
펴낸곳 한국NVC출판사
마케팅 권순민 고원열 구름산책 신소연

인쇄 천광인쇄사
용지 페이퍼프라이스

등록 2008년 4월 4일 제300-2012-216호
주소 (03035) 서울시 종로구 자하문로17길 12-9 (옥인동) 2층
전화 02-3142-5586 **팩스** 02-325-5587

이메일 book@krnvc.org
홈페이지 www.krnvcbooks.com

ISBN 979-11-85121-42-0 03180

*값은 뒤표지에 있습니다.
*잘못 만든 책은 구입하신 서점에서 바꾸어 드립니다.

분노
죄책감
수치심

다루기 힘든 감정들과 친구 되기

리브 라르손 지음 | 이경아 옮김

THE KOREAN CENTER FOR
NONVIOLENT COMMUNICATION

한국NVC출판사

저자 서문

~~~~~~

가끔 격하게 화를 내면서 파트너랑 싸우고 나서 서로를 놀릴 때가 있
다. 놀랍게도 무슨 일 때문에 싸웠는지, 애초에 서로의 분노를 자극
한 일이 무엇이었는지가 잘 기억나지 않기 때문이다. 잘난 척 던진 말
몇 마디와 행동 몇 가지가 기억날 뿐이다. 갈등이 일어난 순간에는 그
일이 세상에서 제일 중요한 것 같지만, 조금만 지나면 싸움이 무슨
일로 시작되었는지조차 기억하지 못한다. 분노가 최고조에 달할 때
에는 각자의 입장이 너무나 중요한 것처럼 보인다. 어떻게든 옳은 쪽
이 되기 위해 폭력적인 말이나 행동을 서슴지 않는다. 그러나 지나고
나서 싸움이 무엇 때문이었는지를 찾아보면, 그 핵심에 자율성·배
려·존중이 있음을 발견하곤 한다. 정말로 중요했던 것은 이런 가치
나 욕구였던 것이다.

　자기가 느끼는 느낌을 다른 사람 탓이라고 비난할 때마다 우리는
스스로에 대해 무언가를 배우고 성장해갈 기회를 놓치게 된다. 나는
이 점을 아주 천천히, 한 걸음 한 걸음씩 이해하며 배우기 시작했다.
그러자 전에는 다른 사람들을 비난하는 데 쏟던 에너지를, 내가 변화
시키고 싶은 일들을 실제로 변화시키는 데 사용할 수 있게 되었다.

화가 날 때 다른 사람을 비난하는 대신에 우리 내면에서 일어나고 있는 일에 대한 책임을 자신이 진다면, 우리는 자기를 표현하는 건설적인 방법을 찾을 수 있다. 자신이 느끼고 필요로 하는 것과 연결되면 대화의 문이 열리고, 모든 사람의 욕구를 충족하는 일이 쉬워진다. 갈등이 일어났을 때 아무도 자신의 욕구를 포기하지 않아도 된다면 이것은 모든 관계에도 이로울 것이다.

"수치심과 죄책감을 피하기 위해서라면 어떤 일도 하지 마세요."라는 말을 처음 들은 것은, 비폭력대화(Nonviolent Communication, NVC)를 개발한 마셜 로젠버그 박사의 NVC 교육에 처음 참가했을 때였다. 내가 그 말의 의미를 이해하는 데에는 몇 년의 시간이 걸렸다. 그의 조언을 심층적으로 탐구해가는 과정에서 사람들 사이에서 일어나는 소통에 대한 이해도 깊어졌다. 그리고 수치심, 죄책감, 분노가 어떻게 내 가슴과 연결할 수 있는 강력한 열쇠가 되는지도 알게 되었다.

이 책을 쓰면서 나는 분노와 죄책감 뒤에 종종 수치심, 그리고 존중을 경험하고 싶은 욕망이 숨어 있음을 발견했다. 우리가 분노와 죄책감을 탐구해가면서 욕구와 접촉하기 위해서는 수치심과도 접촉할 필요가 있다. 수치심을 알게 되면 분노와 죄책감을 다루는 능력이 크게 달라지기 때문에, 나는 수치심이라는 개념을 더 깊이 이해해보기로 선택했다.

수치심이라는 개념에 몰입하고 5장에 기술한 욕구 나침반을 사용하면서, 나는 삶이 더 자유로워지는 것을 느꼈다. 분노, 죄책감, 그리고 수치심과 연결하고 이 감정들과 친구가 되는 일은 시간과 에너지가 엄청나게 많이 드는 일이다.

나는 이 주제로 워크숍을 열면서 욕구 나침반을 사용해본 다른 사람들의 경험으로부터 배울 수 있는 특권도 누렸다.

사람들이 이 책의 도움으로, 삶을 자신이 열망하는 대로 창조해 나가는 것이 실제로는 그다지 어렵지 않은 일이라는 점을 즐겁게 발견할 수 있기를 희망한다. 매 순간 우리 안에 있는 삶과 더 깊이 연결하는 일이 가능하며 죄책감, 수치심, 그리고 분노가 이러한 탐구 과정에서 새로운 친구가 될 수 있음을 알게 되기를 바란다.

나는 독자들이 이 책을 통해 수치심, 죄책감, 분노라는 감정들이 얼마나 서로 섞여 있는지를, 그리고 그것들이 사실은 우리 모두가 지난 팔천 년 동안 학습해온 사고방식에 기초를 두고 있다는 점도 볼 수 있기를 희망한다. 이 책은 주로 개인이 분노, 수치심, 죄책감을 좀 더 효율적으로 다룰 수 있는 방법에 관해 쓰고 있다. 하지만 나는 이 감정들이 우리를 사회화한 지배 체제의 산물이라고 본다. 이 체제를 그 핵심에서부터 변화시킬 수 있어야 그 안에서 살아가는 개인이 자기 삶의 방식을 진정으로 변화시키는 일이 가능해진다. 그래야만 우리의 인간성과 사회구조가 조금씩 삶을 섬기는 방향으로 변화할 것이다.

나의 비전은 오늘 태어난 사람이 30년 후에 이 책을 읽고 놀라움을 금치 못하는 것이다. 그들은 과거에 우리가 한 일들에 관해 읽어보고는, 자신들에게는 너무나 단순해 보이는 어떤 일을 다루는 데 왜 이렇게 많은 도구들이 필요했는지 믿기 힘들어할지도 모른다.

리브 라르손Liv Larsson

❀ 차례 ❀

1장 | 수치심, 죄책감, 그리고 분노

수치심, 죄책감, 그리고 분노

"어떤 문제를 일으켰던 사고방식으로 그 문제를 해결할 수는 없다."
—알베르트 아인슈타인[1]

내가 분노, 죄책감, 수치심에 관심을 두기 시작한 것은 이 감정들을 다루는 일이 종종 왜 그렇게 어려운지를 발견했던 때이다. 이 감정들을 다루기가 까다로운 것은 그것들이 특정한 사고방식과 연관되어

● ● ●

[1]   http://www.compostera.org 091125

있기 때문이다. 이 사고방식은 대다수 현대 문화의 한 구성 부분으로, '문화 안에 있는 문화'라고 볼 수 있다. 이 사고방식 뒤에는 우리의 느낌과 욕구가 있다. 무엇을 원하는가보다는 누가 옳고 누가 그른지에 좀 더 초점을 맞추기 때문에, 우리는 종종 자신의 느낌과 욕구를 잊어버린다. 자신이 원하는 것을 알아차리게 될수록 우리는 새로운 사고방식과 관계 방식을 찾을 수 있게 된다.

이 책은 다음과 같은 전제들에 기초를 두고 있다.

> 수치심, 죄책감, 분노는 삶에 기여하는 신호들이다.
> 우리는 이 신호들을 잘못 해석해왔다.
> 이 감정들을 우리에게 도움이 되는 방식으로 관리하고 싶다면, 이 감정들을 재해석
> 할 필요가 있다.

자신이 느끼는 감정에 대해 비난할 누군가를 찾고 있는 한, 우리는 그 감정 안에 있는 중요한 메시지를 놓치고 있는 것이다. 우리는 수치심, 죄책감, 분노를 잘못 해석해왔음을 깨닫고, 그 감정들이 우리에게 무엇을 말하고 있는지를 새롭게 해석할 필요가 있다. 이 감정들 뒤에 있는 욕구에 귀를 기울이면 이들은 이제 더는 다루기 힘든 감정으로 남아 있지 않게 된다. 이 느낌들 뒤에 있는 욕구들과 연결하면 이들은 다른 느낌들로 전환되고, 그러면 우리 자신이나 다른 사람들과 연결하기가 쉬워진다.

분노, 죄책감, 수치심은 옳고 그름, 적절함과 부적절함, 정상과 비정상에 관해 학습된 생각들과 너무나 밀접하게 연관되어 있어서, 탐구해 볼수록 대단히 흥미롭다. 이 감정들은 삶이 이루어지는 방식에 적응하지 못한 생활양식의 '잔여물'이라고 볼 수 있다. 이 잔여물의 핵심에는 자연스러운 느낌과 욕구가 있다.

우리가 삶 그 자체와 조화를 이루지 못하는 사고방식으로 훈련되었기 때문에 분노, 수치심, 죄책감이라는 삶의 잔여물이 어쩔 수 없이 남게 된다. 이 감정들은 우리가 살아가는 데 매우 유용한 신호들이고, 그것을 알아차리는 일은 중요하다. 그 감정을 자각하면 그런 잔여물을 만들어낸 체제systems를 알 수 있기 때문이다. 그것은 언제, 그리고 어떤 방식으로 체제가 우리에게 영향을 미치는지를 볼 수 있게 해준다.

개인이 각자 이런 감정 상태를 적절히 다룰 줄 알아야 한다고 생

분노, 죄책감, 수치심

각할 수 있다. 반대로 이런 감정 상태를 유발한 '체제'를 비난할 수도 있다. 나는 이 감정들이 우리에게 정보를 줄 수 있다는 점이 가장 흥미롭다. 이들은 우리가 어떻게 변화를 만들어낼 수 있는지, 지금 눈에 보이는 것과 같은 '잔여물'을 남기지 않는 방식으로 어떻게 다르게 살 수 있는지에 관해 의미 있는 정보를 주고 있다. 어떻게 하면 우리가 온전히 삶을 섬기는 내면의 기운을 형성하고, 이 기운을 가족, 학교, 다른 사회구조들로 확장할 수 있을까? 첫걸음은 누가 옳은지 그른지가 아니라 사람들의 내면에서 무슨 일이 일어나고 있는지에 초점을 맞추는 언어를 개발하는 일이다. 이 작업은 모든 사람의 욕구를 소중히 여기며 살아갈 수 있도록 우리를 안내해줄 것이다.

사고방식이 문제를 만든다

"분노는 우리를 깨우는 자명종으로 사용될 때 정말 소중한 신호가 될 수 있다. 분노는 우리에게 충족되지 못한 욕구가 있으며, 그 욕구를 충족시킬 수 없는 방식으로 생각하고 있음을 알려주고 있다."
―마셜 로젠버그[2]

많은 경우 우리는 분노, 수치심, 죄책감을 문젯거리로 보고, 거기에서

● ● ●

[2] 마셜 로젠버그Marshall Rosenberg, 『비폭력대화: 삶의 언어*Nonviolent Communication, a Language of Life*』, PuddleDancer Press, 2008.

빠져나오려고 노력한다. 잠자리에서 담배를 피우는 습관이 있는 사람을 상상해보자. 담배 연기를 감지하면 경보기가 울리기 때문에 그 사람은 소음을 참지 못하고 이 집 저 집 이사를 다닌다.[3] 분노, 수치심, 죄책감을 무슨 수를 써서든 도망쳐 나와야 하는 것으로 본다면, 우리 역시 그 사람과 똑같이 행동하고 있는 것이다. 그 감정들을 없애는 데 집중하는 대신에 그 감정들을 어딘가에 "불이 났다."라고 말해주는 내면의 경보 시스템으로 바라볼 수 있다. 그것들은 우리에게 경계를 늦추지 말라고 신호를 보내고 있다. 그 느낌을 없애지 말고 무슨 말을 해주려고 하는지 귀를 기울이라고 알려주고 있다.

분노, 수치심, 죄책감은 우리에게 충족되지 않고 있는 욕구가 있다고 신호를 보내고 있다. 이 감정들을 촉발하는 생각들은 이 경보가 알려주고 있는 욕구를 충족할 수 있도록 우리를 도와주지 않는다. 오히려 생각들은 우리가 필요로 하는 것이 무엇인지가 아니라 누가 어떤 잘못을 저질렀는지에 정신이 팔리게 한다.

수치심과 죄책감은 우리한테 뭔가 잘못이 있다는 생각에 의해 촉발된다. 우리가 뭔가 잘못을 저질렀으며 그렇게 행동해서는 안 되었다는 생각 말이다. 죄책감이나 수치심을 없애려 하면, 우리의 초점이 다른 사람한테서 잘못을 찾아내려는 쪽으로 바뀌게 되어 화가 나게 된다. 몸에서 아드레날린이 흐르기 시작하고 진동이 느껴지면서 살아 있다는 느낌이 들 수도 있다. 그렇게 되면 삶에 깊이 연결된다고 믿을 수도 있다. 실제로는 자기 자신의 욕구와도 연결하지 못하고 있으면서 말이다. 자신에게 필요한 것을 놓치기 때문에 다른 사람들에

● ● ●

3   마셜의 글 「분노와 지배 체제*Anger and Domination System*」, www.cnvc.org

게 도움이 되지 못할 뿐 아니라, 결국에는 우리 자신에게도 해가 되는 방식으로 행동할 위험이 있다.

일단 화가 나면 우리는 죄책감이나 수치심으로 되돌아가는 스위치를 켠다. 특히 화내는 일이 잘못이라고 배워왔다면 더 그렇게 된다. 다른 사람에 대해서 품고 있는 생각이 잘못됐음을 보여주려고 하는 협박이나 강요를 당한 경험이 있을 때, 사람들은 곧장 수치심을 느끼면서 자기 자신을 비난하기 시작할 것이다. 스스로를 부적절하고 미성숙하며 조심성 없이 행동했다고 판단하고, 바보 같고 이기적이라고 자책하는 것이다.

충분히 오래 '자기 자신을 향해 서 있다'보면 자신이 나쁘다는 생각에 지쳐서 시계추가 다시 반대 방향으로 바뀐다. 이제 판단과 강요는 바깥을 향하게 된다. 빠져나오기 어려운 악순환이 되는 것이다.

유나이티드 마인즈가 한 수치심에 관한 조사에 따르면, 우리는 종종 화를 내고 나서 심한 수치심을 느낀다.[4] 특히 아이들에게 화를

• • •

[4] 유나이티드 마인즈United Minds의 2007년 연구

내고 나면 극심한 수치심을 느낀다. 작가 알피 콘은 "지나치게 허용하는 식으로 대하면 아이들이 미워지고, 지나치게 엄격하게 대하면 나 자신이 미워진다."라는 한 부모의 말을 인용하면서, 오락가락 시계추처럼 흔들리는 부모들의 심정을 포착했다.[5]

분노가 어떻게 사람들 사이에 폭력을 유발하는지를 정확하게 보게 되면 많은 사람들이 놀라움을 금치 못할 것이다. 분노는 그 자체가 폭발성이 있긴 하지만, 사람들이 생각하는 것과는 달리 가장 자주 폭력을 유발하는 요인이 아니다. 사람들의 폭력적인 행동 뒤에는 항상 굴욕의 경험이 있다. 인간 공통의 욕구인 존중이나 수용이 충족되지 못한 경험이 있는 것이다. 이런저런 방식으로 무례함을 경험하지 않고 폭력적으로 돌변하는 사람은 아무도 없다. 수치심과 굴욕감을 어떻게 참아내야 할지 모를 때 폭력이 좋은 선택지처럼 보이는 것이다. 대부분의 전쟁은 폭발적인 분노가 터져 나오는 일이 아니라 전술적으로 하는 게임이다. 충동적으로 강력한 분노에 싸여 행동하는 장교는 대부분 유배당하거나 처벌된다. 같이 사는 여성을 때리는 남성은 언제 어떻게 때릴지를 계획한다. 가정 폭력에 대한 연구들은 폭력 행위가 폭발적인 분노의 결과로 일어나지는 않는다는 사실을 보여준다.[6]

● ● ●

[5]   알피 콘Alfie Kohn, 『조건 없는 부모 노릇, 보상과 처벌에서 사랑과 합리성으로 *Unconditional Parenting, Moving from Rewards and Punishment to Love and Reason*』, Atria Books. 2005.

[6]   페르 이스달Per Isdal, *Meningen med våld*, Gothia förlag, 2001.

자연 대 문화

~~~~~

어린아이들은 선천적으로 취약하다. 이 타고난 취약성은 사람이 자신을 둘러싼 환경과 맺는 상호의존관계의 온도를 맞추는 조절 장치라고 볼 수 있다. 이 조절 장치는 상호 존중, 통합성, 공동체가 우리 생명 유지에 필수적인 욕구라는 사실을 상기시켜준다. 우리가 가진 취약성은 내부와 외부에서 영향을 미치고 있는 요인들을 알아차리게 해주고, 다른 사람들과 조화를 이루면서 살아가는 법을 배울 수 있도록 도와준다. 우리는 이 타고난 취약성을 일종의 미세한 수치심이라고 말할 수 있다.

수치심을 느끼면 목과 어깨의 근육이 약해지고, 머리와 눈이 아래나 먼 곳을 향하게 되며, 목과 어깨가 축 늘어진다. 또 얼굴과 몸 전체에 열이 나면서 얼굴이 붉어지기도 한다. 강한 수치심은 위를 조이게 만든다. 수치심이 일어나면 우리 몸의 시스템은 여러 가지 효과를 내며 반응한다. 때로는 신경질적으로 웃기도 하고, 때로는 입가에 불안한 미소를 띠기도 한다. 때로는 할 말을 찾기 어렵고 입이 마르기도 한다.

수치심이 분노로 바뀔 때 몸에서 일어나는 반응들도 바뀐다. 턱이 빳빳해지고 얼굴 근육들이 긴장되면서 더 붉어지고 목소리가 높고 날카로워지면서 입술이 다물어진다. 신체 반응은 화를 얼마나 참고 있는지 그리고 화를 얼마나 표출하고 있는지에 따라 달라진다.

분노, 수치심과는 달리 죄책감을 느낄 때 나오는 공통된 신체 반응은 없다. 심리학자인 실번 톰킨스Silvan Tomkins가 인간의 감정 표현에 관한 연구를 했는데, 우리가 죄책감을 느낄 때 몸에서 일어나

는 특별한 증상은 발견하지 못했다.[7]

　죄책감이라는 말은 우리 몸에서 서로 다른 효과를 내는 다양한 감정들을 묘사하기 위해 사용되었다. 그런데 우리가 죄책감을 느낄 때 가지는 공통된 사고방식이 있다. 우리가 하고 있는 행동이 아닌 다른 행동을 해야만 하며, 행동을 바꾸지 않으면 수치스러움을 느껴야 마땅하다는 생각이 바로 그것이다. 해야만 한다는 말은 자주 우리를 죄책감으로 이끌기 때문에, 우리는 그 말을 죄책감을 느끼고 있구나 하고 알아차리는 경고등으로 사용할 수 있다. 우리의 타고난 취약성이 문화적으로 형성된 사고방식과 합쳐지는 순간에 수치심은 불편한 것이 된다. 그때 우리는 수치심, 죄책감, 분노 안에 존재하는 상호의존이라는 중심으로 돌아가야 한다. 그때 수치심이 우리 자신이나 다른 사람들과 연결하는 것을 방해하도록 내버려두지 말자!

> 수치심이 우리를 숨 막히게 만들기 때문에, 우리는 말을 해야 할 때 아무 말도 하지 않는다.
> 죄책감이 우리를 겁에 질리게 만들기 때문에, 우리는 해야 할 일을 하지 않는다.
> 분노가 우리를 눈멀게 만들기 때문에, 우리는 나중에 후회할 행동을 한다.

● ● ●

[7]　톰킨스는 죄책감을 도덕적 수치심이라고 불렀다. 그는 죄책감이 수치심에 근원을 두고 있다는 전제를 가지고 있었다. 도널드 네이선슨Donald L. Nathanson, 『수치심과 자부심Shame and Pride』, W. W. Norton&CO, 1992.

분노 죄책감 수치심

변화를 위한 방법

이 책에서 나는 수치심, 죄책감, 분노에 대한 이해에 도달하기 위해 비폭력대화(NVC)라는 방법을 사용한다. 이는 인간이 하는 모든 행동 뒤에는 욕구를 충족하려는 시도가 있다는 전제를 가지고 있음을 의미한다. 비난이나 협박을 하고 폭력을 사용할 때에도, 그것은 비극적이긴 하지만 욕구를 충족하려는 시도라고 볼 수 있다.[8]

수치심, 죄책감, 분노를 자신의 욕구와 더 잘 연결할 수 있게 도와주는 다른 감정으로 전환할 때 NVC를 사용할 수 있다. 수치심, 죄책감, 분노를 피하려고 애쓰는 대신에 그 감정들과 연결되어 있는 욕구를 인식함으로써, 우리 내면의 더 깊은 곳에서 일어나고 있는 일과 접촉할 수 있다. 그러면 우리는 수치심, 분노, 죄책감을 더 잘 다룰 수 있는 방법을 찾게 된다. 부끄러워하며 관계에서 물러나거나 자신이나 다른 사람을 비난하지 않아도 된다. 또, 일어나는 감정에 저항하면서 그 감정들을 없애려고 애쓸 필요도 없어진다.

수치심, 죄책감, 분노에 접근하는 많은 방법들이 있겠지만, NVC는 나에게 가장 큰 희망을 품게 해준 방법이다. 왜냐하면 NVC를 쓸 때 분노, 수치심, 죄책감 뒤에 있는 자연스러운 원동력을 찾게 되어, 옳고 그름만 따지고 있지 않아도 되기 때문이다. 그러기 위해서는 인간 본성에 대한 우리의 관점을 탐구할 필요가 있다. 따라서 3장에서 NVC의 서로 다른 요소들이 이 흥미로운 탐구에 어떻게 사용될 수

• • •

8   페르 이스달, 앞의 책. 이스달의 '분노' 정의: "폭력은 다른 사람을 향한 행동으로, 다른 사람을 해치고 겁을 주고 학대하는 행동이다."

23

1장 | 수치심, 죄책감, 그리고 분노

있는지를 서술하려고 한다.

아래의 시는 이 책에서 제시하고 있듯이 새로운 선택을 할 때 발생하는 취약성을 노래한다. 수치심을 껴안을 때 정말로 힘과 가능성이 생겨난다는 일깨움도 즐길 만하다.

당신의 신에게 감사하세요,
그분이 당신을
따라 걸을 발자국조차 없는 곳으로 보낼 때.

당신의 신에게 감사하세요,
그들이 당신에게 쏟아부은 모든 수치심 때문에
당신 안의 더 깊은 곳에서
피난처를 찾아야만 할 때.

세상 전체가 비난하는 일을
때로 꽤 잘해낼 수 있고
범법자가 들끓을 때도
자신의 영혼을 얻는 자가 있으니.

야생의 숲으로 보내진 자는
만물을 새로운 눈으로 보고
삶이라는 빵과 소금을
감사로 맛보나니.

당신의 신에게 감사하세요,

그들이 당신의 껍데기를 부술 때

당신이 할 수 있는 유일한 선택은

현실과 알맹이임을.

—카린 보위에Karin Boye[9] (스웨덴 시인·소설가)

• • •

[9] http://www.karinboye.se/verk/dikter-mcduff/you-shall-thank.shtml

2장 | 일상생활에서의 지배 신화

평화 교육

여러 해 동안 나는 "인간은 폭력적이며 인간 본성을 바꿀 수는 없다."라는 의견에 반대하는 논쟁을 벌이곤 했다. 내가 '옳다'는 것을 증명하려고 애쓰면서 내 논리를 강하게 펼치곤 했다. 인간은 실제로는 폭력성을 타고나지 않았다고 상대를 설득하는 데 골몰했던 것이다. 그건 많은 경우 역효과를 낳았다. 왜냐하면 그렇게 할수록, 내가 하고 있는 말과 달리 내가 쓰는 방법이 인간의 잠재된 폭력성과 경쟁 성향을 증명하는 꼴이 되어버렸기 때문이다. 시간이 흐를수록 가끔 스스로가 부끄럽고 실망스러웠다.

　　뉴스나 신문을 보면 인간에게 폭력성이 잠재해 있음을 부인할 수 없다. 그렇지만 우리에게는 서로 돌보고 따뜻하게 사랑할 수 있는 능력도 깃들어 있다. 평화를 유지하는 일에 기여하기를 바란다면, 우리가 가진 협력하고 서로 돌보는 능력을 살리는 일이 중요하다.

　　내가 참가한 회의에서 한 연사가 "우리가 교육을 통해 평화에 도달할 수 있는가?"라는 질문을 받은 적이 있다. 오랫동안 이스라엘에서 교육 문제를 해결하기 위해 일해온 그 연사의 대답은 이후에도 종종 많은 생각을 하게 해주었다. 그녀의 대답을 간단하게 정리해보면 이렇다. 만약 우리가 아이들과 젊은이들에게 평화를 향한 열망을 길러주고도 동시에 선악에 대한 오래된 사고방식을 바꾸지 않는다면,

거기에는 폭력이 증가할 위험성이 있다. 팔레스타인과 이스라엘의 대부분의 학교에서는 평화 과목 시간에 평화에 관한 에세이를 쓰거나 평화를 상징하는 비둘기를 그리거나 평화를 읊는 노래를 부른다고 한다. 이러한 방식으로 평화를 향한 욕망이 길러지고 유지된다. 그러나 다른 한편으로 학생들은 대부분의 학교 시스템에서 그렇듯이 옳고 그름, 선과 악이라는 도덕 판단에 바탕을 둔 사고를 훈련받는다. 전 세계의 학생들은 어떻게 행동하면 나쁘고 어떻게 행동하면 좋은지를 배우고, 그 기준에 따라 행동할 준비가 되어 있다. 이렇게 교육받은 사람들이 세상에서 일어나고 있는 전쟁을 보면, 전쟁이 누구 책임인지를 질문하게 된다. 이게 누구 잘못이지? 이때 우리에게 다른 집단에 대한 강력한 적 이미지가 있다면, 우리는 금방 이 질문에 대한 대답을 우리 외부에서 그리고 우리가 속한 집단 바깥에서 찾게 된다. 평화를 향한 강한 열정을 길러왔지만, 그와 동시에 더 큰 폭력을 낳을 수 있는 토양을 만들어온 것이다.

폭력이 어디에서 오는지 그 뿌리를 알려면, 우리가 가진 인간에 대한 관점이 우리에게 어떤 영향을 미치는지를 알아차릴 필요가 있다. 평화를 향한 열망을 일깨우는 일에 더하여, 우리를 평화로 나아가지 못하게 하는 오래된 사고방식을 변화시켜야 한다. 이 사고방식은 그것이 진실이라고 믿도록 훈련받아온 신화에 지나지 않는다. 이것을 보여주는 증거들이 우리 안과 밖 도처에 존재한다.

신화가 세상을 만든다

팔천 년쯤 전에 인류는 자신을 우주의 한 부분으로 보는 데서 세상의 중심으로 보는 것으로 자기 자신을 보는 관점을 변경했다.[1] 나는 하르트만이 지난 수천 년간 인류에게 일어난 일을 요약한 방식이 마음에 든다. 관점이 이렇게 바뀌는 데에는 많은 이유가 있겠지만, 매우 간단하게 그 과정을 묘사해보려고 한다. 분노, 수치심, 죄책감을 탐구하고자 할 때 이것을 피상적으로나마 이해하는 것이 도움이 된다.

지난 이삼천 년 동안 존재하는 대부분의 언어들이 과정을 묘사하는 언어에서 정지된 상태를 나타내는 언어로 바뀌었다. 진단하는 언어, 꼬리표를 붙이고 분석하는 언어로 발전한 것이다. 이렇게 정태적인 언어를 사용하면, 우리는 쉽게 우리 자신을 다른 사람들과 비교하고 범주화할 수 있게 된다. 그러면 누가 상을 받고 누가 벌을 받아야 하는지를 이해하기가 쉬워진다. 이런 언어는 왕, 황제, 성직자 등 지배계급에 봉사하기 위해 개발되었다.[2]

그 즈음에 인류는 자신을 창조의 한 부분으로 보는 데에서, 우주 중심에 자리 잡은 지구의 꼭대기에 있는 존재로 스스로를 바라보는 관점을 바꾸었다. 창조는 인간을 위한 일이며 창조계의 왕은 인간이기 때문에, 다른 생명체들을 착취하고 지배할 권한이 인간에게 있다. 남자는 여자를 지배할 권리를, 어른은 아이를 통제할 권리를, 어떤 집

● ● ●

[1] 톰 하르트만Thom Hartmann, 『아주 오래된 태양의 마지막 시간들*The Last Hours of Ancient Sunlight*』, Hodder and Stoughton, 2001.

[2] http://sv.wikipedia.org/wiki/Indoeuropeiska_språk, 2010. 4. 25.

029

2장 | 일상생활에서의 지배 신화

단은 다른 집단을 다스릴 권리를 부여받았다.

이에 따라 토지와 동물에 대한 소유권이 생겨났고, 지구가 선을 파괴하는 '사악한 세력'에 의해 창조되었다는 신화를 믿기 시작했다. 따라서 흙에서 나온 인간은 근본적으로 나쁘고 죄인이며 악한 존재가 되었다. 그런데 다른 사람들보다 조금은 더 선한 사람들이 있으니, 그들에게 지배할 권리가 있다. 인간의 진정한 본성이 죄스럽고 사악하고 이기적이라는 관점이 '진리'가 되면서, 인류에게는 해로움을 당하지 않도록 지켜줄 지배자가 필요해졌다.

어느 시점부터 코페르니쿠스와 다른 몇 사람들 덕분에 지구가 우주의 물리적 중심이라는 주장을 할 수 없게 되었다. 실제로는 지구가 태양 주위를 돌며 그 반대가 아니라는 사실을 증명한 사람들이 죽임을 당하는 등 얼마간의 저항이 일어나자, 세계를 보는 관점이 약간 다르게 바뀌었다.[3] 이제 지구와 인간은 우주의 영적인 중심으로 간주된다.

우리가 고수하는 정태적인 언어는 세상을 결정되고 정지된 그림으로 그려내기 때문에, 마치 인간이 만물의 존재 방식을 규정할 수 있는 것처럼 보이게 만든다. 이렇게 제한된 지평에서 보면 우리는 사람들을 정상과 비정상, 선과 악으로 금방 구분하고 무슨 일이 일어나야 하는지를 판단할 수 있게 된다.

"······ 그것은 인간의 진정한 본성이 악하고 이기적이며 영웅적인 세력이 악당들을 때려 부숴야만 선이 이뤄진다는 신화와 함께 오래전에 시

● ● ●

[3]   http://en.wikipedia.org/wiki/Nicolaus_Copernicus, 2010. 1. 20.

작되었다. 우리는 오랫동안 이 파괴적인 신화 속에서 살아왔다. 그리고
이 신화는 사람을 비인간화하고 사물로 만드는 언어에 의해 완성된다."
―마셜 로젠버그[4]

북유럽에서 천 년 넘게 이어지고 있는 신화인 토르Thor 신을 섬
기는 사람에게 물어볼 기회가 있다면, 우리는 이런 대화를 나누게 될
지도 모른다.

- 토르 신이 망치로 번개를 창조한 신화를 말씀해주시겠어요?
- 신화라니, 무슨 말이에요!?!

모든 체제는 신화, 즉 세상이 왜 이런 모습이고 세상에서 일어나는
일들이 왜 일어나는지를 설명하는 이야기를 필요로 한다. 충분히 반
복되어서 일상생활에 스며든 이야기는 더는 옛날이야기나 신화에
그치지 않게 된다. 우리는 그것을 현실로 여기기 시작한다. 그러면 사
람들은 자신들의 삶을 파괴할지라도 그 이야기를 받아들이게 되는
것 같다.

　나는 종종 우리 시대에 모두가 눈멀어 보지 못하게 된 신화가 무
엇인지를 스스로에게 물어본다. 우리를 토르에 관한 질문에 대답하
는 그 사람들처럼 만드는, 우리 시대의 신화는 무엇일까? 지금은 철

● ● ●

[4]　마셜 로젠버그, 『갈등의 세상에서 평화를 말하다: 당신이 다음에 하는 말이 세상을
바꾼다Speak Peace in a World of Conflict, What You Say Next Will Change Your World』,
PuddleDancer Press, 2005.

석같이 믿고 있지만 수천 년 후에는 신화로 불리게 될 신념들은 무엇인가? 오늘날 당연하고 자명한 진리로 여겨지는 믿음에는 어떤 것들이 있는가? 우리가 가진 확신 중에 천 년 후에 올 사람들을 깜짝 놀라게 할 것은 무엇인가?

윙크Wink, 퀸Quinn, 하르트만Hartmann, 클라크Clark 등 많은 작가들이 우리가 일상적으로 따르는 현대의 신화에 대해 기술했다. 윙크[5]는 그것을 "폭력의 구원 신화"라고 불렀다.

이 신화는 갈등이 폭력으로 해소될 수 있다고 믿도록 우리를 부추긴다. 폭력이 충분히 일어나면 일종의 조화 상태가 나타나며, 적어도 잠깐 동안은 평화가 유지된다는 말이 맞는 말처럼 들린다. 우리가 잊어버리는 것은 잠시 후면 폭력이 더 큰 힘으로 다시 타오른다는 사실이다.

폭력에 대해 알면 알수록, 다음과 같은 윙크의 말이 폭력의 핵심을 꿰뚫고 있다는 것을 알게 된다.

"세상에 알려진 다른 많은 신화 중에서 폭력의 구원이라는 신화는, 제일 단순하고 가장 게으르며 극도로 신나고 복잡하지 않고 비이성적이며 원시적인 악의 이미지이다. 그뿐 아니라, 실제로 모든 현대 어린이들(특히 남자아이들)은 성장하는 과정에서 이 신화 속에 들어 있는 악을 지향하

● ● ●

[5]   리안 아이슬러Riane Eisler는 『성배와 칼: 우리의 역사, 우리의 미래』에서 그것을 지배의 신화라고 부른다. 윙크는 권력을 다룬 3부작에서 "폭력의 구원 신화"라는 용어를 사용하고 있다.

도록 사회화된다."[6]

이 신화가 너무나 단순하지만 또 너무나 신나기 때문에, 세상에 미치는 영향이 그만큼 더 큰지도 모르겠다. 그건 마치 컴퓨터 프로그램에 사용되는 코드처럼 다른 모든 이야기들 안으로 스며든다. 아이들이 보는 프로그램, 스포츠 경기, 그리고 성인들의 오락 세계 전반에 걸쳐 나타난다. 영화, 옛날이야기, 시, 음악, 게임 등 모든 곳에 침투해 있다.

댄 브라운이 쓴 『잃어버린 상징』에는 상징학자인 주인공 로버트 랭던이 이런 성찰을 하는 대목이 나온다.

"학생들에게 전형성의 혼합에 대해 가르칠 때, 랭던은 동화 속에 나오는 예화를 사용했다. 그 이야기들은 세대를 따라 전승되면서 과장되고 서로서로 많은 부분을 차용해서, 순결한 처녀, 잘생긴 왕자, 난공불락의 요새, 강력한 마법사같이 아이콘이 될 만한 요소들을 갖춘 통일된 도덕 이야기로 진화했다. 마법사 멀린과 요정 모건(아서 왕 전설에 등장하는 두 마법사—옮긴이)의 대결, 용을 물리치는 성 조지의 전설, 다윗과 골리앗의 싸움, 백설 공주와 마녀, 루크 스카이워커와 다스 베이더(영화 스타워즈에 나오는 주인공들—옮긴이)의 전투 등 동화 속 이야기를 통해, '선대 악'이라는 태고로부터 내려오는 전투가 아이들의 내면에 뿌리 깊게

● ● ●

[6] 월터 윙크Walter Wink, 『존재하는 권력들: 새로운 천 년을 위한 신학*The Powers That Be: Theology for a New Millennium*』, Doubleday Image, 2000. 그는 소수의 사람들이 다수의 사람들을 지배하는 시스템을 "지배 문화"라고 부른다.

자리를 잡는다."[7]

이 신화가 끊임없이 되살아나는 걸 본다. 우리가 서로 소통하고 관계를 맺는 방식에서 들을 수 있고, 우리가 살아 있는 다른 생명체나 지구와 소비적인 관계를 맺는 방식을 통해서도 볼 수 있다. 또, 우리가 갈등을 다루는 방식에서도 이 신화를 들을 수 있다. 이 신화는 우리가 다양한 방식으로 폭력을 사용하면 개인적인 갈등을 만족스럽게 해결할 수 있다고 믿게 만든다.

많은 사람들이 아이들이 우리가 요청한 대로 하지 않을 때 벌을 주거나 보상을 주지 않겠다고 협박을 한다. 이런 방식으로 우리는 아이들에게 갈등이 폭력으로 해결될 수 있다는 생각을 주입한다.

또, 우리가 원하는 대로 하지 않는 배우자, 동료를 비롯한 상대방을 판단과 강요를 써서 비난한다. 이 폭력적인 소통 방식은 바깥을 향하기도 하지만, 내면에 있는 자기 자신을 향하기도 한다. 자기 자신에 대한 판단과 비난이 타인에 대한 것보다 더 심할 때가 많다.

사람들은 "자기가 무슨 잘못을 했는지 깨닫기 위해 벌을 받아야 해.", "어떤 사람들은 아프지 않고는 배우지 못해.", "때로는 폭력만이 해결책이야."라는 사고방식을 훈련받았다.

응보와 복수가 분명히 이 신화에 뿌리를 두고 있는 것처럼, 우리의 교육과 사법 체계도 바로 이 생각에 의해 통제될 때가 많다. 자신을 둘러싼 상황에 영향을 미치기 위해 강요, 보상, 처벌이 아닌 방식을 찾기를 정말로 원한다면, 우리는 폭력이 결코 조화를 이끌어내

● ● ●

7   댄 브라운Dan Brown, 『잃어버린 상징The Lost Symbol』, Random House, 2009.

지 못한다는 사실을 깨달아야 한다. 이 신화와 사고방식이 가진 한계를 깨달아야만, 우리는 그것이 만들어놓은 많은 곤경들에서 빠져나올 수 있다. 우리 대부분은 이 사고방식에 지극히 잘 훈련되어 있어서, 한 개인으로서는 삶에 대한 자신의 관점이 하나의 신화에 지나지 않으며, 인간 본성에 관한 우리의 견해가 고대로부터 내려오는 신념일 뿐임을 볼 수가 없다. 고도의 기술과 지배의 사고방식이 치명적으로 결합되어 지금도 세상의 대부분을 어떻게 지배하고 있는지를 알게 되면, 희망을 잃어버리기가 쉽다. 우리가 무기에다 쓰는 자원을 우리 아이들이나 젊은이들을 지원하는 데 쓴다면 얼마나 좋을까를 떠올려볼 때 특히 힘이 빠진다.[8]

한 유니세프 보고서에 따르면 핵 잠수함 한 대로 제3세계 4800만 명의 사람들에게 상하수도 시설을 공급할 수 있다. 폭격기 열한 대 비용으로 1억 3500만 명의 아이들에게 4년 간 초등교육을 제공할 수 있다. 탄도미사일 한 기 값이면 제3세계 5000만 명의 아이들에게 일 년 넘게 충분한 식량을 공급할 수 있다.[9] 가용 자원이 있는지 없는지가 문제가 아니다. 그 자원이 어떻게 사용되는지, 그리고 자원이 왜 이런 방식으로 사용되는지가 가장 중요한 문제이다.

● ● ●

[8]　스웨덴에서 배관공은 1년 평균 약 37만 5000크로나를 버는 데 비해, 유치원 교사는 약 26만 크로나를 번다. 우리는 아이들을 돌보는 사람들보다 배관 수리를 하는 사람들에게 기꺼이 더 많은 돈을 지불하고 있는 것처럼 보인다. 물론 이것은 젠더 권력 구조가 만연해 있기 때문이기도 하지만, 우리가 무엇을 가치롭게 여기는지와 관련된 문제이기도 하다.

[9]　리안 아이슬러, 『진정한 국부: 돌봄 경제를 위하여The Real Wealth of Nations: Creating a Caring Economics』, Berrett Koehler, 2007.

부끄러운 줄 알아!

> "당신이 기르는 식물이 원하는 만큼 잘 자라지 않는다고 벌을 주나요?"
> —마셜 로젠버그[10]

특정 문화나 체제는 그 안에서 살아가는 사람들이 그 문화나 체제를 지지하는 방식으로 사고하도록 훈련시킨다. 또, 우리가 가진 사고방식은 우리가 소통하는 방식의 특징을 만들어낸다. 그리고 모든 체제 속에는 사람들의 행동과 행동 방식에 영향을 미치는, 삶과 인간에 대한 관점이 들어 있기도 하다.

역사상 왕들에게는 누가 선하고 누가 악한지, 그리고 그에 따라 누구에게는 벌을 주고 누구에게는 상을 줄지를 결정할 권한이 주어졌다. 시대와 나라, 지역과 문화에 따라 그 권한은 차르, 황제, 성직자, 재판관, 정치인 등에게 주어졌다. 그러나 꼭대기에 있는 사람을 뭐라고 부르는지는 그렇게 중요한 문제가 아니다. 중요한 것은 체제의 목적이 사람들을 통제하는 데 있다는 점이다.

처벌의 목적은 사람들을 변화시키는 것이다. 사람들이 '적절한' 행동을 하도록 도우려면 그들을 부끄럽게 해서 자신들이 얼마나 작고 보잘것없는 '미물'인지를 깨닫게 만들어야 한다. 이러한 신념은, 사람은 고통을 겪고 자기 자신을 미워해야만 배워서 더 나아질 수 있다는 관념에 뿌리를 내리고 있다.

이 신념을 실현시키려면 좋다, 나쁘다, 옳다, 그르다, 비합리적이

분노, 죄책감, 수치심

● ● ●

[10] 마셜 로젠버그, 「분노와 지배 체제」

다, 무능하다처럼 판단하는 말들을 갖춘 언어를 사용할 필요가 있다. 또, 이 체제 안에서 살아가는 아이가 배워야만 하는 첫 번째 말은 "용서해주세요." 같은 말이다. 그 말을 할 줄 알아야 자신이 저지른 잘못을 이해하고 뉘우치고 있음을 보여줄 수 있기 때문이다.

"잘못했어요."라고 말하도록 강요받은 아이가 정말로 타인을 더 잘 배려할 수 있을까? 말 한마디로 마술같이 치유가 일어날 리는 없다. 아이에게 잘못했다고 말하도록 강요할 때, 우리는 그 말만 강요하는 게 아니라, 진심이 아닐 때 그냥 말로만 잘못했다고 해도 괜찮다는 것을 가르치고 있다. 다시 말해 거짓말을 가르치고 있는 것이다. 처벌과 보상이라는 개념은 우리 안에 정말 깊숙하게 내면화되어 있어서 다른 선택이 있음을 상상하는 것조차 쉽지 않다.

그러나 자기 자신이나 다른 사람들의 욕구를 충족시키지 못하는 어떤 일을 했을 때 슬픔과 실망스러움을 느끼는 것은 매우 자연스러운 일이고 우리의 타고난 본성이기도 하다. 우리는 스스로를 비판하지 않고 슬퍼할 수 있으며, 이런 식으로 새로운 행동 방식을 배울 수 있다.

지배 문화가 드러난 한 장면

'지배 체제'에 대한 이해를 어떻게 삶에 적용할 수 있는지를 명료하게 하기 위해, 구체적인 스토리 하나를 상상해보자. 당신이 아래에 나오는 안나와 같은 처지에 있다고 상상해보라. 이 이야기는 이 책 전체에 걸쳐 여러 장면에서 등장할 것이다. 그녀의 상황 속으로 들어갈수록 분노, 수치심, 죄책감에 대해 더 많은 것을 배울 수 있을 터이다. 당신 삶에서 일어난 실제 상황을 떠오르게 만들 수도 있을 법하다.

수년간 안나와 친구들은 '문화 카페'를 만들 꿈을 함께 꾸었다. 그리고 그 카페에서 일어날 재미있는 일들을 상상하며 이야기꽃을 피우곤 했다. 시간을 내서 뭔가 의미 있는 일을 하고 싶어 하는 사람들이 모여들고 만남을 이루는 공간을 창조하는 일을 꿈꿔온 것이다. 그 공간에서는 음악, 공연, 워크숍, 몸 치유, 세미나 등 만나서 커피 한잔 마시며 이야기를 나누는 일들이 펼쳐지리라.

안나는 그 꿈에 관해 아이디어를 가장 많이 낸 사람 중 하나로, 프로젝트를 당장 시작해야 하지 않느냐고 안달하며 제안하기도 했다. 빈 장소가 나오면 당장 가서 살펴보고, 친구들에게 전화해서 그 장소의 장단점을 알려주기도 했다. 아이디어에 대해 이야기를 나누면 나눌수록 안나는 친구들과 연결감을 느꼈고, 그들과 뭔가 의미 있는 일을 하겠다는 생각이 점점 더 강렬해졌다.

그러다가 안나는 직장에서 해외에 나가 6개월간 일하라는 제안을 받게 되었다. 해외에 나가 4개월쯤 일하고 있던 중, 안나는 고향에서 온 지인으로부터 친구들이 카페를 시작했다는 소식을 듣게 된다. 친구들 중 아무도 안나에게 아직 그 일에 대해 알려주지 않았을 때 말이다!

~~~~~~

만약 그녀의 친구들이 안나(혹은 이 일을 실제 나에게 일어난 일로 생각한다면 '나')에게 잘못했고 그러면 안 됐다고 생각한다면, 화가 나면서 이런 생각이 들 수 있다.

'그 친구들은 어떤 식으로든 벌을 받아야 해. 적어도 자신들이 잘못했다는 걸 알아야 하고, 그 일에 대해 부끄러운 줄 알아야 해.'

다른 사람들이 한 행동 때문에 열받아서 그들을 비난할 때, 우리 안에서는 분노가 일어난다. 그것은 우리가 응당함이라는 개념을 배웠기 때문이다. 우리는 어떤 사람이 응당히 받아야 할 것을 받아야 한다는 보복의 개념을 가지고 있다. 분노는 두 가지 사실을 알려주는 신호이다. 첫 번째 사실은 우리에게 중요한 욕구가 충족되지 않았다는 것이고, 두 번째 사실은 우리가 판단하고 처벌하는 생각 때문에 그 첫 번째 사실을 잊어버렸다는 것이다. '그들은 내가 어떤 느낌이 들지를 생각했어야만 해.' 혹은 '그들은 이기적인 바보들이야.' 같은 생각은 우리 자신의 반응에 대해 책임지지 못하게 만들며, 실제로 우리 욕구를 충족할 수 있는 효과적인 행동을 하는 것을 어렵게 만든다.

지배 문화 대 협력 문화

서로 다른 체제가 분노, 수치심, 죄책감을 다루는 사람들의 능력에 어떻게 서로 다른 영향을 미치는지를 명료하게 보여주기 위해, 나는 아래에서 몇 가지 점들을 비교해놓았다. 이 차이들을 알아차리면, 우리가 분노, 수치심, 죄책감을 경험할 때 그것들을 더 잘 받아들이는 데 도움이 될 것이다. 우리의 주의를 어디에 두는지에 따라 이 감정들을 다루는 일이 쉬워지기도 하고 어려워지기도 한다.

분노, 수치심, 죄책감은 우리가 주의attention를 삶에 기여하는 내면의 느낌에서 경쟁, 계급, 지배에 기초한 체제로 전환시켰음을 보여주는 신호이다. 이 신호를 알아차리는 법을 배우면 내가 현재 무엇에 집중하고 있는지, 무엇을 옳거나 그르다고 판단하고 있는지를 알려주는 귀중한 정보에 접근할 수 있게 된다.

주의! 이렇게 둘로 나누어 보게 되면 옳고 그름이라는 관념에 붙잡힐 수 있다. 그렇게 되면 하나는 좋은 것으로 다른 하나는 나쁜 것으로 이해하게 되어, 서로 어떻게 다른지를 보려고 했던 애초의 의도가 무색해져버린다.

수치심

협력 문화에서 수치심

우리에게는 다른 사람들과 그들의 욕구에 대한 타고난 민감성이 있다. 수치심은 다른 사람의 욕구도 내 욕구만큼 소중하다는 것을 알려주는 신호로 해석될 수 있다.

지배 문화에서 수치심

수치심은 우리가 충분하지 않다는 신호로 해석된다. 우리가 나쁘고 역겨우며 비정상이거나 잘못을 저질러서 사랑받을 가치가 없음을 말해주는 신호인 것이다. 수치심을 불러일으킴으로써 변화를 만들어낼 수 있다.

분노 죄책감 수치심

분노

협력 문화에서 분노

분노는 누군가에게 충족되지 못한 욕구가 있다는 신호이다. 분노는 우리가 소중히 여기는 것을 보호하기 위해 제한을 가하는 힘을 가지게 해준다. 분노는 개인적이거나 누군가에게 잘못이 있다는 말로 받아들여지지 않고, 도와달라는 외침으로 받아들여진다.

지배 문화에서 분노

분노는 누군가가 잘못을 했으며 다르게 행동했어야 함을 뜻한다. 그들은 "철이 들어야" 하고 벌을 받아 마땅하다. 분노와 함께 표현된 비판은 다른 사람을 향하고 있으며 쉽게 인격적인 공격으로 받아들여진다.

죄책감

협력 문화에서 죄책감

희생양을 찾거나 누가 비난받아야 할지를 결정하는 대신에, 자기 자신이나 다른 사람 모두의 욕구를 고려하려고 노력한다. 자신의 욕구를 희생하지 않고 다른 사람의 욕구를 충족시킬 수 있기 위해 어떤 대안들이 있는지를 탐색한다.

지배 문화에서 죄책감

죄책감은 우리가 다르게 행동했어야 하며 벌을 받아 마땅하다고 알려주는 신호로 해석된다. 사람들은 긍정적인 변화를 이끌어내려는 희망으로 다른 사람이나 자기 자신을 비난한다.

사과하기

협력 문화에서 사과

우리는 누군가가 자신의 욕구가 충족되지 못한 아픔을 이야기할 때 공감으로 듣는다. 우리가 다른 사람의 욕구를 고려하지 못했음을 깨달으면, 그것을 보상하기 위한 행동을 한다.

지배 문화에서 사과

다른 사람이 행복하지 못할 때 우리는 자기 자신을 비난하면서 수치심을 느끼고 다른 사람에게 용서를 구한다. 옳지 않고, 비정상이고, 부적절하고, 수용할 수 없는 방식으로 행동한 사람에게 초점을 둔다.

말과 말 사이에 있는 폭력

우리는 분노, 수치심, 죄책감을 느끼는 일이 잘못이라고 배웠는데, 이 것이 지배 체제를 유지시키는 데 일부분 기여하고 있다.[11] 자신에게 무슨 잘못이 있는지에 집중하도록 교육받은 사람들은 억압을 당하기 쉽다. 우리가 배운 언어는 쉽게 우리를 복종하는 노예로 만든다. 그것 을 변화시키려면 우리가 꿈꾸는 대로 살 수 있게 힘을 실어주는 언어 를 배울 필요가 있다.

우리 대부분은 지배 체제에서 자랐다. 그 체제에서 힘은 다른 사 람들과 함께하는 힘이 아니라, 다른 사람들을 '위에서 누르는' 힘으 로 사용된다. 그 시스템 안에서 사람은 나쁘거나 부적절한 존재로 간 주된다. 자기 자신도 예외는 아니다. 그러한 지배 문화가 만들어지고 유지되려면 사람들이 다음 세 가지를 계속 행해야 한다.

> 1. 도덕 판단과 정태적인static 언어를 사용한다.
> 2. 인간이 자신의 행동을 선택할 능력이 있음을 부정한다.
> 3. '~할 자격이 있는'이라는 개념을 사용한다.

이런 생각을 가지고 그에 따른 언어를 쓸 때, 우리는 쉽사리 통제당한 다. 자발적으로 자신의 자유를 제한하는 훈련을 해왔기 때문에, 사실 상 외적인 통제가 많이 필요하지 않다.

● ● ●

[11] 리안 아이슬러, 『성배와 칼』. 아이슬러는 이 책에서 협력 모델을 그려내면서, 지배 체 제와 협력 모델을 비교하고 있다.

우리의 사고방식을 삶을 섬기는 방식으로 전환시키려면 앞에서 말한 세 가지 행동을 변화시키면 된다. 첫 번째 단계로, 지배의 사고 방식에서 파생된 언어를 쓰고 있을 때 그것을 알아차리는 훈련을 해야 한다. 다음 단계는 바로 그 생각을 통해 우리의 느낌과 욕구를 이해할 수 있음을 깨닫는 것이다. 그 생각들은 우리 자신의 욕구와 접촉하는 지름길이 될 수도 있다.

분노를 불러일으키는 생각을 잘 구분해보면 앞서 말한 세 가지 중 한두 가지에서 나오고 있다는 것을 알 수 있다. 안나에 관한 이야기를 읽고 같은 상황에 있다고 상상했을 때 화가 났다면, 아마도 당신은 안나와 비슷한 생각의 길을 걷고 있었을 것이다.

'비겁한 사람들! 이기적인 바보들! 자기밖에 생각할 줄 모르지. 자기 자신에게도 당당할 수 없는 짓을 했어. 혹시 내가 그 프로젝트에서 빠지기를 원했다면, 적어도 솔직하게 나한테 직접 말했어야 해. 나는 이런 취급을 받아서는 안 돼. 나한테 그럴 자격이 있다는 걸 보여주고야 말 거야!'

이런 생각들은 다음과 같은 몇 가지 기본 개념을 포함하고 있다. 즉 무엇이 '옳고 그른지'에 대한 고정된 언어와 관념, '선택의 자유는 제한될 수밖에 없어.'라는 생각, 그리고 '~할 만한 자격이 있다.'라는 결정적인 개념을 포함하고 있다. 이 세 가지를 포함하고 있는 몇 가지 생각들을 가지게 되면, 우리는 지배 체제 안에 담긴 사고방식을 한 단계 더 진척시키게 된다.

1. 안나는 도덕 판단을 하고 정태적인 언어를 사용한다.

"비겁한 사람들! 이기적인 바보들!"은 옳고 그름에 기초한 도덕 판단의 표현이다.

　사람을 고정된 꼬리표를 붙여 판단하면 그 사람을 대할 때 배려와 존중을 잊어버리기 쉽고, 그 사람들에 대해 화를 내기가 아주 쉬워진다.

2. 안나는 친구들이 선택할 수 있다는 것을 부정하고 특정한 방식으로 행동해야만 한다고 생각한다.

"혹시 내가 그 프로젝트에서 빠지기를 원했다면, 적어도 솔직하게 나한테 직접 **말했어야 해.**"

　사람들이 특정한 방식으로 행동해야만 한다고 생각한다. 그들이 한 대로 행동할 권리가 그들에게는 없다. 그런 사람들은 벌을 받아 마땅하다. 이 지점에서 세 번째 '~할 만한 자격이 있다.'라는 개념과 연결된다.

3. 안나는 '~할 만한 자격이 있다.'라는 개념을 사용하고 있다.

"나는 이런 취급을 받아서는 안 돼. 나한테 **그럴 자격이 있다**는 걸 보여주고야 말 거야!"

　'~할 만한 자격이 있다.'라는 개념은 모든 처벌과 보상의 기초가 된다. 우리 생각에 잘못된 방식으로 행동한 사람이 있을 때, 우리는 그 사람에게 벌을 주겠다고 위협을 한다. 우리에게는, 우리 생각에 '잘못된' 행동을 한 사람은 그에 합당한 벌을 받아야 하며, 그래야만 균형이 회복된다는 신념이 있다.

그 사람들이 자기 자신을 미워할수록 자신이 잘못했다는 것을 배울 수 있고, 그럴수록 다음에는 다른 방식으로 행동할 가능성이 커진다는 것이다.

자신이 이런 방식으로 생각하고 있음을 알아차릴 수 있다면, 우리는 원하는 대로 행동할 자유를 더 많이 누리게 된다. 죄책감이나 수치심이 느껴질 때 곧장 습관적인 사고방식으로 빠지지 말고, 우리가 어떻게 그 사고방식에 따라 행동하고 있는지를 지속적으로 관찰해보자.

이제 똑같은 세 가지 개념을 사용해서 이 사고방식들이 어떻게 우리를 수치심이나 죄책감에 빠져들게 만드는지 알아보자.

1. 정태적인 언어: (예) 도덕 판단
2. 선택할 수 있음을 부정하기
3. ~할 자격이 있다는 개념

안나가 카페 이야기를 들었을 때, 화가 나기보다는 수치심이나 죄책감을 느낄 수도 있다. 만약 그렇다면 그녀는 다음과 같은 생각을 하고 있었을지도 모른다.

'그럴 줄 알았어. 그들은 정말 나를 원하지 않아. 이상할 게 없지. 나는 정말 너무 복잡하고 합의를 이룰 줄 몰라. 이런 일이 일어날 줄 알았어야지……. 아무도 실제로는 나랑 같이 일하기를 원하지 않아. 내가 문제가 있어!'

1. **안나는 자신을 진단하고 분석하면서 도덕 판단을 하고 있다.**

"…… 나는 정말 너무 복잡하고 합의를 이룰 줄 몰라……. 나는 함께 일하고 싶을 만큼 괜찮은 사람이 아니야."

　스스로에게 고정된 꼬리표를 붙이고 자기 자신을 분석하는 생각을 할 때, 우리는 자주 자신이 원하거나 필요로 하는 것을 포기하게 된다. 정태적인 언어는 쉽게 안이나 밖을 향한 폭력으로 발전한다. 자신을 도덕적으로 판단하게 되면, 자기비판과 자기실현적 예언으로 그 판단을 정당화하는 경향이 생기기 때문이다.

2. **안나는 자신이 가진 선택의 자유를 제한하면서, 일어난 일에 대한 자신의 반응을 억압하거나 무시하려고 애쓰고 있다.**

"이런 일이 일어날 줄 알았어야지. 이런 일은 늘 일어나……. 나는 이제 그만 꿈꾸기를 멈추는 법을 배워야만 해……."

　기준이 있고, 그에 따라 어떤 일이 적절하고 정상적인 일이 된다. 기준을 따르지 않으면 그에 따른 고통을 당한다고 배운다.

3. **'~할 자격이 있다.'라는 개념이 내면을 향한다.**

"이런 일이 일어날 줄 알았어야지. 나는 충분히 괜찮은 사람이 아니야. 나는 당할 만한 일을 당하는 거고 내가 할 수 있는 일은 없어."

　우리는 완벽하고 정상적이라야 포함되거나 보상받을 자격을 가진다. 그렇지 않다면 우리에게는 다른 사람이 우리에게 관심을 가져야 한다고 말할 자격이 없다. 처벌과 보상은 우리를 옴짝달싹 못 하게 붙들어둔다.

　내 경험으로는 다른 사람을 도울 기회를 놓쳤을 때 슬퍼하는 것은 인간 본성의 자연스러운 한 부분이다. 그것은 자신이 나쁘다는 생각에 기초해서 같은 행동을 다시 저지르지 않도록 배우는 일과는 완전히 다른 과정이다. 자신을 미워하면서 원하는 변화를 가져올 수는 없다.

분노 조제법 수집성

지배 마리네이드

옳고 그름 사고방식 1리터
도덕 판단 한 다발
선택의 제한 약간
자기 가치 부정 1킬로그램
~할 만한 자격 멘탈리티 한 묶음

높은 수동성 수준을 확보하기 위해 모든 첨가물을
마리네이드에 확실하게 푹 담글 것. 모든 부분으로부터
정말로 확실한 복종을 얻어내기 위해 반드시 장기 숙성하고
모든 부분들이 푹 절여지도록 할 것.

협력 마리네이드

욕구 사고방식 1리터
솔직한 표현 한 다발
공감 약간
선택하는 자유 1킬로그램
상호성 한 묶음

자유에 대한 욕구와 다른 사람에 대한 배려 사이에서
균형을 확실히 잡을 것. 바라는 결과를 얻기 위해
구성 성분을 자유롭게 실험해볼 것.

3장 | 분노, 죄책감, 수치심 그리고 소통 방식

비폭력대화(NVC)

"살기 위해 숨을 쉬는 것처럼 관계를 맺기 위해 소통해야 한다."
—버지니아 사티어Virginia Satir

내가 분노, 죄책감, 수치심을 탐구해온 과정에서 비폭력대화(NVC)는
정말로 큰 도움이 되었다. NVC는 소통 방식, 사고방식, 그리고 우리
가 가진 힘을 사용하는 방식이 조합된 것이다. 비폭력대화의 목적은
사람들 사이에 질 높은 연결을 만들어내는 것이다. 사람들 사이에 양
질의 유대가 형성되면, 기꺼이 모든 사람의 욕구에 귀 기울이고 모든

욕구를 충족하려고 노력하는 성향이 활성화된다. 이 접근 방식에 따
를 때 우리는 모든 사람의 욕구를 똑같이 중요하게 보게 된다. 다른
사람들과 협력하기를 원할 때, 친밀한 관계를 형성하고 싶을 때, 그리
고 갈등을 다룰 수 있기를 원할 때, 상호 존중과 자유의지는 매우 중
요한 개념이다.

　사람은 서로 연결하여 살아가도록 만들어졌다. 인간은 다른 사람
들, 그리고 우리를 둘러싼 자연과 서로 의존하는 존재이다. 어느 정도
의 취약성은 우리로 하여금 지속적으로 다른 사람들, 그리고 우리 자
신과 연결하도록 돕고 있다. 이 장에서는 네 가지 기본 요소(관찰, 느낌,
욕구, 부탁), 두 가지 주요 요소(솔직함과 공감), 그리고 NVC의 몇 가지

주요 개념과 원리를 설명하려 한다. 분노, 수치심, 죄책감을 다루는 우리의 능력을 향상시키는 데 그것들을 사용할 수 있다.

수치심, 죄책감, 분노가 올라오는 순간을 즐거운 마음으로 기다리기

"이제 비밀을 알려주겠다. 간단하다. 제대로 보려면 가슴으로 보아야 한다. 중요한 것은 눈에 보이지 않기 때문이다."
—앙투안 드 생텍쥐페리[1]

NVC를 창안한 마셜 로젠버그는 분노, 죄책감, 수치심이 삶에서 어떤 역할을 하는지를 볼 수 있는 눈을 뜨게 해주었다. 이 감정들에 주의를 기울이면 분노, 죄책감, 수치심은 우리가 더 풍요로운 삶을 살 수 있도록 돕는 신호가 될 수 있다. 기피해야 할 감정으로 보지 않으면, 우리는 그 것들을 변형시켜 우리 안에 있는 욕구와 더 깊이 연결할 수 있게 된다.

마셜 로젠버그가 다음번 화가 나거나 수치심이나 죄책감을 느낄 때를 즐거운 마음으로 기다린다고 말하는 걸 처음 듣고서 내가 얼마나 놀랐는지, 그 순간을 기억하고 있다. 처음에는 완전히 터무니없는 말로 들렸지만, 그 말의 속뜻을 들여다보고 싶은 호기심이 생겼다.

● ● ●

[1]   앙투안 드 생텍쥐페리Antoine De Saint-Exupéry, 『어린 왕자』, Wordsworth Edition Ltd., 1995.

그 뒤로 나는 수치심, 죄책감, 분노를 탐구하며 긴 시간을 보냈다. 그 시간을 통해 나는 이 감정들이, 우리가 삶에 기여하는 어떤 욕구에 주의를 기울이지 못했을 때 그것을 알려주는 신호라는 점을 이해하게 되었다. 그것들은 우리가 삶에 대해 더 배울 것이 있음을 알려주는 강력한 신호이다. 우리가 그 감정들을 회피하려고 애쓰는 대신에 그것들을 통해 우리 내면에서 무슨 일이 일어나고 있는지를 더 잘 알아차리게 되면, 우리 삶은 필연적으로 더 풍요로워질 것이다.

연결로 이어지는 접근 방식

"NVC는 커뮤니케이션 도구를 가장한 알아차림 프로세스이다."
—키트 밀러Kit Miller

우리가 경험하는 분노, 수치심, 죄책감을 잘 들여다보면, 사람들이 서로 소통할 때 어떤 기본 원리들이 작동하고 있는지가 분명하게 보인다. 이 책 전체에 흐르고 있는 NVC의 원리들은 파트너십 문화, 협력의 문화를 만들고 지켜나갈 수 있도록 우리를 도울 수 있다. 기본 원리 몇 가지를 적어보면 다음과 같다.

1. **느낌과 욕구는 우리가 어떻게 살아가고 싶은지를 더 잘 알아차릴 수 있도록 도와준다.**
모든 사람들의 내면에 살아 있는 것(느낌과 욕구)이 우리를 더 풍요롭게 할 수 있다고 믿을 때, 우리는 다른 사람의 내면에서 무슨 일이 일어나고 있는지 이해하는 데 더 관심을 가지게 된다. 예컨대 화가 난 사람이 있을 때 그 사람의 내면을 이해하는 데 관심을 가지게 되는 것이다. 우리의 느낌이 그 아래 있는 어떤 욕구와 연결되어 있는지를 이해할 수 있게 되면, 우리는 느낌과 욕구에 기꺼이 더 귀를 기울이게 된다.

2. 느낌을 통해 욕구, 원하는 것, 꿈과 연결할 때 우리는 중요한 선택을 할 수 있는 힘을 더 많이 가지게 된다.

욕구와 연결함으로써 자신의 느낌에 책임을 지게 되면, 다른 사람이 우리의 말을 비난으로 들을 위험성이 줄어든다. 마찬가지로, 우리가 다른 사람의 말을 들을 때에도 그 사람 느낌에 대해 책임을 지지 않게 되면, 다른 사람의 말을 듣는 일이 훨씬 더 쉬워진다. 다른 사람의 느낌을 그 사람의 욕구와 연결해서 들을 때, 우리는 비판에 대응하느라 에너지를 낭비하지 않게 된다.

3. 사람이 하는 모든 행동 뒤에 욕구를 충족하려는 의도가 있다고 보게 되면 연결이 쉽게 일어난다.

우리가 관점을 바꿔서 다른 사람이 하는 행동을 우리에게 반대하려는 것이 아니라 자신의 욕구를 충족하려는 시도라고 보면, 우리는 훨씬 더 쉽게 그 사람과 연결할 수 있게 된다. 사람들이 하는 모든 행동이 자신의 욕구를 충족하려는 갈망에서 나왔다고 믿으면, 연민이 일어난다. 사람들이 우리와 똑같이 공동체, 자유, 사랑, 의미, 존경, 돌봄과 같은 욕구들을 가지고 있음을 깨닫게 되어, 다른 사람들 안에서 우리 자신을 볼 수 있게 되기 때문이다. 다른 사람의 행동으로 인해 화가 날 때, 우리는 그 사람들이 어떤 욕구를 충족하려고 그런 행동을 했을지 추측해볼 수 있다. 그러면 그 행동을 수용하지 않더라도 그 행동을 한 사람을 이해하는 데에는 도움이 된다.

4. 우리는 자발적으로 다른 사람들의 삶에 기여하기를 원한다.

다른 사람을 돕는 일이 강요가 아니라 선택이라고 느낄 때, 우리는 더 많이 기여하고 싶어진다. 강요, 협박, '해야만 한다' 또는 '반드시 해야 한다'에 기초한 말은 협력을 더 어렵게 만든다. 우리가 쓰는 말이 선택의 자유를 제한하지 않을 때 분노와 수치심이 줄어든다. 이 느낌들은 우리가 어떤 일을 반드시 혹은 적어도 의무적으로 해야 한다고 생각할 때 일어난다.

분노, 죄책감, 수치심을 불러일으키지 않는 방식으로 소통하기를 원한다면, 다음 네 가지 요소가 매우 중요하다.

1. 관찰

우리가 누군가의 행동이나 말을 보거나 들은 대로 말할 때, 마치 비디오카메라처럼 객관적으로 보고 들을 때, 우리는 관찰을 표현하고 있는 것이다. 관찰은 다른 사람들과 소통하기 위한 공동 플랫폼 역할을 한다. 비디오카메라는 일어나는 일을 찍을 수 있지만 찍히고 있는 일에 대해 도덕적으로 판단할 수는 없다. 그 일이 정상인지 비정상인지, 좋은지 나쁜지, 혹은 누가 누구를 무시했는지 아니면 속여서 조정했는지를 판단할 수 없다. 우리가 관찰을 해석과 혼동할 때 수치심, 죄책감, 분노가 끼어든다. 해석은 종종 다른 사람의 행동에 어떤 의도가 있을 거라는 생각을 포함한다. 그런 해석은 다른 사람이 우리 내면에서 일어나고 있는 일의 원인이라고 믿게 만든다.

사람이나 집단에 대한 적 이미지는 모든 문화에서 '옳음'이라는 생각에 기초해서 만들어진다. 고정된 이미지를 가진 채 다른 사람과 관계를 맺으면, 우리는 그 사람의 행동 뒤에 있는 인간성을 보기가 어려워진다. 우리는 화를 내고 그 사람들을 꾸짖을 권리를 가지고 있다고 생각한다. 한번 우리가 한 해석을 통해 세상을 보게 되면, 그 해석을 무시하는 일이 거의 불가능해진다. 남을 판단하거나 꼬리표를 붙이는 일이 좋지 않다는 것 역시 배웠기 때문에, 우리는 한 걸음 더 나아가 남을 판단했다고 우리 자신을 판단하게 된다. 다른 사람들을 판단해서는 안 된다고 배웠다면, 우리는 수치스러워하면서 스스로를 더 심하게 판단하게 될 수도 있다. 끝도 없이 돌아가는 회전목마처럼 판단과 판단에 대한 판단이 빙빙 돌다보면, 우리는 실제로 일어나고 있는 일을 관찰하는 데에서 점점 더 멀어질 위험에 처한다. 누군가와 소통할 때 실제로 일어나고 있는 일에 대한 관찰에 기초를 두면, 해석을 이야기할 때와는 완전히 다르게 들리고, 상대편과 연결하기가 더 쉬워진다.

2장에 나오는 안나의 카페 이야기에서 실제로 일어난 일과 그녀가 해석한 것을 구분해보자. 그녀가 옳고 그름에 기초해서 친구들을 해석하면, 그녀는 친구들을 "자기중심적인 이기주의자들"이라고 부를 수 있다. 그러나 안나가 해석이 아니라 무슨 일이 일어났는지를 관

분노 죄책감 수치심

찰한다면 다음과 같이 말할 수 있을 것이다.

"우리는 지난 5년 동안 함께 카페를 시작하는 일에 관해 이야기를 나눠왔어요. 지금 그 친구들이 나한테 아무 말 하지 않고 카페를 시작했다는 이야기를 들었어요."

2. 느낌

어떤 사람들은 관찰이라는 아이디어가 근사하긴 하지만 실제로 화가 났을 때에는 너무 흥분해서 관찰만 하는 일이 불가능하다고 생각할지 모른다. 그렇지만 화가 난 순간에 자신의 느낌을 표현하는 일이 가치 있는 일이라는 데에는 대부분의 사람이 동의할 것이다. 우리는 연습을 통해 그것을 배울 수 있다.

나는 몸에서 느껴지는 감각을 '느낌'이라고 부른다. 몸에서 어떻게 느껴지는지를 서술할 수 있게 되면 우리가 무엇을 필요로 하는지에 대한 정보를 얻고 그것을 다른 사람에게 말하기가 쉬워진다. 다른 사람들이 우리의 느낌을 알게 되면, 우리가 처한 내적인 현실을 마치 자신도 그 속에 있는 것처럼 이해하기가 쉬워진다. 왜냐하면 느낌은 모든 인간이 공통으로 가진 것이기 때문이다.

때로 느낌이 '점점 더 커지는' 것처럼 느껴질 수 있지만, 사실 감정은 빠르게 바뀌고 다시 자극되지 않는다면 단지 몇 초 동안만 유지된다. 우리가 느낌을 우리의 욕구와 연결함으로써 열린 마음으로 느낌에 대해 책임을 진다면, 다른 사람들이 우리가 표현한 느낌을 비판이나 비난으로 인지할 위험이 줄어든다. 마찬가지로, 다른 사람의 느낌을 우리가 한 '잘못'이 아니라 그 사람이 필요로 하는 것과 연결할 수 있는 능력이 생기면, 우리는 죄책감이나 수치심으로부터 우리를 보호할 수 있게 된다.

우리가 느끼는 모든 느낌은 우리가 무엇을 필요로 하는지를 말해주고 있다. 목마를 때 당신은 물이 필요하다. 외로운 느낌이 들 때에는 동료애, 지원, 사랑에 대한 욕구가 일어난 것이다. 지루함을 느끼면 우리가 의미나 영감의 욕구를 진지하게 받아들이는 데 도움이 된다. 무엇을 느끼는지에 귀를 기울이지 않으면, 우리는 욕구를 충족할 수 있게 도와주는 중요한 신호를 놓치게 된다. 분노, 수치심, 죄책감이 일어나는 상황도 마찬가지로 볼 수 있다. 이 감정들은 우리에게 중요한 것을 놓치지 않게 해주는 여분의 신호 체계로 작동하고 있는 것이다.

대니얼 골먼은 베스트셀러가 된 저서 『정서 지능』[2]에서, 자신의 느낌과 접촉하는 일이 생산적인 결정을 내리고 타인과 관계 맺는 데 얼마나 중요한지를 명료하게 보여주었다.

우리는 모두 정서에 대한 내적인 경험과 이해를 가지고 있지만, 때로 우리가 느끼는 것을 다른 사람들에게도 명료하게 표현하는 데 어려움을 느끼기도 한다. 자신의 느낌과 연결되는 일은 우리가 행복한 삶을 사는 데 정말로 중요하다. 느낌은 삶에 기여하는 도우미로서 존

분노, 죄책감, 수치심

• • •

[2] 대니얼 골먼Daniel Goleman, 『정서 지능Emotional Intelligence』, Bantam Books, 2006.

재하기 때문에, 우리가 그것을 부정하려고 할 때에도 느껴진다. 느낌을 몰아내려고 하거나 느낌을 인정하기를 원치 않을 때, 그것은 곧잘 더 강렬해지고 다루기가 더 어려워진다.

감정은 오랫동안 안내자로서 우리에게 기여해왔다. 그러나 지난 팔천 년 동안 우리가 푹 젖어온 사고방식 때문에, 느낌이 담고 있는 지혜를 활용하기가 점점 더 어려워졌다. 우리는 어떤 느낌은 좋고 적절하며 정상이라고 배우는 한편, 또 다른 어떤 느낌은 나쁘고 부적절하며 우리가 비정상임을 알려주는 신호라고 배워왔다. 이 때문에 어떤 느낌은 받아들이기가 어렵고 밀쳐내려고 해서 그것이 주는 메시지를 놓쳐버리기 쉽다.

때로 감정이 따로 떨어져 있는 것처럼 보여도, 실제로는 생각, 그리고 몸과 밀접하게 연결되어 있다. 분노, 수치심, 죄책감을 효율적으로 다루려면 느낌과 느낌에 대한 생각을 구분할 필요가 있다. 생각과 느낌을 구분할 수 있게 되면, 자기 자신이나 다른 사람들에게 수치심을 심어주거나 비난을 할 위험성이 줄어든다.

욕구가 충족되었을 때 느낌

이완된	놀라운	평화로운	깨어 있는
만족스러운	기쁜	마음이 놓이는	즐거운
활기가 넘치는	희망하는	호기심 어린	감사한
매력을 느끼는	영감을 받은	자족하는	안전한
흥분되는	행복한	낙관하는	의기양양한

욕구가 충족되지 않았을 때 느낌

화난	놀란	걱정되는	고갈된
실망한	좌절감을 느끼는	축 처지는	격노한
겁에 질린	짜증스러운	불안한	
부끄러운	차가운	불행한	
무기력한	기운이 빠지는	전전긍긍하는	
두려운	슬픈	마음이 두 갈래인	

다른 사람들의 감정은 말로 표현되지 않을 때에도 우리에게 영향을 미친다. 직장 동료나 가까운 가족 중에 누군가가 강한 감정을 경험하고 있을 때 당신이 어떻게 느끼는지를 상상해보면 된다. 감정은 몸짓이나 얼굴 표정 등을 통해 드러난다. 지금 내면에서 무슨 일이 일어나고 있는지 물어보면, 그들은 "별일 아니에요."라고 대답할 것이다. 그 사람이 어떤 느낌을 느끼는지가 분명하지 않을 때, 다른 사람들은 그 사람 안에서 무슨 일이 일어나고 있는지를 이해하는 데 (종종 무의식적으로) 신경을 쓰게 된다.

가끔 사람들에게 다른 사람과의 관계에서 수치심이나 죄책감을 느끼는 상황을 떠올려보라고 요청할 때가 있다. 다른 사람이 그 상황에서 어떤 느낌과 욕구가 있다고 생각하는지 물어보면, 사람들은 대답을 잘 못 한다. 때로는 상대편이 자신에 대해 화가 났거나 실망을 느낀다고 말하기도 한다. 사람들은 상대방이 자신들을 특정한 눈길로 쳐다볼 때, 어떤 톤으로 말할 때, 혹은 무슨 뜻인지 알 수 없는 몸짓을 할 때 수치심을 느낀다고 이야기했다. 우리는 보고 듣는 것을 통해 비난을 읽어낸다. 다른 사람의 느낌을 분명하게 알 수 있을 때 수치심이나 죄책감은 줄어든다.

내 느낌의 책임이 다른 사람에게 있다고 생각하면, 내 느낌에 대해 완전히 책임질 때와는 다른 방식으로 자기표현을 하게 된다. 많은 사람들은 '긍정적인' 느낌에 대해서는 누군가가 그 느낌의 원인으로 자신을 '탓해도' 괜찮다고 생각한다. "당신이 ……해주셔서 기뻐요."라거나 "당신이 나를 행복하게 해주네요." 같은 말을 들을 때 으쓱해지고 힘이 솟기도 한다.

그런데 그다지 긍정적이지 않은 느낌을 자신이 한 일과 연결시키면, 많은 사람들은 질색을 하면서 자신이 그 느낌의 원인이라고 보는 데 반기를 든다. 누군가가 당신에게 "**당신이** ……해서 실망스러워요."라거나 "**당신이** ……하지 않은 일이 나를 슬프게 하네요."라고 말한다면, 그 말을 계속 듣고 있기가 몹시 힘들 터이다.

사람들은 느낌에 대해서 더 많이 이야기해야 한다고 떠들어대곤 한다. 그러면서 정작 그렇게 할 때에는 감정적으로 격앙된 상태가 된다. 나는 왜 그런지가 늘 궁금했다. 내가 찾은 이유 하나는, 우리가 느낌을 표현할 때 내 느낌에 대한 책임을 다른 사람에게 지우기 때문이라는 것이다. 내 느낌을 내 욕구와 연결해서 표현하면, 다른 사람들은 분명히 더 편안하게 내 느낌을 귀 기울여 들을 수 있게 된다.

"당신이 이 자리에 오지 않아서 슬퍼요."라고 말하는 대신, "나는 내 삶에 대한 지원을 더 많이 경험하기를 원하기 때문에 지금 슬퍼요."라고 말할 수 있다. "당신이 자기만 생각하니까 두려워요."라고 말하는 대신, "나는 돌봄과 지원에 대한 욕구가 있어서 두려워요."라고 말할 수 있다.

다른 사람이 어떤 행동을 했고 어떤 의도를 가지고 그 행동을 했

3장 | 분노, 죄책감, 수치심 그리고 소통 방식

으리라고 보는 우리의 생각과 우리의 감정을 섞어버리면 죄책감, 수치심, 분노가 일어날 수 있다. 예를 들자면 '조종당하는', '공격받는', '모욕당하는' 같은 말을 쓸 때 그런 일이 일어난다. "조종당하는 느낌이야."라고 말하면, 상대방은 그 말을 "네가 나를 조종했어."라는 말로 듣기 쉽다. 그러면 상대방은 저항을 하거나 자신을 탓하게 되고, 그 사람과 나 사이의 연결이 손상 받게 된다.

3. 욕구

나는 종종 욕구를 인간의 "공통분모"라고 말한다. 욕구를 통해 우리는 다른 사람 안에서 우리 자신을 볼 수 있게 된다. 그러면 우리 안에 있는 자연스러운 연민이 자라난다. 누군가의 행동 뒤에 무엇이 있는지를 이해할 수 있는 능력이 커지는 것이다. 우리는 모두 동일한 기본 욕구들을 가지고 있기 때문에, 누군가가 우리와는 다른 행동 방식을 선택할 때에도 그 뒤에 있는 원동력을 알아볼 수가 있다.

따라서 욕구는 모든 인간에게 보편적인 원동력이라고 말할 수 있다. 젠더, 문화, 나이, 종교나 정치 배경에 상관없이 모든 사람이 욕구를 공유한다. 이때 욕구와, 욕구를 충족하는 데 사용되는 특수한 수단 방법을 구별하는 것이 중요하다.

욕구라는 말은 삶을 유지하는 데 필요한 자원을 일컫는 데 쓸 수 있는 말이다. 우리 몸의 웰빙은 공기, 물, 휴식, 영양의 욕구들이 충족되는지에 달려 있다. 우리의 심리적·영적 웰빙은 이해, 지원, 우정, 솔직함, 의미의 욕구들이 충족될 때 강화된다.

불행하게도, 어린 시절부터 욕구를 명료하게 표현하는 법을 배운 사람들은 아주 소수에 불과하다. 그 대신에 우리는 욕구를 충족하기 위해 비판·강요·위협하는 법을 익혀왔다. 대부분의 경우 이런 방법들은 사람들 사이에 거리를 만들어내기 때문에, 결과적으로 우리가 원하는 것을 얻는 데에는 거의 이를 수가 없다.

NVC의 기본 전제는 분노, 수치심, 죄책감 뒤에 충족되지 않고 있는 욕구가 있다는 것이다. 이런 상황에서 문제는 우리가 우리 자신의 욕구와 접촉하지 못하고 있다는 점이다. 우리의 주의를 자신의 욕구에 집중하지 못하고, 우리 자신이나 다른 사람들이 무엇을 잘못했는지에 집중하고 있는 것이다.

옳고 그름에 기반을 둔 모든 생각을 자신이 욕구와 연결되어 있지 않다는 신호로 보면, 우리의 자각력을 높이는 데 도움이 된다. 욕구와 접촉하고 있을 때 우리는 더는 화가 나거나 수치심을 느끼지 않는다. 왜냐하면 분노나 수치심이 우리의 기본 욕구에 더 가까운 다른 느낌들로 변형되었기 때문이다. 그러면 수치심이나 화를 계속 붙잡고 있는 일은 불가능해진다.

인간 공통의 욕구들

음식	영감
공기	재미
물	
안전	상호의존
움직임	
	기여
꿈을 선택하고 그 꿈을 어떻게 이룰지를	수용
선택할 자율성	존중
	지원
일치	가까움
신뢰	공동체
창조성	돌봄
의미	공감
	솔직함
평화	사랑
조화	따뜻함
균형	이해
아름다움	보이고 들림

분노 죄책감 수치심

"그들이 한 행동은 잘못됐어."

느낌과 욕구가 2장에 나오는 안나의 이야기에 어떻게 적용될 수 있는지 살펴보자. 만약에 당신이 안나라면, 그 상황에서 어떤 느낌이 들 것 같은가?

그 순간에 사람들은 어떤 생각을 하는지, 그리고 무엇을 중요하게 여기며 무엇을 필요로 하는지에 따라 서로 다른 느낌을 느낀다. 당신이 느낀 첫 번째 느낌이 실망이라고 가정해보자. 실망은 당신이 그 프로젝트의 일부가 되기를 매우 간절히 바라기 때문에 일어난다. 당신이 걱정이나 혼란을 느낀다면, 그것은 친구들이 카페를 시작한 일을 당신에게 말하지 않기로 선택한 이유가 무엇인지를 이해하고 싶기 때문이다. 만약에 슬프다면, 그것은 당신이 정말로 의미 있고 희망을 줄 수 있는 일에 한몫 거들기를 바랐기 때문이다. 따라서 당신의 느낌들 뒤에 있는 욕구들은 포함, 이해, 의미, 희망 등이 될 수 있다. 당신이 느낌과 접촉할 때 이 욕구들과 연결되기가 쉬워진다. 느낌은 우리의 욕구를 발견하는 데 실마리를 준다. 실제로 아무도 당신에게 말해주지 않아서 확실히 모를 때에도, 다시 고국으로 돌아가면 프로젝트에 합류할 수 있으리라는 데 대한 확신이 있다면, 당신은 행복감을 느낄 수 있을 것이다. 당신이 아무리 쉽게 기뻐할 줄 아는 능력을 가지고 있어도, 카페를 시작하는 흥분감을 놓친 데 대해서는 어느 정도 슬픔을 느낄 수도 있다.

안나 이야기로 돌아가보면, 당신은 이런 생각이 들 수도 있다.

'실망스럽고 슬프다. 아니, 점점 화가 나려고 해!' '그들이 한 행동은 잘못됐어. 그런 식으로 행동해서는 안 돼!'

화 뒤에 있는 이런 생각은 우리를 막다른 길로 인도한다. 다른 사람들이 무엇을 **잘못했는지**에 초점을 두기로 선택했을 때, 우리의 대화가 어떻게 진행될 것인지 귀를 기울여보자.

안나가 카페를 시작한 친구들 중 한 사람인 에베에게 전화를 한다.

안나: (빠르고 딱딱하고 짜증스러운 어조로) 어떻게 나한테 이럴 수 있어? 어쩜 이렇게 끔찍이도 이기적일 수가 있냐고. 적어도 나한테 알려는 줬어야지. 알리지도 않다니! 겁쟁이들, 부끄러운 줄 알아야 해!

에베: (공격받았다고 느끼면서, 굳은 목소리로 신경질적으로 대답한다.) 우리

분노 죄책감 수치심

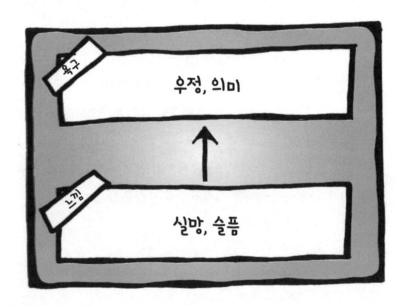

에게는 의사 결정을 할 자유가 있어! 너는 여기를 떠나 있었잖아. 게다가 너는 항상 믿기가 어려웠어. 수시로 마음이 바뀌니까 말이야. (이제야 그녀는 자신의 '진정한 자아'를 보여준다. 너와 함께하지 않아서 기뻐!)

안나: (더 날카로운 목소리로) 네가 나를 비난할 줄은 몰랐네. 친구한테 이런 짓을 할 수는 없어. 이번 일은 절대로 용서하지 않을 거야. 너희들이 내 아이디어를 훔쳐 갔다는 걸 모든 사람들에게 알릴 거야! (전화를 끊는다.)

이건 안나가 전화를 할 때 바랐던 일은 아니다. 옳고 그름이라는 사고방식에 따라 행동할 때 그리고 내면의 압력이 너무 커져서 끓어넘칠 때, 어떤 일이 일어날 수 있는지 우리 대부분은 아마 알고 있을 것이다.

분노와 욕구

"분노는 욕구와 단절되어서 삶을 소외시키는 생각들이 일으키는 결과이다. 그것은 우리가 어떤 욕구가 충족되지 않고 있는지에 초점을 두지 않고 머리로 올라가서 누군가를 분석하고 판단하고 있음을 나타낸다."
—마셜 로젠버그[3]

많은 사람들이 화가 났을 때 살아 있음을 느낀다. 아드레날린이나 다른 호르몬들이 몸에서 흐르기 때문에 신체 감각이 매우 강렬하다. 그러나 우리를 살아 있게 하는 욕구와 접촉하고 있지 않기 때문에, 이 상태는 '완전히 살아 있는' 상태라고 말할 수 없다.

이 상태에서 소통은 비효율적으로 이루어진다. 화가 날 때 우리는 자신이 무엇을 원하는지 그리고 다른 사람이 우리에게 어떻게 기여할 수 있는지가 아니라, 다른 사람의 싫은 점, 잘못된 점에만 거의 모든 주의를 기울이는 경향이 있다. 또, 화가 났을 때 우리는 다른 사람에게 어떤 일을 하지 말라는 부탁만 한다. 우리가 원하는 일을 명료하게 부탁하지 않고 다르게 하라고만 하면, 상대가 행동을 바꿔도 그 행동은 이전과 마찬가지로 우리를 자극할 것이다.

자신의 인간적인 욕구와 접촉할 때 우리는 더 이상 화가 나지 않는다. 분노 뒤에 있는 욕구와 연결하면, 우리는 화를 다른 느낌들로 전환시키게 된다. 그 느낌들은 분노와 마찬가지로 강렬하면서도, 더 분명하게 우리를 삶에 기여하는 욕구에 연결해준다.

● ● ●

[3]   마셜 로젠버그, 『비폭력대화: 삶의 언어』

분노 죄책감 수치심

수치심과 욕구

수치심은 때로 우리가 사회적 맥락의 일부가 되기 위해 치러야 하는 대가라고 표현된다. 그러나 수치심을 느끼는 것 말고, 다른 사람들의 욕구가 충족되지 않고 있다는 것을 알아차리는 다른 방법이 있다. 우리 자신이나 다른 사람들의 욕구와 계속해서 연결할 수 있다면, 우리에게는 '경보 신호'로 수치심이 필요하지 않다. 우리가 욕구와 연결되면 수치심에 휩싸이기 전에 다른 반응을 할 수 있게 된다.

죄책감과 욕구

사람들에게 어떤 욕구가 있느냐고 물어보면, 잘 모르겠다고 대답할 때가 많다. 또, 알더라도 그것을 표현할 말을 찾기가 어렵다고도 한다. 많은 사람들이 자신에게 어떤 욕구가 있다는 사실을 표현할 때 죄책감을 느끼도록 학습되었다. 특히 자신의 욕구가 다른 사람들의 욕구와 어긋나는 것처럼 보일 때 더 그러하다. 그래서 모든 사람이 같은 욕구를 공유한다는 것을 알게 될 때, 많은 사람들이 안도감을 느끼곤 한다.

죄책감은 우리가 서로 갈등하는 것처럼 보이는 욕구들 사이에서 마음이 두 갈래로 나뉘고 있다는 신호이다. 모든 욕구를 함께 충족하기 위해 실제로 어떻게 해야 할지를 모르기 때문에 죄책감이 일어난다. 욕구가 서로 충돌하기 때문에 우리가 어떻게 하더라도 누군가는 잃을 수밖에 없다는 생각에 우리가 끌려가고 있을 수도 있다.

~~~~~~

"내 잘못이야."

안나도 여느 사람들처럼 자신이 화를 냈던 것 때문에 죄책감을 느낄지도 모른다. 이제 그녀는 자기 자신을 '공격'하면서, 책임감이 없다고 스스로를 비난한다. 일이 그렇게 된 데 대해서 자신이 비난받아야 한다고 속으로 이야기한다.

'의심했던 대로야. 그들은 어쨌든 나와 함께하기를 원하지 않았기 때문에, 내가 없는 틈을 노렸던 거야. 놀랄 일도 아니지. 내가 늘 얼마나 복잡한지를 좀 봐. 에베가 말한 것처럼 나는 정말 약속을 지킬줄 몰라. 다른 걸 기대해서는 안 됐어……. 내가 충분히 같이하고 싶은 사람이 아닌 거야!'

친구들 중 아무도 카페에 대해서 안나와 연락하지 않은 채 몇 달이더 흘러, 그녀가 집으로 돌아온다. 그녀는 카페를 연 친구들 중에 페테르를 제일 먼저 만나게 된다.
안나는 외국에서 지낸 시간들에 대해서만 이야기하지만, 머릿속에서는 카페에 대한 생각이 맴돌고 있고, 페테르가 무슨 일이 일어났는지에 대해 뭔가 이야기해주기를 바라고 있다. 그녀는 속으로 자신이 카페에 대해 무슨 얘기든 해야 한다고 말하고 있다. 자신이 친구들이 한 일에 대해서 어떻게 생각하는지, 그 일이 자신에게 어떻게다가오는지를 말해야 한다고 마음속으로 중얼거리고 있다. 하지만그녀는 그렇게 할 수 없었고, 결국에는 아무도 카페에 대해서는 어떤 말도 꺼내지 않았다.

페테르는 안나를 만나자 스스로에게 수치심을 느낀다. 카페에 대해 그녀에게 알리고 연락했어야 했다고 느끼기 때문이다. 그러나 그는 웃으면서 모든 일이 괜찮은 척하고 있다. 자신은 거의 말을 하지 않고 안나가 이야기하도록 한다. 잠시 시간이 흐르자 그는 침착해진다. 걱정했던 주제가 나오지 않았기 때문이다. 헤어질 때, 그는 아마 안나에게는 카페가 중요한 일이 아니었을지도 모르겠다고 생각한다.

욕구와 그것을 충족하기 위해 사용하는 수단·방법의 차이

죄책감, 수치심, 분노를 다룰 때에는 욕구와 그것을 충족하기 위해 우리가 사용하는 수단 방법을 구분하는 것이 도움이 된다. 둘을 구분하는 한 가지 방법은, 특정한 사람이 특정한 행동을 특정한 시간에 할 필요는 없다는 점을 깨닫는 것이다.

내가 오스트리아 국제대학의 한 그룹과 NVC 수업을 할 때 분명하게 알게 된 점이 있었다. 그때 우리 모두는 존중과 존엄성이라는 욕구를 공유하고 있었다. 그러나 그 욕구를 충족하기 위한 수단 방법은 매우 달랐다. 그 그룹은 서로 다른 스물여덟 나라에서 온 사람들로 이루어져 있었는데, 존중이라는 주제로 들어가자 뜨거운 논쟁이 일어났다. 집단으로 작업을 하는 동안 갑자기 울음이 터져 나왔을 때 다른 사람들이 어떻게 해주기를 원하는지를 돌아가면서 이야기하는 중에 아주 의미 있는 상호 대화가 이루어진 것이다.

스칸디나비아에서 온 두 여성은 하던 일을 멈추고 우는 사람에게 온전히 주의를 기울이면서 지지할 때 존중을 느낄 수 있을 거라고 말했다. 서아프리카에서 온 남성들은 그런 행동이 자신들의 존중에 대한 욕구를 결코 충족할 수 없을 거라고 주장했다. 그런 일이 일어날 것 같지는 않지만 만약 자신들이 사람들 앞에서 울기 시작한다면, 그들은 다른 사람들이 아무 일도 일어나지 않은 양 자신들을 주목하지도 돌보지도 않기를 원한다는 것이다. 그들이 보기에는 그러는 것이 존중에 대한 욕구를 가장 잘 충족하는 방법이다. 자신이 울기 시작했을 때 다른 사람들이 어떻게 대해주기를 바라는지에 관해서, 이 두 상반되는 의견 외에도 수없이 다양한 의견들이 있었다. 같은 나라에서 왔거나, 성별이 같거나, 같은 종교 배경을 가진 사람들끼리도 개인에 따라 의견이 달랐다.

실제로 받고 있는 존중과 받기를 원하는 존중 사이에 차이가 있음을 알면, 우리 모두의 공통분모인 존엄이라는 내적 경험도 더 잘 그려낼 수 있다. 우리 모두가 존중이라는 욕구를 공유하고 있음을 이해할 때, 집단 안에서 우리는 더 가까워진다. 그리고 같은 욕구를 충족시키는 수많은 방법들이 있음을 알게 될 때, 많은 사람들이 자유로움을 느낀다고 한다.

욕구와 수단 방법을 구분할 수 있을 때, 우리는 죄책감과 수치심을 더 효율적으로 다룰 수 있다. 우리 안에서 일어나고 있는 일과 관련해 다른 누군가를 비난하지 않는다. 또, 다른 사람 안에서 일어나고 있는 일과 관련해 우리 자신을 비난하지 않는다. 그 대신에 우리 욕구를 명료하게 하고, 그것을 충족하도록 돕기 위해 다른 사람들이

분노 죄책감 수치심

무엇을 해줄 수 있는지를 이야기한다.

    욕구가 다양한 방법으로 충족될 수 있다는 강한 신념이 있으면, 우리는 욕구를 충족하기 위해 무엇을 할지를 더 자유롭게 선택할 수 있게 된다. 존중에 대한 우리의 욕구가 충족되려면 누군가가 꼭 어떻게 해야만 한다고 믿으면서 그 사람에게 매달리지 않아도 된다. 존중을 경험하고 싶다면, 우리가 존중이라고 생각하는 방식으로 다른 사람들을 대함으로써 거기에 이를 수도 있다. 공감을 경험하기를 원할 때, 우리는 다른 사람 말을 공감으로 들어줌으로써 그 욕구를 충족할 수도 있다.

4. 부탁

수단 방법을 제안하거나 어떤 일을 부탁하고 싶을 때, 되도록 구체적으로 하는 것이 좋다. 구체적일수록 우리가 무엇을 부탁하는지를 상대편이 쉽게 이해할 수 있기 때문이다. 또, 부탁할 때 실제로 할 수 있는 일을 당장 "예스."나 "노."로 대답할 수 있는 방식으로 하면 좋겠다.

    부탁을 명료하게 하고 상대방이 그것을 강요로 들을 위험을 최소화하기 위해, 우리는 다음 두 가지 질문의 도움을 받을 수 있다.

- **다른 사람이 무엇을 하기를 원하나? 어떻게 다르게 하기를 원하나?**
- **사람들이 그 일을 할 때 그 동기가 무엇이기를 원하나?**

다른 사람들에게 부탁하지 않고 강요할 때, 우리는 스스로에게 물어볼 수 있다. '그런 소통을 할 때 따르는 대가를 치를 준비가 되어 있는가?' 누군가가 우리가 요청하는 일을 해줄 때, 스스로 원해서가 아니라 수치심·죄책감·처벌이 두렵거나 피하고 싶어서 한다면, 그 일은 우리의 관계를 손상시킬 것이다. 이런 식의 소통 방식이 오랫동안 지속되었다면, 연결을 복원하는 데 많은 에너지가 필요할 터이다. 다른 사람들이 우리에게 강요받는 경험을 했다면, 그들은 우리 삶에 기여하는 데에서 오는 기쁨을 잃어버렸을지도 모른다.

부탁을 하지 않거나 느낌만 표현하면서 모호하게 부탁을 하면, 다른 사람들은 우리가 무슨 부탁을 하고 있는지를 오해하기 쉽다. 그럴 때 우리는, 나는 분명하게 표현했는데 왜 다른 사람들이 우리를 이해하지 못하는지 의아해할 수도 있다. 나는 부탁을 했을 뿐인데 어떻게 죄책감을 느낄 수가 있지, 하면서 말이다.

예컨대 "외로워."라고 말하면서 우정을 원한다고 생각할 수 있다. 하지만 그 말을 듣는 사람에게는 우리의 부탁이 전혀 명료하지 않다. 어떤 사람들은 그 말을 이해하고 그 욕구를 충족시키는 행동을 할 것이다. 그러나 어떤 사람은 그 말이 분명하기 않기 때문에 아무런 행동도 하지 않는다. 무엇을 느끼는지(외로움), 무엇을 필요로 하는지(우정), 그리고 다른 사람이 무엇을 해주기를 원하는지(커피 한잔 하러 올래?)를 표현할 때, 상대방으로부터 우리가 원하는 지원을 얻을 확률이 최대치로 높아진다. 그 사람이 독심술사가 되지 않아도 되기 때문이다.

부탁을 '연결을 지향하는' 부탁과 '행동을 지향하는' 부탁으로 나눌 수 있다. 뒤엣것은 누군가에게 구체적인 행동을 해달라고 부탁하는 것을 가리킨다.

"자전거를 다른 쪽으로 좀 옮겨주실 수 있을까요?"

연결을 지향하는 부탁은 다른 사람의 느낌과 욕구에 관한 질문을 하는 것이다. 누군가의 느낌에 대한 질문을 다음과 같이 할 수 있다.

"당신의 자전거가 문 앞에 세워져 있는 것을 보고 제가 짜증이 난다고 말씀을 드렸을 때, 어떤 느낌이 드셨는지 말씀해주실 수 있을까요?"

그리고 명료하게 자기표현을 했는지 확인하기 위해 두 번째 연결 부탁을 다음과 같이 해볼 수 있다.

"자전거를 다른 곳에 세우는 일이 왜 저에게 중요한지에 대해 제가 분명하게 말씀드렸는지 확인하고 싶어서 그러는데, 제가 드린 말씀을 들으신 대로 말씀해주실 수 있을까요?"

죄책감을 일으키는 소통 방식

수치심과 죄책감을 일으키는 소통 방식은 사람들의 자존감과 집단 내 위상에 위협을 가하기 때문에 강력한 무기가 될 수 있다. 죄책감과 수치심은 모두 우리를 입 다물고 피하게 하거나, 정말로 하고 싶지 않은 일에 동의하게 만들 수 있다.

한 친구가 자신이 일하던 병원에서 이삼 년 동안 지속되었던 상황에 대해 이야기해준 적이 있다. 매일 아침, 밤 근무를 한 직원이 지난밤에 무슨 일이 있었는지를 낮 근무 직원들에게 보고한다. 따라서 밤 근무 직원이 집에 가서 휴식을 취하려면 낮 근무 직원이 아침 정시에 도착하는 것이 중요했다. 그런데 낮 근무 직원 중 한 사람인 도널드가 몇 번이나 시작 시간 5분이 지나 사무실로 뛰어 들어와서는 자기가 늦은 이유를 설명하곤 했다고 한다. 다른 직원들은 안절부절못하며 그가 이야기를 끝내기를 기다리며 앉아 있었다. 서로 알 만하다는 눈빛을 보내기도 하고, 때로는 그를 짜증스럽게 노려보기도 하면서 말이다. 관리자와 일반 직원들 모두 몇 번이나 도널드에게 지각한다고 핀잔을 주었는데, 매번 수치심을 유발하는 방식으로 소통을 했다. 이야기를 할 때마다 그는 다시는 늦지 않겠다고 약속을 했다. 그리고 그 방식이 실제로 통했다! 한 삼 일 정도는 말이다. 삼 일이 지나면 그는 다시 늦기 시작했다. 늦을 때마다 그는 더 큰 수치심을 느꼈기 때문에 늦은 이유를 더 길게 설명했다. 동료들이 그에게 말을 하면 할수록, 상황은 해결되기는커녕 더 나빠졌다.

이것은 누군가의 행동을 변화시키려고 수치심이나 비난을 이용할 때 일어나는 전형적인 현상이다. 우리가 누군가에게 어떤 말을 하고 그 사람이 그 말을 비판으로 들을 때, 그는 우리 욕구를 듣지 않는다. 만약 누군가의 행동이 영구적으로 변하는 것을 보고 싶다면, 그 사람이 수치심이나 죄책감을 경험하게 하면 안 된다. 죄책감이나 수치심 때문에 일어나는 변화는 내적인 동기와 연결되어 일어나는 변화가 아니기 때문에 지속되기 어렵다.

내 생각을 말했는데 상대편이 그것을 비판이나 비난으로 들었을
때, 나는 다음과 같은 말로 이야기를 마무리한다.

**"내 얘기 중에 비판으로 들린 게 있다면 그게 무엇인지 듣고 싶어요.
그건 내가 하고 싶은 말을 명료하게 하지 못했다는 뜻이니까요."**

만약에 상대방이 우리의 욕구를 듣는다면, 그 사람이 우리가 한 말
을 비판이나 자기에게 잘못이 있다는 말로 듣는 일은 일어나지 않는
다. 사람들이 우리가 도움을 요청하고 있다는 것을 제대로 듣게 되면
두 가지 일이 일어난다. 먼저, 그들 안에서 기꺼이 기여하려는 마음이
커진다. 아울러, 우리가 부탁하는 일에 대해서 자유롭게 아니라고 말
하는 일도 가능해진다.

다른 사람들이 내 느낌에 대해 책임을 느끼지 않도록 하는 또 다
른 방법은, 내가 한 말을 다시 한 번 반영해달라고 부탁하는 것이다.
이것은 내 말이 그들에게 어떻게 다가갔는지를 확인해서, 한 번 더 명
료하게 전달해볼 것인지 여부를 결정할 수 있게 해주는 방법이다.

결국, 우리가 한 말을 죄책감이나 수치심으로 들을지 말지는 항상
듣는 사람들에게 달려 있다. 그러나 우리에게는 그들이 그렇게 듣지
않도록 할 수 있는 기회, 다시 말해 우리와 그들 사이에 연결을 강화
할 기회가 있다.

자주 수치심과 죄책감으로 이끄는 소통 방식

상대방에게 구체적인 부탁을 하지 않으면서 내 느낌 표현하기
　너무 외로워.

나의 느낌을 상대방이 한 행동과 연결하기
　나는 당신이 ……해서 유감스러워.

부탁하지 않고 상대방이 어떤 행동을 해야만 한다고 암시하기
　어떻게 되든 아무도 관심이 없네.

느낌과 욕구, 그리고 원하는 것을 한숨이나 얼굴 표정, 몸짓으로 표현하기

다른 사람의 의도에 대한 내 생각을 나의 느낌과 섞어서 말하기
　치이는 기분, 무시당하는 느낌, 버림받은 느낌, 조종당하는 기분

수치심이나 죄책감을 피하기 위해서라면 어떤 일도 하지 말자

우리가 수치심이나 죄책감을 피하기 위해서가 아니라 다른 사람의
삶에 기여할 때 느끼는 기쁨 때문에 어떤 행동을 할 때, 그것은 우리
의 관계를 풍요롭게 해준다. 수치심이나 죄책감이 올라올 때에는 일
단 행동을 멈추고 그 감정을 느끼는 시간을 가지는 것이 안전하다. 행
동하기 전에 자기 욕구와 연결하는 데 필요한 시간을 허용하면, 그 느
낌들은 전환될 것이다.
　한번은 파티에 간 적이 있었는데, 거기에서 한 커플이 싸우는 것
을 보게 되었다. 남자는 춤추기를 원했고, 여자는 그냥 이야기를 나누
면서 함께 시간을 보내기를 원했다. 나는 멈추고 내면의 소리를 들어

주기만 하면 수치심과 죄책감이 자기 길을 찾아갈 수 있다는 것을 알고 있었다. 그래서 두 사람 중에서 내가 더 잘 아는 남자에게 잠깐 이야기를 나누자고 제안했다. 그는 자신이 무엇을 해야 할지에 관한 수많은 생각들과 어떻게 씨름을 벌이고 있는지 이야기했다. 다른 사람들과 어울려 춤추고 싶은 마음이 있을지라도 파트너 곁에 있어주어야 한다는 것이 그중 가장 강력한 생각이었다.

그는 자신이 죄책감을 느끼지 않으려고 필사적으로 애를 썼다는 사실을 깨닫게 되었다. 그리고 자유에 대한 욕구와 기여하고 싶은 욕구 사이에서 마음이 두 갈래로 나뉘고 있었다는 것도 알아차리게 되었다. 죄책감을 피하기 위해 노력하면서 점점 더 큰 혼란을 느끼고 있었던 것이다. 자유로움을 느끼는 일과 자기 파트너에게 기여하는 일 둘 다가 자신에게 얼마나 중요한지가 명확해지자, 그는 자신의 욕구를 충족할 수 있는 더 의식적인 선택을 할 수 있게 되었다. 그는 그날 저녁 시간의 일부를 그녀와 함께 보내고, 다른 일부를 자기 친구들에게 여자 친구를 소개하면서 보내기로 선택했다. 자신에게 저녁 시간을 어떻게 보낼지에 대한 선택이 있음을 깨달았을 때, 그리고 자기 안에 있는 '해야만 해'라는 생각이 시키는 대로 하지 않아도 된다는 것을 자각했을 때, 전환이 일어났다.

유머와 공감

수치심을 다루는 가장 일반적인 방법 중 하나는 유머이다. 스탠드업 코미디언들이 사용하는 농담은 거의 전적으로 수치심을 불러오는 소재들에 의존한다. 관객들이 수치스러움을 더 느낄수록 쇼는 더 재미있어진다. 자기 스스로를, 그리고 자신을 부끄럽게 만드는 일을 비웃을 수 있을 때 수치심을 다루기가 더 쉬워지는 경향이 있다. 그럴 수 있으려면 자기 자신과 거리를 둘 수 있는 힘이 많이 필요하다.

수치심을 느낄 때 유머가 정말 큰 도움이 되지만, 우리가 모두 코미디언이 될 수는 없다. 공감으로 반응하면서 수치심을 다룰 수 있는 능력을 훈련하는 편이 훨씬 쉬울 것이다. 누군가의 말을 공감으로 듣는 것은 그 사람이 자신의 분노, 수치심, 죄책감을 다룰 수 있도록 돕는 강력한 도구가 된다.

분노, 죄책감, 수치심

공감

"오늘날 세상에 존재하는 최대의 결핍은 공감의 결핍이다. 우리에게는 다른 사람 신발을 신고 그 사람 눈으로 세상을 보는 사람들이 필요하다."
—버락 오바마[4]

NVC에서 '공감'이나 '공감으로 듣기'라는 말은 다른 사람과 연결하

- - -

[4] 버락 오바마Barack Obama, 『담대한 희망: 새로운 미국에 대한 전망과 모색The Audacity of Hope—Thoughts on Reclaiming the American Dream』, Faber & Faber, 2008.

는 구체적인 방법을 말할 때 사용된다. 공감으로 듣기는 어떤 상황에서 다른 사람의 관점을 인식할 수 있는 능력을 말한다. 앞의 인용문에서 오바마 전 대통령이 말했던 것처럼, "우리는 다른 사람의 눈을 통해 세상을 보려고" 시도할 수 있다. 공감 연구자인 테레사 와이즈먼Teresa Wiseman은 공감 능력을 이렇게 요약했다.[5]

1. 타인의 눈으로 세상을 볼 수 있는 능력
2. 다른 사람의 느낌과 욕구를 이해하는 능력
3. 자신이 이해한 타인의 느낌에 대해 소통할 수 있는 능력

동의하거나 안쓰럽게 여기지 않고도 다른 사람의 느낌을 이해했음을 보여주는 방법이 있다. 좋은지 나쁜지 생각하지 않고 다른 사람의 느낌과 함께 있는 데 집중할 수 있다. 우리가 더는 사람이나 행위를 판단하는 데 초점을 두지 않고 열린 가슴으로 그 사람이 무엇을 느끼고 무엇을 필요로 하는지에 정말로 귀 기울일 때, 공감이 일어난다. 이때 우리는 상대방이 어떤 사람이며 무엇을 해야 한다는 우리의 생각에 초점을 두는 것이 아니라, 상대방 안에서 지금 무슨 일이 일어나고 있는지에 초점을 둔다.

공감은 말을 넘어서 일어나지만, 우리는 말을 통해 그 사람 안에서 일어나고 있는 일을 정말로 이해하려고 애쓰고 있음을 보여줄 수

• • •

5   브레네 브라운Brené Brown, 『나는 왜 내 편이 아닌가: 수치심 문화 속에서 여성이 힘과 용기를 되찾기 위하여I Thought It Was Just Me (But It Isn`t): Women Reclaiming Power and Courage in a Culture of Shame』, Gotham Books, 2008.

있다. 다른 사람의 느낌과 욕구에 초점을 맞추면 우리 안에 있는 연민이 촉발된다. 그럴 때 우리는 사람들이 필요로 하는 것, 꿈꾸는 일, 열망하는 것, 자신들의 삶에서 더 많이 보고 싶은 일을 들으려고 노력한다. 그리고 사람들의 약한 면이나 가지지 못한 것이 아니라 그들이 무엇을 창조해내기를 원하는지에 초점을 맞추려고 한다.

공감 대 동정

- 그녀는 나를 정말로 이해할 수 있어!
- 그가 나와 함께 거기에 있었어!

이 말들은 누군가가 공감으로 자신의 이야기를 들어주는 경험을 한 사람들이 공통으로 보이는 반응이다. 그런데 동정을 받고 나서도 이런 반응을 할 수가 있다. 공감과 동정의 차이는 이렇다. 누군가의 이야기를 동정심으로 듣는다는 것은 그 사람에게 동의하거나, 그 사람을 안쓰럽게 느끼거나, 아니면 그 사람이 어떤 일을 겪고 있는지 이해한다는 걸 보여주려고 비슷한 내 경험을 나누는 것이다. 그런데 공감으로 듣는다는 것은 누군가의 느낌과 욕구, 그리고 그 내면 과정이 그 사람에게 어떤 영향을 미치는지와 연결하려고 하는 것이다.

수치심이나 죄책감을 느낄 때 동정을 받으면, 우리는 여전히 외로운 느낌이나 이해받지 못한다는 느낌을 가지기 쉽다. 그리고 자기 자신을 불쌍하게 여기게 된다. 화가 날 때 다른 사람이 동정으로 반응을 하면, 잠시 동안은 화가 줄어들지만, 종종 우리가 판단하면서 화를 내고 있는 그 사람을 향해 더 큰 화가 되살아나곤 한다.

때때로 동정은 '뒷담화'로 인식될 수 있다. 또, 관심을 둔 누군가를 지지하려는 시도(실제로 지지가 안 될 수도 있는)로 여겨질 수도 있다. 동정을 받으면 누군가가 '당신 편'이라는 증거처럼 느껴져서 기분이 좋다. 그렇지만 동정에는 자물쇠를 더 걸어 잠그는 관계로 나아갈 위험이 있기 때문에 결국에는 사태를 악화시키는 경향이 있다.

동정보다는 공감으로 누군가의 이야기를 들어주는 일이 훨씬 더 지지가 된다. 특히 분노, 수치심, 죄책감을 느끼고 있을 때에는 더 그렇다. 그러나 여기에도 함정은 있다. 우리가 누군가의 이야기를 공감으로 들어줄 때에도 그 상황에서 우리가 느끼고 원하는 것을 말해주지 않으면, 그 사람은 보통 우리가 자기에게 동의하고 있다고 생각한다. 그럴 때 사람들은 우리가 자기처럼 '우리 둘 다의 친구인 그는 배신자야.'라고 생각하거나 '모든 남자가 다 그래.'라고 생각할 거라고 믿는다.

~~~~~~

동정받기

안나는 우연히 페테르와 마주치고(72쪽 참조) 나서 한 친구 집 소파에 맥없이 주저앉았다. 카페 사업이 진행된 방식이 자신에게 얼마나 고통스럽고 좌절감을 안기는 경험이었는지 한마디도 하지 못했기 때문이다.

안나: (단호한 목소리로 소리친다.) 나 자신이 정말 실망스러워. 내 생각을 꺼내보지도 못했잖아. 정말 겁쟁이야. 그 친구들이 나를 짓밟는 것도 당연하지……. (이어서 슬퍼진다.) 나는 개떡 같은 취급을 받아도 싸. 거지발싸개 같아.

친구: 그런 생각 하지 마. 네 잘못이 아니야. 너는 잘못한 게 없어.

안나: 그럴지도……. 하지만 그 카페를 열 아이디어를 떠올린 사람은 나야. 그리고 그 일은 나한테 정말로 재밌을 것 같은 유일한 일이야. (목소리가 슬퍼진다.) 나는 왜 항상 이렇게 운이 없지.

친구: 정말 운이 나빴어……. 내 생각에는 네가 그 사람들하고 같이 일하지 않게 된 건 행운인 것 같아. 그들은 너 같은 사람에게 친구도 동료도 될 자격이 없는 이기적인 바보들이야. 너라면 훨씬 더 나은 사람들을 만나야 마땅하다고.

안나: 맞아. 그들이 자기들만 생각하는 게 빤히 보이지. 경영도 잘 못할 거야. 사업을 어떻게 운영하는지 그들은 아무것도 몰라.

대화의 마지막 줄에 보면 판단이 다시 튀어나오기 시작한다. 이것은 우리가 동정을 받을 때 공통으로 일어나는 일이다. 분노하고 실망한 사람을 동정심으로 대하는 일은 "불에 기름을 붓는" 일과 같다. 동정은 '상대편'에게 잘못이 있다는 것을 확인해주기 때문에, 이런 반응은 점점 더 커지곤 한다. 동정을 받은 사람은 자기 자신에 대해서가 아니라 다른 사람에 대해서 계속해서 이야기하는 경향이 있다.

혹시 이런 유형의 지지를 받고 나서 그 상대편을 만나 우리가 느낀 실망감에 대해 소통하게 된다면, 동정을 받기 전보다 그 사람과 연결하는 일이 훨씬 더 어려워질 위험이 있다. 상대가 어떠어떠하다는(이기적인 비겁자 등등) 고정된 이미지가 확고해져서 그 사람을 있는 그대로 보는 데 방해가 되기 때문이다. 자신의 느낌에 대한 책임이 그 사람들에게 있다는 생각 역시 더 커졌을 수 있다. 힘이 상대방의 손아귀에 있는 것처럼 느낄 때, 우리는 상황을 바꾸려는 행동을 하지 않는다. 무기력감은 분노로 변해서 협박이나 강요로 표현될 수 있다.

격앙된 상황에서 연결로 이끌어주는 좋은 소통을 할 수 있으려면, 우리는 많은 지지를 받아야 한다. 누군가가 우리의 느낌과 욕구를 들어줄 때, 우리는 그런 지지를 얻을 수 있다. 격려를 늘어놓는다거나 분석하거나 위로하는 일, 혹은 충고나 동정은 별로 도움이 되지 않는다.

공감과 수치심

공감은 우리를 더 깊은 내면과 연결되지 못하게 막고 있는 방해물을 녹여낸다. 공감과 수치심은 서로 정반대되는 것으로 볼 수 있는데, 공감은 우리 마음을 열어젖히고 수치심은 우리 마음을 닫아버린다. 수치심을 공감으로 다루려면 취약성을 허용할 필요가 있다. 용기를 내서 수치심을 드러냈을 때 자신이 수용되고 자기 말이 들린다는 신뢰가 있으면 공감이 일어난다. 수치심에서 빨리 벗어나는 사람들의 특

징은 자기 자신과 다른 사람들 모두에 대해서 공감을 할 수 있는 능력이 크다는 점이다.[6]

마음이 열려 있는 상태에서 충고나 격려, 질책이나 동정을 받으면, 수치심을 사라지게 하는 공감을 경험하기가 어려워진다. 자신의 취약함을 누군가에게 드러낸 상태에서, 우리는 이해받기를 원한다. 누군가가 연민 어린 태도로 대해주면 그것이 전환점이 되어 수치심이 더는 우리 안에서 날뛰지 않게 되기도 한다.

공감과 분노

분노가 일어날 때 누군가가 공감으로 대해주면, 분노는 재빨리 다른 감정으로 전환되곤 한다. 내 말을 들어주는 사람의 지원을 받아 분노 뒤에 있는 욕구와 접촉할 수 있다면, 우리는 이제 더는 화가 나지 않게 될 것이다. 강한 감정을 느끼지만, 우리를 화나게 만들고 죄책감을 불러왔던 생각을 흘려보낼 수 있게 된다. 우리는 이때 느끼는 강한 감정을 자신의 욕구와 더 깊은 차원에서 만나는 데 사용할 수 있다. 욕구의 핵심과 연결되고 나면, 그 욕구를 반드시 충족할 수는 없다 하더라도 그 상태 그대로 더 괜찮아질 수 있다.

● ● ●

[6]   브레네 브라운, 『나는 왜 내 편이 아닌가』

공감과 죄책감

죄책감을 느끼고 있을 때 누군가가 연민으로 대해주면, 우리는 이렇게 할까 저렇게 할까 하는 내면의 투쟁에서 자유로워지는 데 도움을 받을 수 있다. 자신이 하거나 하지 않은 일로 인해 충족되지 못했던 욕구를 애도하는 데 훨씬 더 잘 다가갈 수 있기 때문이다. 죄책감은 '해야만 한다'고 생각하는 일을 하도록 끊임없이 자기 자신에게 강요하는 무의식적 습관일 수 있다. 공감은 이러한 고문을 멈추고 더 건설적으로 상황을 다루는 방법을 찾는 데 도움을 준다.

공감받기

안나: [페테르를 만났을 때(72쪽 참조) 하고 싶은 말을 한마디도 못했기 때문에, 또 다른 친구에게 자신의 절망감을 털어놓는다.] 나 자신이 정말 실망스러워. 내 생각을 꺼내보지도 못했잖아. 정말 겁쟁이야. 그 친구들이 나를 짓밟는 것도 당연하지…… (이어서 슬퍼진다.) 나는 개떡 같은 취급을 받아도 싸. 거지발싸개 같아.

친구: 정말 실망스러웠구나. 이 일 때문에 네가 얼마나 힘들었는지 이해받고 싶어?

안나: 응, 그렇지만……. 내가 자초한 일이야. 그냥 당할 만한 일을 당하는 거야.

친구: 네가 다른 선택을 할 수 있었기를 바라기 때문에 정말로 슬프다는 말이야?

안나: 응, 이 문제를 다루고 넘어가기가 정말로 어려워. 그 일 때문에 죽을 것 같아. 그들에게 한마디도 못 했다는 것 때문에 나 자신을 질책하고 있어.

친구: 무슨 일이 있었는지 명료하게 이해하고 싶어? 그렇지만 동시에 연결되고 있다는 신뢰가 중요하기 때문에 그들에게 말하기가 두려운 거야?

안나: 맞아, 하지만 어떻게 말해야 할지 모르겠어. 네가 이 상황이라면 어떻게 말할 것 같아?

이렇게 공감 어린 지원을 받으면, 안나는 자신의 느낌과 욕구와 충분히 연결되어 친구들에게 문제를 제기할 수 있게 될지도 모른다. 그리고 자신을 배제하긴 했지만, 친구들이 그런 행동을 했을 때에는 그들 나름대로 충족하려는 욕구가 있었음을 이해하게 될 수도 있다. 친구들에 대한 적 이미지는 자신과 똑같이 느낌과 욕구를 가진 살아 있는 사람의 이미지로 바뀔 수 있다.

이 장의 마지막 부분을 보면, 안나가 자기 내면에서 일어나는 일을 욕구 차원에서 알아차릴 때 대화가 어떻게 진행되는지 볼 수 있다. 상대편이 내 이야기를 잘 들어줄 수 있는 상황을 만들고 싶다면, 먼저 상대방이 선택한 수단 방법으로 충족하고자 했던 욕구가 무엇인지 이해할 필요가 있다. 우리가 그 수단 방법을 좋아하건 싫어하건 말이다.

꼬리표 붙이기와 도덕적 판단: 공감을 요청하는 비극적인 방법

"아버지는 사람을 너무 밀어붙여요!"

"사람을 밀어붙인다는 게 무슨 뜻이니?"

"늘 정신 못 차리게 서두르면서 아버지 뜻대로만 하려고 하잖아요!"

"좋아! 그렇지만 일이 안 될 때가 있다고 해서 내가 사람을 밀어붙인다고 말할 권리가 너에게는 없어!"

"자신을 좀 보세요. 지금도 저를 밀어붙이고 있잖아요. 진정하세요. 우리는 단지 이야기를 나누고 있는 것뿐이에요."

어렸을 때, 나는 아버지와 가끔 앞에 나오는 대화처럼 말다툼을 하곤 했다. 한 사람이 상대편에게 꼬리표를 붙이거나 어떤 일을 강요할 때 말다툼이 시작되었고, 그러고 나면 언쟁이 계속되었다. 꼬리표는 종종 자기 충족적 예언으로 이어졌고, 말을 주고받을 때마다 화가 점점 더 커졌다.

자신이 느끼는 수치심이나 죄책감을 더는 안고 다닐 수 없을 때, 우리는 자기 감정을 다른 누군가에게 '쏟아버리곤' 한다. 적 이미지를 만들어내서 우리 바깥에서 '악'을 보는 일은 때로 엄청난 해방감을 느끼게 한다. 압박감을 완화시켜줌으로써 상황에 대처할 수 있게 해주기도 한다. 그렇지만 그것이 문제를 해결해주리라고 믿는다면 실망하게 될 것이다. 사람은 자신이 어떻다는 판단이나 분석을 받으면, 행동을 바꾸는 대신에 자기 자신을 방어하게 된다. 우리가 가진 에너지가 사람들 사이에 연결을 만들거나 비슷한 상황을 다루는 새로운 방법을 배우는 데 쓰이지 않고, 스스로를 변명하는 데 쓰이는 것이다.

스웨덴에서 이루어진 한 공감 연구에 따르면, 사람들이 서로 공감으로 관계를 맺는 데 방해가 되는 한 가지 요소는 상대방을 물건으로 보는 것이다. 다른 사람에게 꼬리표를 붙일 때 우리는 그 사람을 물건으로 만들어버린다. 그럴 때 우리는 그 사람을 이제 더는 사람으로 보지 않게 되고, 그러면 배려하고 존중하는 마음으로 그 사람을 대하기가 어려워진다.

1차 대전과 2차 대전 당시 군인의 효율성에 대한 평가가 이루어진 적이 있는데, 그로부터 수많은 총알들이 표적을 빗나갔다는 사실이 발견되었다. 2차 대전까지 직접 교전 시 군인들의 명중률은 20~25%를 맴돌았다.[7] 사람을 눈으로 볼 수 있는 경우에 군인들은 의식적 혹은 무의식적으로 목표물을 놓쳤다. 그래서 베트남전에 보내진 미군들은 적을 사람이 아니라 물건으로 보는 훈련을 받았다. 결과는 끔찍했다. 빗나간 총알이 훨씬 줄어든 것이다.[8] 2000년대 이라크에 파

● ● ●

[7] 데이브 그로스먼Dave Grossman은 이 놀라운 통계를 다음 논문에서 가져오고 있다. R. L. Swank and W. E. Marchand, 「전투 신경증: 전투력 고갈의 발전Combat Neuroses: Development of Combat Exhaustion」, 『신경학과 심리학Neurology and Psychology』. 데이브 그로스먼, 『죽이기에 대하여: 전쟁과 사회에서 죽이기를 배울 때 치르는 심리적 비용On Killing—The Psychological Cost of Learning to Kill in War and Society』, Little, Brown & Company, 2009.

[8] 미키 카슈탄Miki Kashtan, 『이성을 넘어서: 감정과 사회 이론을 화해시키기Beyond Reason: Reconciling Emotion with Social Theory』, UC Berkeley, 2000. 연구를 통해 맞히지 않기 전략이 만연해 있다는 사실이 알려지자, 더 많은 군인들을 살인자로 만들어낸다는 구체적인 의도를 가지고 군사훈련 방식이 급격하게 변화했다. 현재의 군사훈련은 적극적으로 군인들이 살인이라는 결과에 대해 무감각해지도록 만든다. 그리고 살인에 대해 즉각적으로 보상하는 시뮬레이션을 통해 거의 조건반사적으로 행동하도록 길들이고 있다. 군인들은 전투에서 한 순간도 생각하지 않고 그냥 시퀀스를 반복하기만 하면 되도록 훈련을 받는다. 그런 훈련의 결과는 베트남전에서 명중률이 약 95%까지 급격하게 솟아오르는 것으로 나타났다.

병된 미군 조시 스티버Josh Stieber는 이라크 침공을 위한 훈련이 군인들 마음에서 어떻게 연민을 사라지게 만들었는지 설명해준다. "우리는 이라크인들을 사람으로 보지 않는 훈련을 받았어요. 먼저 총을 쏘고 나중에 질문을 하는 법을 훈련했으니까요."[9]

꼬리표를 다루는 한 가지 방법은 모든 판단 뒤에 충족되지 못한 욕구가 있음을 기억하는 것이다. 다른 사람이 우리에게 꼬리표를 붙일 때 그걸 듣는 것은 매우 괴로운 일이다. 그때 우리가 할 수 있는 일은 그 꼬리표 아래에 있는 그 사람의 욕구와 접촉함으로써 꼬리표를 바꾸어내는 것이다. 우리 자신이나 다른 사람이 하는 판단을 들었을 때 우리는 제일 먼저, 공감에 대한 욕구가 충족되지 않고 있다고 추측해볼 수 있다.

3장 | 분노, 죄책감, 수치심 그리고 소통 방식

● ● ●

http://www.ivaw.org/josh-stieber, 100526

분노 죄책감 수치심

내가 열망하는 것은

내가 열망하는 것은 상호성입니다, 내가 당신을 이기적이라고 말할 때
말입니다.

내가 열망하는 것은 연결입니다, 내가 당신은 다가가기 어렵다고 할 때
말입니다.

내가 열망하는 것은 안전입니다, 내가 당신에게 무책임하다고 할 때 말
입니다.

내가 열망하는 것은 수용입니다, 내가 당신보고 편협하다고 말할 때 말
입니다.

내가 열망하는 것은 따뜻함입니다, 내가 당신에게 차갑다고 할 때 말입니다.

의미가 그리워질 때 나는 당신이 얄팍하다고 말합니다.

내가 열망하는 것은 온전함입니다, 내가 당신이 천박하다고 말할 때 말입니다.

내가 열망하는 것은 신뢰입니다, 내가 당신을 믿을 수 없다고 말할 때 말입니다.

내가 열망하는 것은 배려입니다, 내가 당신한테 사려 깊지 못하다고 할 때 말입니다.

내가 열망하는 것은 친밀감입니다, 내가 당신에게 정신이 딴 데 팔렸다고 할 때 말입니다.

내가 열망하는 것은 창조성입니다, 내가 당신이 재미없다고 할 때 말입니다.

당신이 내 말에 귀 기울여주기를 원할 때 나는 당신한테 귀먹었다고 말합니다.

내가 열망하는 것은 솔직함입니다, 내가 당신한테 거짓말쟁이라고 할 때 말입니다.

내가 열망하는 것은 격려입니다, 내가 당신은 사기를 꺾어놓는 사람이라고 할 때 말입니다.

내가 열망하는 것은 신뢰입니다, 내가 당신보고 경솔하다고 말할 때 말입니다.

내가 열망하는 것은 자기 존중입니다, 내가 당신을 멍청하다고 할 때 말입니다.

내가 열망하는 것은 지원입니다, 내가 당신은 줏대가 없다고 말할 때 말입니다.

정말로 관심을 받고 싶을 때 나는 당신보고 눈이 멀었다고 합니다.

—카타리나 호프만Katarina Hoffmann

"미안하다."라는 말 대신 공감하기

> 공감은 다른 사람 신발을 신고 걸으면 어떻지 이해하는 것입니다. 아울러, 그 신발이 당신 것이 아니라는 사실을 알고 있는 것입니다.
>
> —살리타Szalita[10]

수치심과 죄책감은 사람을 마비시킬 수가 있어서, 우리로 하여금 연결로 이어지지 않는 방식으로 행동하거나 말하도록 만들 수 있다. 수치심으로 너무나 충격을 받아서 '실수'를 해놓고도 사과조차 하지 않을 수 있다. 또, 사과를 하더라도 더 연결되는 방식으로 하지 못하기도 한다. 따라서 다른 방법을 찾을 필요가 있는데, 첫 단계는 공감으로 듣는 일이다. 공감은 우리가 한 행동이 그 사람에게 어떤 영향을 미쳤는지에 대해서 상대방이 이해받았다고 느낄 수 있도록 돕는다. 공감으로 접근할 때에는 우리가 있는 곳에서 출발하면 된다. '너무 늦는' 일 같은 건 절대 없다. 상대편이 무슨 말을 하든, 우리는 그 사람이 경험하고 있는 고통과 연결하려고 노력하면서 듣는다. 이때 "아예 안 하는 것보다는 늦는 게 훨씬 낫다."라는 말이 정말로 사실이다. 효과가 바로 일어나지 않을 수 있고, 큰 고통이 촉발되었을 때에는 신뢰를 회복하는 데 오랜 시간이 걸릴 수도 있다. 그렇지만 그것은 가능하다.

두 번째 단계는 상대방의 고통을 듣는 일이 우리에게 어떤 영향

● ● ●

[10] 수산네 예르데Susanne Gjerde, *Coaching, vad – varför – hur*, Studentlitteratur, 2004.

을 미쳤는지를 표현하는 것이다. 내가 한 행동이 상대방에게 남긴 결과를 이해하고 나니 내가 선택한 행동 방식이 후회된다고 말할 수 있다.

어느 시점에서는 상대편이 우리가 왜 그렇게 행동했는지 듣고 싶어 하기 마련이다. 세 번째 단계는 우리가 그 행동을 할 때 충족하려고 했던 욕구가 무엇이었는지를 말하는 것이다. 비록 실제로는 그 행동으로 그런 욕구들이 충족되지 않았더라도 그렇다. 세 번째 단계는 명료성을 위해 필요하다. 지나고 나서는 그렇게 행동하지 않겠지만, 그때는 왜 그런 행동을 선택했는지를 명료하게 이해할 필요가 있다.

이 세 가지 요소가 포함되지 않은 사과는 유감스럽게도 '상황을 수습하고 벗어나려는' 시도로 보일 수 있다. 사과가 효과가 있으려면 나의 선택이 상대편에게 미친 영향을 정말로 기꺼이 받아들이는 것이 중요하다.

아이가 누군가를 해치는 행동을 했을 때나 무언가를 깨뜨렸을 때, 그 아이가 금방 무슨 말을 하기는 어려울 수 있다. 그런 상황에서 아이가 모른 체한다면, 그것은 아이가 지금 상황에 압도되어 어쩔 줄 모른다는 신호라고 볼 수 있다. 그리고 그때는 아마 더는 어떤 말도 들을 수 없는 상태일 터이다. 그럴 때에는 아이의 나이를 감안해 잠시 기다렸다가 무슨 일이 일어났는지에 대해 더 이야기하는 것이 도움이 될 것이다. 비단 아이들에게만 시간이 필요한 것은 아니다. 나는 사건이 일어난 후 삼 년이 지나서야 한 어른에게서 따뜻한 사과를 받은 적이 있다. 수치심이 불러오는 충격으로부터 회복되는 데에는 시간이 필요하다.

분노 죄책감 수치심

자기 공감

때로는 연민으로 우리 말을 들어줄 사람이 아무도 없을 때가 있다. 그럴 때에는 자기 자신과 다시 연결되도록 자기 말을 귀 기울여 들어 주어야 한다. 수치심, 죄책감, 분노는 우리와 자기 자신 또는 다른 사람들의 분리를 경험하게 만들기 때문에, 다시 연결하는 방법을 찾는 일이 중요하다. 특히 수치심은 고통스러울 만큼 타인의 눈을 의식하게 만든다. 분리감과 고립감에 따르는 고통스러운 생각들이 저항할 수 없을 만큼 일어날 때에는 우리 스스로를 지지하는 내면 대화를 할 필요가 있다.

나 자신을 공감으로 듣는 일은 다른 사람을 공감하는 일과 거의 마찬가지이다. 가장 먼저 할 일은 내가 자신이나 다른 사람에 대해 어떤 평가나 강요를 하고 있는지를 스스로 인정하는 것이다. 그러고 나면 그 평가나 강요 뒤에 있는 느낌과 욕구를 듣는 데 집중한다. 마지막으로 내가 어디로 나아가고 싶은지를 분명하게 정리한다.

"허우적대지 않고" 애도하기

자신이 저지른 '실수'를 애도하는 일은 우리가 자신의 느낌과 욕구에 연결되어 있을 때 일어나는 자연스러운 과정이다. 우리 인간은 본래부터 타인에 대한 관심을 가지고 있으며, 수치심은 우리가 타인의 경계를 침범했다는 사실을 인지했을 때 공통적으로 일어나는 감정이다. 수치심이 가리키는 길을 따라가보면, 우리는 자신이 무엇을 슬퍼해야 하는지를 확인할 수 있다.

자신이 한 '실수'로부터 배운다는 말이 있지만, 사람들은 같은 실수를 반복할 때가 많다. 우리가 실수로부터 무언가를 배울 수 있을지 말지는 우리가 그것을 어떻게 다루는지에 달려 있다. 자기 자신에 대한 판단에 사로잡히지 않고 '실수'로부터 새로운 무언가를 배우려면, 이미 일어난 일에 대해 효과적으로 슬픔을 느낄 수 있는 능력이 필요하다. 자신의 욕구와 접촉할 수 있는 방식으로 슬퍼할 때에만 배움이 일어난다. 한 친구가 진정한 배움이 일어났던 수치심 경험을 나에게 들려주었다.

"20년도 더 전에 내가 한 사람에게 편지를 쓴 적이 있어요. 그때 나는 그 사람이 절대로 용서할 수 없는 바보 같은 행동을 했다고 생각했지요. 그 행동에 대해 내가 어떻게 생각하는지를 그 사람한테 분명하게 말하려고, 나는 반어법과 명백한 우월감을 섞어가며 편지를 썼어요. 얼마 전에 이 편지가 기억났는데, 정말 끔찍하게 부끄러웠어요. 다른 사람이 그 편지를 발견하고 읽어본다면 내 느낌이 어떨지를 생각하기 시작했지요. 그 편지는 그 사람과 나의 존중에 대한 욕구를 고려하지 않는 방식으로 쓰였기 때문에 절대로 연결을 만들어낼 수 없다는 생각이 들었어요. 그때 내가 한 일은 온전함에 대한 나의 욕구를 숙고하는 것이었지요. 나는 그가 어떤 방식으로든 나를 괴롭히도록 허용하지 않으려고 했고, 그의 행동을 멈추고 싶었어요. 이 생각을 하자 그때 나의 어떤 욕구가 충족되지 않았는지, 그리고 내가 무슨 욕구를 충족하려고 시도했는지를 이해할 수 있었어요. 그러자 아주 큰 슬픔을 느꼈어요. 그리고 존중과 배려의 욕구를 포기하지 않고도 온전함의 욕구를 실제로 충족할 수 있다는 걸 깨닫게 되었어요."

수치심을 전환시키고 싶다면, 우리가 지금도 여전히 수치심을 느끼는 그 행동을 했을 때 충족되지 않았던 욕구와 연결하는 일이 중요하다. 그런 다음에는 우리가 그 행동을 할 때 충족하려고 했던 욕구와 연결한다. 이 두 가지 욕구들과 연결할 때 일어나는 느낌들을 충분히 느낄 수 있도록 허용해준다. 평가가 물러나고 감정이 더 큰 공간을 만나면, 애도가 일어나면서 슬픔이 완결되고 닫힌다. 이런 방식으로 하는 애도는 우리가 미래에 어떻게 다른 방식으로 행동할 수 있는지, 어떻게 우리 자신의 욕구와 다른 사람들의 욕구를 모두 더 잘 돌볼 수 있는지를 알게 도와준다.

분노, 수치심, 죄책감의 손아귀에 붙잡혀 있는 한, 우리는 다른 사람의 욕구를 받아들일 수 없다. 모든 것이 나에 관한 것이고 내가 느끼는 느낌이 얼마나 끔찍한지에 관한 것이기 때문에, 새로운 어떤 것도 창조할 수 없다. 이 느낌들이 우리 마음을 장악하도록 허용하면, 우리는 조종당하고 통제당하기 쉬워진다. 우리가 자기 자신이나 다른 사람들에게 온전히 다가갈 수 있는 유일한 길은 이 감정들을 우리 내면에 있는 더 깊은 곳으로 가는 열쇠로 사용하는 것이다.

수치심을 불러일으키는 말 "싫어(No)!"

원하는 것을 부탁하는 일이 도전일 때가 있다. 싫다는 말을 들을까봐 두려운 마음 때문에 우리는 의욕을 줄이고 자신의 선호를 명료하게 표현하기를 삼간다. 그런데 정확하게 무엇 때문에 싫다는 말을 듣는 일이 그토록 끔찍한 것일까? 우리 중 많은 이들은 싫다는 말을 비판으로 듣는다. 논리적으로는 그 말이 단지 상대방이 우리가 부탁하는 일을 하고 싶어 하지 않는다는 뜻에 불과하다는 것을 알고 있을 때에도 그렇다.

싫다는 말을 우리가 뭔가 잘못됐다는 증거로 해석하도록 교육을 받았다면, 부탁을 표현하는 일은 하나의 도전이 된다. 여기에서 또 다른 방향으로 바람직하지 않은 일이 하나 더 일어난다. 수치심이나 죄책감 때문에 다른 사람의 부탁에 대해 싫다고 말하지 못하는 일이 그것이다. 우리는 모두 다른 사람을 인정하기를 원한다. 그리고 다른 사람이 나를 그의 가치를 깎아내리는 사람으로 볼까봐 두려워한다.

싫다는 말을 듣거나 할 때 분노, 수치심, 죄책감을 최소화하는 데에는 아래 박스 글에 제시한 세 가지 태도가 도움이 된다.

> **"싫어(No)!"를 대하는 세 가지 태도**
>
> 1. 모든 '싫어(No)' 뒤에는 다른 무언가에 대한 '좋아(Yes)'가 있다.
> 2. 싫다는 말은 대화를 더 해보자는 초대이다.
> 3. 욕구를 충족하는 방법에는 항상 여러 가지가 있다.

이 세 가지 명제를 어떻게 사용할 수 있는지 나의 예화를 통해 설명해보겠다.

1. 모든 '싫어(No)' 뒤에는 다른 무언가에 대한 '좋아(Yes)'가 있다.

영화 보러 같이 갈 수 있냐고 부탁했는데 당신이 싫다고 말한다면, 나는 당신에게 그 부탁으로 충족되지 않을 것 같은 또 다른 욕구가 있음을 알 수 있다. 당신의 '싫어(No)'는 휴식이나 움직임에 대한 당신의 욕구에 '좋아(Yes)' 하고 있는 것이다.

2. 싫다는 말은 대화를 더 해보자는 초대이다.

당신의 '싫어(No)'를 대화를 더 해보자는 초대로 들으면, 나는 당신에게 휴식이나 다른 어떤 욕구가 있음을 확실하게 들을 수 있다. 그래도 여전히 내 욕구(이 경우에는 공동체나 재미)가 충족되기를 원하기 때문에, 나는 계속해서 그것에 대해 소통을 해볼 수 있다. 이번에는 당신의 욕구를 포함하면서 말이다.

"당신이 정말로 휴식을 필요로 한다는 이야기가 들려요. 그리고 재미라는 내 욕구를 포기하지 않고 휴식이라는 당신의 욕구를 어떻게 충족할 수 있을지 계속 대화를 나누고 싶어요. 거기에 대해 5분 더 이야기할 의향이 있으세요?"

3. 욕구를 충족하는 방법에는 항상 여러 가지가 있다.

당신의 욕구가 휴식과 움직임이라는 말을 듣고, 당신의 욕구와 동시에 공동체와 재미에 대한 나의 욕구도 함께 충족할 수 있을 것 같은 한 가지 방법을 제안해본다. 예를 들자면 이렇게 해볼 수 있을 것이다.

- 나는 다른 사람과 영화관에 가고 당신은 집에서 휴식을 취한다.
- 우리 둘 다 집에 머물면서 두 사람의 욕구를 다 충족할 수 있는 방식으로 교제를 나눈다.
- 함께 산책한다.(극장으로 산책을 다녀올 수도 있을 것이다.)

연결과 연민으로 이끌어주는 욕구 언어

이 대화를 시작할 때 안나는 사고방식이 부분적으로만 변했기 때문에 여전히 화가 나 있다. 끝으로 가면 그녀는 자신의 욕구와 더 연결되면서 기꺼이 들을 준비가 되어간다.

안나: 어떻게 나한테 이럴 수 있어? 이렇게 끔찍하게 이기적인 짓을 하다니 정말로 바보들이야. 적어도 나한테 알려줄 수는 있었잖아. 당신들은 너무 비겁해!

(그런 행동을 한 사람들에게 무슨 일이 일어날지 분명하게 보여줄 거라고 계속 생각한다.)

카페 친구: (공격받았다고 생각하면서 굳은 목소리로 대답한다.) 우리는 우리가 원하는 대로 할 자유가 있어요! 당신은 여기에 없었을 뿐 아니라, 늘 이랬다저랬다 하잖아! 당신은 너무 변덕스러워요.

안나: (몇 번 깊은 숨을 쉬면서 사람들이 하는 모든 행동 뒤에는 욕구를 충족하려는 마음이 있음을 상기한다. 상대가 '변덕스럽다'라는 꼬리표를 통해 표현하려고 했던 욕구와 연결을 시도하기로 결정한다.) 나한테 변덕스럽다고 말할 때 당신은 실망스러운 것 같아요. 그건 함께 일하는 사람들을 완전하게 믿을 수 있는 것이 당신에게 얼마나 중요한지를 제가 이해하기를 바라기 때문일까요? 이렇게 중요한 프로젝트를 할 때는 특히 더 그렇다는 걸 제가 이해했으면 하나요?

카페 친구: (이번에는 머뭇거리면서, 안나가 정말로 이해하기를 원하는지를 궁금해 하면서 망설인다.) 맞아요. 당신은…… 당신은 항상 아이디어가 난무하잖아요. …… 당신이 정말로 원하는 게 뭔지, 당신이 정말로 어떤 일에 참여하고 싶은지를 절반도 헤아리기가 어려워요.

안나: (상대방이 논쟁하지 않고 이해하려고 애를 써줘서 연결감이 커지고 있다는 것을 알아차리고 기쁘다.) 일이 될지 안 될지 걱정하고 싶지 않다는 말이지요? 사람들이 하겠다고 말하면 다 할 거라는 데 대해서 안심하고 싶다는 거지요?

분노 조절과 수치심

카페 친구: (이제 더 침착하다.) 그래요. 우리는 이 일로 생계를 유지할 실질적인 계획을 세웠어요. 그래서 이 일은 당신이 잠시 가지고 놀다가 더 이상 맞지 않으면 언제라도 내팽개쳐도 되는 그런 노리개가 아니에요. (그리고 목소리에 망설임이 실린다.) 하지만…… 하지만 우리가 당신 없이 시작했다는 소식을 듣는 게 그렇게 기분 좋은 일은 아니라는 걸 이해해요.

안나: 아, 이 일이 나한테 힘든 일이라는 걸 이해했다는 말을 들으니 정말 마음이 놓이네요. 정말로 엄청나게 힘든 일이었어요. 이 일에 참여하기를 정말로 원했고, 또 무슨 일이 있었는지를 이해할 수 없었기 때문이에요. 카페를 시작할 거라는 얘기를 왜 나한테 하지 않았는지 좀 더 이야기해줄 수 있어요? 정말로 듣고 싶어요.

이제 약하긴 하지만 연결이 이루어졌다. 좀 더 솔직해지고 창조적인 해결책이 나올 수 있는 여지가 생겨났다. 이런 연결이 생기면 대개 창조성이 발휘되어 모든 사람의 욕구를 충족할 수 있는 방법을 찾을 수 있게 된다.

분노와 수치심의 전환

안나는 친구들과 대화를 시작하면서, 자기를 뺀 채로 카페를 열었다는 소식을 듣고 자신이 얼마나 슬프고 실망스러웠는지를 이해받고 싶다고 말한다. 그녀는 관찰만 말하고 어떤 해석도 하지 않으려고 주의를 기울인다. 또 자신의 느낌과 욕구를 명료하게 표현하고 부탁으로 마무리를 한다.

~~~~~~

안나: 내가 실망스러운 이유 중 하나는, 왜 아무도 나에게 카페를 시작할 거라는 이야기를 하지 않았는지 아직도 완전히 이해하지 못한다는 거예요. 시간이 흐르면서 내 실망과 분노가 어디에서 왔는지 이해하게 되었어요. 당신들과 함께 이 일을 함으로써 공동체와 의미를 경험하기를 고대하고 있었기 때문에 실망도 분노도 컸다는 걸 말이에요. 내가 분명하게 표현하고 있는지, 그리고 이 말이 비난이나 비판으로 들리지는 않는지 걱정이 돼요. 여러분 중 한 분이 내 말을 들은 대로 말해주실 수 있을까요? (그녀는 다른 사람이 자신의 말을 강요나 비판으로 들을 위험을 최소화하는 방식으로 이 말을 한다. 자신의 의도가 수치심이나 죄책감을 느끼게 하는 데 있지 않다는 것을 확실하게 하려고 한다.)

카페 친구 중 한 사람: 당신은 우리와 함께 그 프로젝트에 참여하기를 원했기 때문에 실망스럽다고 하시네요.

다른 친구: 당신이 의미와 공동체를 열망하고 있다는 말도 들려요.

안나: 맞아요. 지금도 여전히 그래요. 말씀해주셔서 감사해요. 이 일이 제게 어떻게 다가오는지에 대해 여러분이 어느 정도는 이해했다는 확신이 생기네요. 계속해서 제가 좀 더 이야기해도 될까요? 아니면 먼저 이야기하고 싶은 분이 계신가요? (아무도 말이 없자 그녀가 계속 이야기한다.)

물어보기가 두렵기는 하지만 저한테는 정말 중요한 일이기 때문에 여쭤볼게요. 지금이라도 제가 프로젝트에 참여하는 데 여러분이 동의하도록 만들기 위해, 제가 할 수 있는 일이 있을까요?

이제 이 질문에 대한 대답을 듣는 일은 더 도전적인 일이 된다. 안나는 다른 사람들이 자신과 관련해서 어떤 충족되지 못한 욕구가 있었는지를 표현할 때 계속해서 들을 수 있다. 이전에 서로 소통하지 않은 몇 가지 일들이 있기 때문에 이 대화에는 시간이 필요하다.

카페 친구 중 한 사람: 좋아요. 지금 당신 이야기를 들으니, 문제가 좀 더 쉽게 느껴지네요. 솔직하게 말하고 싶어요. 나는 당신이 하겠다고 말한 일을 정말로 하리라는 걸 완전하게 믿지 않아요.
안나: (상대편이 한 말을 진정으로 이해하기를 갈구하면서 듣는다. 그 사람의 느낌과 욕구가 무엇인지를 숙고하고 이해하기로 결심한다.) 음, 당신은 결정한 일은 실행이 될 거라고 믿고 싶기 때문에 확신이 없고 걱정이 되신다는 거지요?

대화는 계속된다. 이제는 결과가 아니라 소통 자체가 중요하다. 양쪽 당사자 모두가 상처를 치유하고 신뢰를 회복하는 데에는 시간이 걸릴 터이다. 그러나 상호 연결이 생기면, 모두의 욕구를 고려하는 완전히 새로운 접근 방식이 열릴 수 있게 된다.

4장 | 수치심 탐험

수치심이 일어날 때

수치심을 느낄 때 우리 몸은 감지할 수 있는 영향을 받는다. 수치심이 올라오기 시작하면 하고 있는 일에 완전히 집중하기란 사실상 불가능하다. 수치심을 느끼면 뇌로 흐르는 혈류량이 줄어들고 목 근육이 탄력을 잃는다. 또 수치심은 우리를 '멍청하게' 만든다고 볼 수도 있다. 수치심을 느낄 때에는 세상을 제한된 관점으로 보기 때문에 생산적인 의사결정을 하기가 어려워지기 때문이다.

　수치심은 자기 자신에 대해 의식하지 못했던 어떤 것을 갑자기 깨닫게 되었을 때 촉발된다. 사람들 속에 있을 때 이것이 일어나면, 우리

는 아무 일도 일어나지 않은 척하기도 한다. 이런 식으로 수치심은 우리를 움켜쥐고 긴장시키며 조여 온다. 우리가 가진 취약성을 느끼지 못하게 만들어 끝내는 우리를 자신의 가슴으로부터 멀어지게 한다.

그런데 자신에 관해 부끄러운 사실이 드러나버렸을 때에도, 일어난 일과 그 일에 대한 자신의 반응을 모두 수용하면, 수치심은 스르르 녹아 사라져버린다. 조금 전까지 너무나 모멸스럽게 여겨지던 일도 누군가에게 털어놓으면, 그 순간 우리가 느끼던 불편감은 변화한다. 특히 그 사람이 우리가 한 일에 대해 판단하지 않고 들어줄 때 그런 변화가 확연하다. 수치심을 다룰 때 이 방법으로 접근하면 우리는 성장할 기회를 가지게 되고, 타인이나 자기 자신과 어떻게 관계 맺을 수 있는지를 더 잘 이해할 수 있게 된다.

예전에는 내가 수치심을 느끼는 사람이라고 생각해본 적이 없다. 실제로 나는 잘 부끄러워하지 않는 사람이라는 데 대한 자부심마저 가지고 있었다. 그런데 이 책을 쓰기 시작하면서, 그리고 이 장의 끝에 있는 연습을 하면서, 내가 일상에서 수없이 많은 수치심을 느낀다는 사실을 깨닫고 놀라움을 느꼈다. 수치심을 느끼지만 재빨리 밀어내버려서 수치심이 일어났다는 사실조차 알아차리지 못하는 상황이 매우 많다는 것을 발견했다. 오랫동안 그렇게 함으로써 얼마나 많은 선물들을 놓쳐버렸는지를 이해하기 시작한 것이다.

그 당시에는 깨닫지 못했지만 실제로 수치심을 느꼈다는 것을 처음으로 알아차리게 된 상황이 있었다. 차를 몰고 넓은 주차장을 돌아보고 나서 빈자리가 하나도 없다는 것을 발견했을 때이다. 나를 사로잡은 생각은 이런 것이었다. '내가 주차장을 세 바퀴째 돌고 있다는 걸 아무도 못 봐야 하는데!' 수치심을 느꼈던 것이다! 대부분의 경우, 내가 그런 생각을 다루는 방법은 그 생각에 반대되는 또 다른 생각을 하는 것이다. '나는 다른 사람이 보든 안 보든 신경 안 써.'라는 생각을 한다. 그리고 그 생각을 증명이라도 하듯 주차장을 몇 바퀴 더 돌기까지 한다. 지금은 그렇게 작고 중요해 보이지 않는 일에 내가 왜 그렇게 수치심을 느꼈는지 호기심을 가지게 되었다. 그리고 어떤 터무니없는 생각이 내 마음속에서 일어났음을 깨달았다. 주차장에 주차할 자리가 없는 것을 보고 내가 거절당했다고 생각한 것이다. 주차장이 나를 원치 않았다. 이는 내가 중요하지 않다는 사실을 증명한다. 그리고 아무도 원하지 않는 나를 누군가가 본다면, 그 사람도 나와 같이 있고 싶어 하지 않을 것이다.

이 생각을 할 때 일어났던 수치심 뒤에는 수용, 존중, 그리고 공동체에 대한 욕구가 있다는 것을 발견했다. 느낌과 욕구 사이에 있는 이러한 연결을 이해하자마자, 수치심은 웃음으로 바뀌었다. 그 상황에서 유머를 느끼는 건 아주 쉬운 일이다. 그런데 만약 이러한 욕구를 깨닫기 전에 누군가가 그 상황에서 수치심을 느끼는 게 얼마나 어리석은지 비웃었다면, 나는 기분이 많이 상했을 것이다. 그 상황은 수용과 공동체의 일부가 되고 싶은 욕구가 사람에게 얼마나 중요한지를 배울 수 있는 소중한 기회가 되었다.

그 일이 있고 나서, 나는 거의 똑같은 상황을 풍자하고 있는 삽화를 보았다. 그림 속에는 두 사람이 등장한다. 한 사람은 "342 바퀴"라고 쓴 팻말을 들고 서 있다. 자동차 속에는 주차장을 돌다가 다른 사람이 볼까봐 운전대 뒤로 숨으려고 몸을 움츠린 한 사람이 있다. 이런 상황에서 부끄러움을 느끼는 사람이 나 혼자만은 아니라는 것을 알수 있었다.

수치심은 몸에서 일어나는 불편한 경험만이 아니다. 그와 함께 자기 자신에 대해 비난하는 생각이 일어난다. 많은 사람들이 자기 자신에 대한 수용과 사랑을 찾기 위해 몸부림친다. 자신이 괜찮다는 것을 스스로 증명해야만 한다고 가르치는 세상에서 우리가 자랐기 때문이다. 그 속에서 인정과 사랑은 바깥으로부터 온다. 우리가 자신에 대한 사랑과 존중을 느낄 수 없을 때, 수치심을 통해 건설적인 무언가를 배우기란 지극히 어려운 일이다. 수치심은 내면의 평화와 공동체에서 우리의 자리를 위협하는 불안 요소일 뿐이다. 많은 사람들이 그 느낌을 피하기 위해서라면 어떤 일이라도 할 것이다. 이것은 우리가 행동할 수 있는 가능성의 폭을 좁힌다. 그런데 수치심을 직면하고 그것과 친구가 되는 일이 가능하다.

주차장에서 있었던 일 이후로 작게라도 내가 수치심을 느끼는 때가 많이 있다는 사실을 발견했다. 자신이 괜찮지 않다거나, 아무도 나를 원하지 않는다거나, 내가 중요하지 않거나 정상이 아니라거나 하는 유의 생각들이 올라오는 상황에서, 나는 수치심을 느끼고 있음을 수용한다. 그럴 때마다 멈추고 수치심 느끼기를 허용하면 그 뒤에 있는 욕구와 더 연결할 수 있게 된다. 그럴 때마다 나는 더 큰 자기 수용을 경험했다. 이제 수치심은 맞서 싸우거나 도망쳐야 할 적이 아니라, 내가 욕구와의 연결을 놓쳤다는 것을 상기시켜주는 신호가 되었다.

수치심 탐구를 통해 나는 다른 사람들의 인간성에 대해서도 더 깊게 볼 수 있게 되었다. 영화관에서 스티그 라르손Stieg Larsson(스웨덴 출신의 언론인이자 저술가—옮긴이) 원작의 스릴러 영화 <용 문신을 한 여자The Girl with the Dragon Tattoo>를 볼 때 있었던 일이다. 이 영화에는 극도로 폭력적인 성폭력 장면이 나온다. 성폭력을 당한 여자가 나중에 범인에게 잔인한 복수를 할 때, 딜도dildo를 항문에 집어넣는 장면이 있다. 내 옆자리에 네 명의 남자들이 앉아 있었는데, 그 장면에서 그 사람들이 몇 번 웃고 서로 쳐다보면서 짧게 몇 마디를 나누는 것을 보았다. 처음에는 짜증이 나고 그 사람들에 대해 언짢은 생각들이 올라왔다. 좀 있으니 아마도 그들이 수치심을 느껴서 긴장감을 덜려고 불안한 웃음을 지었을지도 모른다는 생각이 들었다. 그러자 그 사람들을 인간으로 보기가 훨씬 쉬워졌다. 수치심에 대한 지식이 내가 그 사람들을 더 공감하는 데 기여했다는 것을 알고 안심이 되었다.

무엇이 수치심을 불러일으키나

무엇이 수치심을 불러일으키는지는 문화와 환경에 따라 매우 다양하다. 유나이티드 마인즈에서 한 수치심 연구에 따르면, 스웨덴 사람들에게 수치심을 일으키는 요인 1위는 방문객이 왔을 때 집이 깨끗하지 않은 상황이다. 또 다른 수치심 유발 요인들로는 자신이 매력적이지 않다는 생각, 섹스에 사로잡혀 있는 것, 자위행위, 도둑질 같은 것들이 있다.[1]

도널드 네이선슨은 수치심으로 이끄는 경험을 여덟 가지 범주로 정리했다.[2] 수치심을 유발하는 상황은 이 중 하나 또는 몇 가지 범주

● ● ●

[1]   United Minds, 2007.

[2]   도널드 네이선슨Donald Nathanson, 『수치심과 자부심Shame and Pride』, W. W. Norton&CO, 1992.

에 해당하며, 여러분도 자신의 수치심 경험이 여러 범주에 걸쳐 있다
는 것을 알 수 있을 터이다.

1. 비교
2. 의존과 독립
3. 경쟁
4. 자기비판
5. 외모
6. 섹스
7. 보기와 보임
8. 가까움

분노 죄책감 수치심

1. 비교

우리는 자신과 타인을 비교하는 교육을 받아왔다. 우선 우리는 외모
를 비교한다. 또 휴대전화에서 자동차까지 모든 물건의 크기와 기술
을 비교한다. 내면에서 올라오는 비판에는 다음과 같은 것들이 있다.

나는 ＿＿＿＿＿＿＿보다 약해.
나는 ＿＿＿＿＿＿＿만큼 재미있고 매력적이지 않아.
내가 ＿＿＿＿＿＿＿만큼 똑똑할 수만 있다면…….
내가 ＿＿＿＿＿＿＿만큼 예쁘다면 얼마나 좋을까.

비교는 다른 사람들이 나를 어떻게 생각할지에 대한 걱정에도 담겨

있을 수 있다.

'내가 스스로 우월한 줄 안다는 걸 아무도 몰랐으면 좋겠어.'

비교의 시작은 유치원 때로 거슬러 올라간다. 누가 먼저지? 누가 제일 세지? 누가 제일 잘하지? 자신이 작고, 약하고, 멍청하고, 무지하다고 생각되는 상황은 피한다. 누군가와 진지한 관계를 시작하고 나서 파트너에게 뒤처지는 상황 역시 비교가 우리를 수치심 여행으로 데려가는 또 하나의 상황이다.

'정상'으로 여겨지는 범위를 넘어서는 선택을 하는 사람들에게 수치심은 되풀이되는 어려운 경험이 될 수 있다. 우리는 자기가 속한 문화의 규범에 맞추어 살아가기를 바란다. 그래서 장애가 있거나 외모가 특이한 소수자들처럼 남과 다른 점이 있는 것이 수치심을 유발할 수 있다. 이 문제를 다루는 한 가지 방법은 소수자 집단에 속한 것처럼 보이게 하는 모든 흔적을 없애려고 애쓰는 것이다. 물론 이 방법은 비용이 많이 들고, 결국은 모든 사람들의 삶의 여유 공간을 제한하기 때문에 비극적이다.

무스타파 칸은 『다가오는 날들』에서 스웨덴으로 이주해 청소년기를 보낸 자신이 얼마나 자기 어머니를 부끄러워했는지 들려준다.[3] 어른이 되어 어머니의 임종을 지켜보면서, 그는 누군가에게 말하기가 가장 어려웠던 일이 그 수치심이었다고 회고한다. 이제 그는 자신이 품었던 그 수치심에 대한 수치심 때문에 죽어가는 어머니와 연결

●●●

3   Mustapa Can, *Tätt intill dagarna, Berättelsen om min mor*, Norstedts, 2006.

하는 데에도 어려움을 느끼고 있다.

자기 자신이 우월하고 특별한 줄 안다고 여겨지는 것도 수치심을 일으킨다. 한 친구가 오해받고 비교당할까봐 걱정하는 이메일을 다음과 같이 보내온 적이 있다.

어제 사장이 이번 주에 우리가 정말로 일을 잘 해냈고 또 진짜 열심히 했다는 이메일을 전 직원에게 보냈어요. 나는 농담 삼아 이런 답장을 보냈어요. "좋아요! 그럼 오늘은 사장님이 일찍 일을 마치고 서둘러 귀가해서 내일 우리에게 줄 케이크를 구우시면 되겠네요!" 그러자 오늘 사장이 정말로 케이크를 가지고 온 거에요. 와, 정말 얼마나 창피했는지 몰라요!

그리고 아무 일도 아닌 척했는데 급기야 동료가 웃으면서 "케이크로 정해줘서 고마워요."라고 말하는 거예요. 수치심을 참을 수 없어서 갑자기 말해버리고 말았죠. "내 이메일 받기 전에 이미 그가 정한 건지도 몰라요……"

사장이 아니었다면 그런 반응이 나오지는 않았을 거예요! "사장이 나를 좀 더 좋아한다고 사람들이 생각하면 어쩌지요? 내가 자기들보다 더 영향력 있고 중요한 줄 안다고 생각하면 어떻게 하냐고요!"

2. 의존과 독립

"나는 그녀가 없으면 아무 것도 아니야."

"내가 얼마나 잘 조종당하는지 사람들이 알면, 정말로 창피해서 죽을 지경일 거야."

"아무도 내가 어떻게 되든 신경 안 써."

"아무도 나랑 같이 있고 싶어 하지 않아."

십 대 시절, 나는 어울리기 창피하지만 내가 정말로 좋아했던 한 사람과 시간을 보냈다. 그에게는 다른 친구가 없었다. 그에게 다른 친구가 없다면 나는 도대체 그 사람에게 어떤 존재였는지 잘 모르겠다. 나는 그와 친구로 지내길 원했지만 아무도 그를 친구 삼고 싶지 않았다면, 내가 특별히 중요한 존재일 수는 없다. 내가 그와 함께 있는 것을 보면 다른 사람들이 나랑 사귀기를 원치 않으리라는 두려움이 있었다. 외로움이 전염되는 것과 같은 이치이다. 다른 사람들이 나를 거부하거나 비난하면 어쩌지? 나는 그가 부끄러웠고, 나 자신이 부끄러웠다. 그리고 무엇보다 내가 이런 생각을 한다는 게 부끄러웠다.

많은 사람들이 무기력하고, 취약하고, 의존적인 자신을 발견할 때 수치심을 느낀다. 어떤 사람이 없으면 특정한 문제를 다룰 수 없다고 생각할 때 이런 일이 일어난다. 독립이 중요하다고 배웠기 때문에, 다른 사람에게 의존하고 있음을 내보이는 것은 매우 부끄러운 일이 될 수 있다.

우리는 특정한 행위를 하거나 특정한 국적이나 종교를 가진 사람과 연관될 때 수치심을 느낀다. 예컨대 사기 당했다고 말할 때, 아니면 돈을 헛된 곳에 투자한 것으로 밝혀졌을 때 수치심을 느낄 수 있다. 마치 다른 사람의 행동에 '감염'될 위험을 무릅쓴 것처럼 생각하고, 만약 다른 사람들이 우리가 그런 행동을 한 사람과 조금이라도 연관성이 있다고 본다면 우리는 존중받지 못하리라고 생각하는 것이다.

수치심은 또한 우리가 다른 사람들과 연결되어 있지 않다는 생각과도 관계가 있다. 수치심 목록에서 상위를 차지하는 일 중에는 커플로 살지 않는 것, 친한 친구가 없는 것, 중요한 어떤 흐름에 속해 있지 않은 것 등이 들어 있다. 외롭다는 사실은 우리에게 문제가 있거나 우리가 공동체의 일부가 될 자격이 없다는 뜻으로 해석될 수 있다.

마이클은 괴로운 경제적 덫에 걸렸다. 자신의 수치심을 직면할 수 없었기 때문에, 그는 매일매일 점점 더 빠르게 돌아가는 힘겨운 금융 컨베이어벨트로 떨어졌다. 친구들이 여행이나 파티에 같이 가자고 하면 그럴 형편이 아니라고 말할 수 없었다. 그 말을 할 때 올라오는 수치심을 참을 수가 없었기 때문이다. 빚을 내서 살면서도 친구들과 어울려 한잔할 때에는 술값을 자기가 내기도 했다. 마치 돈 문제가 전혀 없음을 보여주기라도 하듯이 말이다. 돈이 줄어들수록 그리고 은행에서 낸 빚이 늘어날수록, 그는 더 많은 돈을 썼다.

큰 빚을 지고 나서는 은행이나 도움을 줄 수 있는 사람에게 말하는 대신에 이른바 SMS 대출이라는 걸 받았다. 대출금을 갚지 못하자 더 큰 대출을 받았다. 누군가가 자신의 금융 상황을 엿보면 어쩌나 하는 생각, 그러면 어떻게 수치심을 대면해야 하나 하는 두려움이 사실을 가능한 한 숨기도록 만들었다. 결국 그는 자신의 월급을 모조리 대출금에 대한 이자를 갚는 데 써야 했다. 마침내 모든 것이 파국으로 끝났다.

수치심을 피하는 데 얼마나 많은 비용이 드는지, 그것이 얼마나 더 사태를 악화시키는지를 알았더라면, 그는 훨씬 일찍 상황을 전환시킬 수 있었을 것이다. "수치심을 피하기 위해서는 어떤 행동도 하지 말라."라는 충고의 가치를 분명하게 알았더라면, 그는 정면으로 부딪치면서 은행에 도움을 구하고 친구나 가족들에게 사태를 알렸을 것이다. 상황을 바꿀 수 있는 유일한 길은 도움을 요청하고 자신이 지원이 필요한 상황에 있음을 보여주는 것이다.

당신이 의존하고 있는 누군가에게 '실수'를 하면, 자신의 취약성이 명백하게 드러나는 느낌이 들 수 있다. 아래의 예화를 읽을 때, 나는 꽃을 보낸 게 내가 아닌데도 수치심이 덮치는 것을 느꼈다.

새로운 일자리에 지원해 마침내 두 사람이 최종 인터뷰를 하게 되었어요. 나와 마리아 G라는 여성 중에 한 사람을 선택하는 일만 남았죠. 그 직장의 관리자도 이름이 마리아였어요. 목요일 오후에 마리아 L(관리자)이 나한테 전화를 해서 일을 하라고 했어요. 정말 기뻤어요. 금요일에 배달원이 꽃과 카드를 일터로 가져다주었어요. 카드에는 "일을 시작하게 되신 걸 축하합니다. 마리아"라고 쓰여 있었어요. 나는 꽃을 보낸 사람이 마리아 G일 거라고 확신했어요. 그녀가 따뜻하게 배려하는 사람이란 걸 알고 있었거든요. 감동받아서 그녀에게 전화를 했고 그녀가 받지 않아서 자동응답기에 메시지를 남겼어요. "아름다운 꽃 감사해요. …… 나중에 다시 전화 드릴게요." 그러고는 만나는 모든 사람에게 그녀가 얼마나 좋은 사람인지 말하고 다녔어요. 집에 오는 길에 마리아 L한테서 전화가 왔어요. 쾌활한 목소리로 묻더군요.
"꽃 받으셨어요?"
"당신이 보낸 건가요?"

"네. 꽃이 도착했는지 확인하고 싶어서 전화했어요."

"세상에, 저는 다른 마리아한테 고맙다고 했네요."

"어머, 그녀한테 불합격 사실을 아직 알리지도 않았는데!"

3. 경쟁

"일등만 중요해!"

"패배한 게 부끄러워요."

"내가 최고란 걸 보여줬으니 존경받아 마땅하지."

"당신은 가치 있는 승자예요."

"우리는 그들 같은 성과를 결코 이룰 수 없을 거야."

어떤 사람들은 자신의 유능함을 내보일 때에만 내면의 비판자가 비판을 멈춘다. 승자는 존경을 받는다.(경쟁이라 부르든 아니든 상관없다.) 패자는 존경을 받을 자격이 없다는 이유로 놀림을 당하거나 조롱거리가 된다.

우리 동네에서 내가 좋아하는 그룹의 콘서트 티켓을 주는 경품 추첨이 있었다. 시간대별로 서로 다른 경품에 대한 추첨이 있었는데, 나는 첫 당첨자 발표에 내 이름이 있으리라고 확신하고 있었다. 며칠 후, 당첨된 사람들 명단과 함께 당첨되지 않은 사람들은 이틀 후에 다시 응모하라는 안내를 보았을 때였다. 그때 나도 모를 어떤 일이 내 안에서 일어났다. 훨씬 나중에야 그 의미를 이해할 수 있었던 일이. 나는 수치심을 느끼기 시작한 것이다. 강력하고 끔찍한 수치심은 아니지만 모호한 불편감이 일어났고, 나는 그것 때문에 다음 추첨에 응모하지 않았다. '졌어! 나는 자격이 없어. 내가 다시 응모해서 또다시 타지 못하는 걸 남들이 보면 어떻게 할 거야!'

경품 추첨에 상관없이 콘서트에 가기로 마음을 먹었다. 그런데 그러고 나서 내 친구 중 하나가 경품 당첨자 명단에 있는 걸 보게 되었다. 그러자 다시 주저하기 시작했다. 콘서트 자리에서 그 친구를 만나면 얼마나 부끄러울까 싶으면서, 그런 불편함을 피하기 위해 그냥 집에 있는 편이 낫겠다는 생각이 들었다.

그래도 콘서트에 가기로 했다. 콘서트홀에 들어서는 순간, 나는 도전에 직면해야 했다. 그 넓은 공간, 그 수많은 좌석들 중에 하필이면 내 자리가 누구 옆자리였을까? 바로 그 친구였다. 친구가 행복한 환호성을 지르면서 나를 쳐다보았다. 우리가 바로 옆자리에 앉게 된 게 정말 재미있는 일이라고 생각했을 것이다! 나는 아무 말 하지 않았지만 뱃속 어딘가가 어렴풋하게 불편해지는 걸 느꼈다. 아무 일도 없는 척했지만, 콘서트 내내 그는 당첨되었고 나는 떨어졌다는 사실을 자주 떠올렸다. 그렇지만 한마디도 말하지 않았다. 축하도 안 했고 짜증 나는 마음을 표현하지도 않았다. 질문도 안 했다. 나는 그저 그 모든 것들을 등지고 앉아 있었다.

내가 그 모호하지만 끊임없이 일어나는 수치심을 완전하게 받아들이는 데에는 콘서트가 다 끝날 때까지의 시간이 걸렸다. 나는 그 감정을 인정하고 싶지 않았다. 그런 느낌을 느낀다는 것은 정말 우스꽝스러운 일이었다. 내 반응을 정말로 수용하면서 경험할 수 있게 될 때까지는 그 감정을 완전하게 수용할 수 없었다. 그때까지는 그는 당첨되고 나는 '떨어졌다'는 사실을 받아들이는 것이 무서운 일로 다가왔다. 그러나 마침내 그 감정을 수용하자, 그 친구와 그의 기쁨을 함께 나눌 수 있게 되었다.

이긴다는 것은 내가 능력이 있고 선망의 대상이 되며 사랑과 존경을 받을 자격이 있다는 지표가 된다. 내가 다른 누군가보다 낫고, 심지어 '최고'일지도 모른다. 사실 내가 능동적으로 한 일이라고는 이름을 적어낸 것밖에 없는 경품 추첨이었지만, 이 모든 생각들이 나를 따라다녔다!

내가 경쟁에 얼마나 강력하게 길들여져 있는지, 그리고 그 결과 어떤 내면 갈등이 일어나는지를 발견하고 정말 놀랐다. 그리고 수용, 존중, 인정에 대한 욕구가 충족되지 못할 때 내가 어떤 영향을 받는지도 놀라웠다. 다른 사람을 축하하고 싶은 나의 욕구를 그것이 방해하고 있었던 것이다.

경쟁에는 일등이 있기 마련이고, 우리는 이등이나 삼등까지는 축하를 한다. 때로는 좀 더 너그럽게 톱 텐(Top 10)을 축하하기도 한다. 그러나 나머지는 모두 '졌다'는 수치심을 짊어져야만 한다. 이긴 사람이 최고이고 나머지 사람들보다 낫다는 생각은 종종 경쟁에 깃들 수 있는 많은 즐거움을 앗아가버린다. 앞에서 말한 기억이 굳이 글로 남길 만한 일은 못 되지만, 돌아보면 그 기억을 떠올릴 수 있었던 것은 정말 고마운 일이다. 그 덕분에 부러움과 질투 같은 감정에 대한 이해가 상당히 깊어졌기 때문이다.

확률 게임에 불과한 경품 추첨에서 떨어지는 일에 대한 이런 반응이 비논리적이라고 생각하는 사람도 있을 터이다. 만약 다른 사람이 하는 이야기만 들었다면, 나 역시 분명히 그렇게 생각했을 것이다. 그러나 내가 직접 경험해보니 수치심 반응은 논리적이지는 않아도 매우 실제적인 것이라는 점이 분명하게 다가온다. 이 이야기를 듣고 안심이 된다고 말한 사람들도 있었다. 받아들여지지 않을 것 같은 두려움 때문에 비슷한 상황에서 느꼈던 수치심을 몇 년 동안 감추어두고 있었다는 것이다. 어떤 상황에서든, 취약함을 인정하면 그로부터 나에게 유효한 정보를 발견할 수 있다.

4. 자기비판

'나는 왜 늘 자기 자신을 조롱하는 걸까?'
'내가 잘하는 일은 실패해서 좋은 걸 망쳐버리는 것밖에 없어.'
'나한테 뭔가 문제가 있어.'
'나는 집을 정리 정돈하는 단순한 일조차 못 해.'
'정말 멍청해. 나는 나 자신이 수치스러워.'

우리는 실수를 했을 때에는 자기 자신을 비판해야 한다고 배워왔다. 자신이 했거나 하지 못했던 행동에 대해 얼마나 부끄러워해야 하는지를 스스로에게 다그치는 방식으로 말하라고 배워온 것이다.

한 어머니가 수치심에 가득 차서 내게 말해준 적이 있다. 십 대 소년인 아들의 일기장을 본 적이 있는데, 읽다가 너무 당황해서 토할 뻔했다는 이야기이다.

"숨 쉬기가 힘들었어요. 누군가가 나를 봤다면 내가 못된 짓을 하고 있다고 생각했겠죠. 혹시 아들이 본다고 하더라도, 그건 다른 어른이 보고 나를 비난하는 것보다는 덜 두려운 일이지요. 그 보이지 않는 시선이 너무 불쾌해서 잠시 후에 그만 읽기로 했어요. 그리고 스스로를 진정시키기 위해 긴 산책을 나가야 했어요."

5. 외모

"내 모습이 얼마나 추하고 매력 없어졌는지 정말 부끄러워요."

"내가 얼마나 살이 쪘는지, 몸매가 망가졌는지 아무도 몰랐으면 좋겠
어요. 스무 살은 더 나이 들어 보여요."

"지금 얼굴이 붉어지니까 더 추해졌네요."

외모는 수치심 자극제 목록에서 상위를 차지한다. 우리에게는 내 몸
이 어떻게 보여야 한다는 데 대한 생각이 있다. 어떤 이상형이 있는
것이다. 우리 자신이 어떻게 보이는가뿐 아니라, 우리와 가까운 사람
들(조부모, 아이들, 부모, 친구, 배우자)이 어떻게 보이는가에 대해서도 수
치심을 느낀다.

"스웨덴은 질문을 받거나 집단따돌림 당하지 않고 원하는 어떤 사람
과도 사랑에 빠질 수 있는 나라라고 생각해왔어요. 그런데 나보다 젊
은 남자랑 사랑에 빠졌을 때 나 자신이나 다른 사람들의 반응은 정
말 충격적이었어요. 사랑을 어떻게 단념하거나 부인해야 할지를 놓
고 수없이 떠올랐던 내 생각들도 정말이지 충격이었어요. 그 전에는
외모가 수용과 사랑을 받는 데 중요하다고 생각해보지 않았어요. 그
런데 갑자기 내 외모에서 나이 차를 드러내는 모든 신호에 대해 엄청
나게 초점을 맞추고 있는 거예요. 주름살이나 새치가 흔적만 보여도
태산 같은 문제가 되고 수치심과 불편함이 엄습했어요. 다른 사람들

이 내가 그 사람보다 나이가 많다는 걸 알아차릴까 하는 생각에 온 에너지가 팔린 나머지, 그 남자와 사랑과 현존으로 연결할 여지가 거의 남아 있지 않을 정도였지요."

6. 섹스

많은 사람들에게 섹스에 관한 이야기는 수치심과 연관된다. 웃어넘겨버리거나 농담으로 덮어버리는 식이어서, 그에 관한 대화가 아주 어려운 일로 다가온다. 그와 동시에 우리는 섹시하고 매력적이기를 원한다. 놀랍게도, 스웨덴의 한 수치심 연구에 따르면 16세에서 23세 사이의 젊은이들이 자위나 섹스를 하다 들켰을 때 가장 수치심을 느끼는 집단이라고 한다.[4]

많은 사람들이 자신의 몸, 자신의 외모, 그리고 모든 성적 표현에 대해 수치심을 느끼도록 교육받았다. 때로 섹스와 애무를 추잡하다고 말하기까지 한다. 수치심을 경험하는 일이 너무나 혐오스럽고 너무나 거북하기 때문에, 우리는 그것을 피하는 방법을 많이 배웠다.

'나는 그/그녀를 흥분시킬 수 없을 거야.'
'내가 너무 도발적인 차림을 했어.'
'발기가 안 될 것 같아.'
'나는 충분히 섹시하지 않아.'
'이렇게 하긴 싫지만, 그녀/그에게 다른 걸 하자고 말할 용기는 없어.'

● ● ●

4   United Minds, 2007.

'그때 당장 그녀/그에게 애무해달라고 요구하고 싶었어. 그렇지만 그/그녀가 하고 싶어 하지 않으면 어떻게 해?!?'

남자는 발기가 되지 않으면 수치심을 느낄 수 있다. 그것이 자신이 '진짜 남자'라는 표지가 되기 때문이다. 진짜 남자라면 항상 섹스를 할 수 있고 하려고 한다는 신념이 여기에 작동하고 있다. 여자는 남자를 흥분시키지 못할 때 수치심을 느낄 수 있다. 그건 자신이 흥분할 능력이 있는 이 남자에게 충분히 매력적이지 않다는 신호가 되기 때문이다. 카타리나 벤스탐은 『진짜 강간범En riktig våldtäksman』[5]이라는 책에서 집단 성폭력에 참여했던 많은 남자들이 어떻게 단지 사정하는 척만 했는지를 묘사했다.[6] 몇몇은 자신들이 발기조차 되지 않았다는 사실을 숨기면서 삽입하는 척만 했다. 늘 흥분해서 섹스 할 준비가 되어 있지 않으면 남자답지 못하다고 해석되기 때문에, 남자가 전혀 흥분하지 않았다는 사실을 숨겨야 하는 맥락마저 존재하는 것이다.

7. 보기와 보임

"현행범으로 붙잡히는 것이 범죄 현장에 있었다는 사실보다 더 나쁜 일이다."[7]

● ● ●

[5] 책의 제목을 직역하면 '진짜 강간범A Real Rapist'

[6] Katarina Wennstam, *En riktig våldtäksman: en bok om samällets syn på våldtäkt*, Albert Bonniers Förlag, 2005.

[7] Gullvi Sandin, SvD, "Oj vad vi skäms" 8 oktober 2007.

분노 죄책감 수치심

수치심을 묘사하는 또 하나의 방법은 "현행범으로 붙잡히는 것"이다. 우리가 수치심을 느끼는 상황에 있을 때 누군가가 우리 모습을 포착한다면, 우리는 발밑이 꺼져서 사라져버렸으면 하고 바라게 된다. 어렸을 때 『임금님의 새 옷』이라는 동화에 나오는 벌거벗은 임금님 이야기를 읽으면서 내가 얼마나 고통스러웠는지 기억난다. 이야기는 뒤로 갈수록 점점 더 참기 어려워진다. 모든 일이 꾸며낸 일이라는 사실이 밝혀졌는데도 사람들이 아름다운 옷이 보인다고 주장하는 장면에서 나의 수치심은 극에 달했다. 그들은 아름다운 옷을 볼 수 없다는 사실이 가져다주는 수치심을 피하고 싶었던 것이다. 이 이야기는 일곱 번째 범주에 딱 들어맞는 이야기이다.

우리가 다음과 같은 방식으로 생각하고 있다면, 수치심이 일어나고 있다는 사실을 알아차릴 수 있다.

'나를 여기에서 좀 데려가줘.'
'죽고 싶을 뿐이야. 거기 서서 다른 사람한테 부끄러운 모습을 보이느니 죽는 게 훨씬 덜 고통스러울 거야.'
'그가 그 짓을 하고도 자기가 얼마나 부끄러운지 알지도 못하는 걸 보기가 너무너무 수치스러워.'
'집이 폭탄이라도 맞은 것 같은 지금은 제발 아무도 오지 않기를.'

아시아에서 스웨덴까지 가는 긴 비행시간 동안, 나는 의자 사이 바닥에 누워 잠을 잤다. 몇 시간 지나 일어났을 때 내가 누워 있던 줄 옆에 한 남자가 서 있었다. 그 남자가 나를 보고 있었고, 뜨거운 수치심의 파도가 내 몸 전체를 훑고 지나갔다. 그 상황에서 모든 느낌은 욕구를 이해하는 데 지원군 역할을 한다는 배움이 도움이 되었다. 그 상황에서 나의 욕구는 물론 수용이었다.

그 남자가 나를 어떻게 생각할까 하는 걱정에서 수용이라는 욕구로 초점을 바꾸자, 내 느낌도 변화했다. 수용에 대한 갈망이 여전히 있었지만, 수용된다고 느끼는 일이 그 사람이 내가 선택한 수면 방식을 수용하는지 안 하는지에 달려 있지 않다는 사실이 명료해졌다. 수용되는 경험에는 여러 가지가 있을 수 있고, 매우 다른 방식으로 수용을 경험할 수 있음이 분명해진 것이다. 그가 어떤 행동을 해야 수용에 대한 나의 욕구가 충족되는 것이 아니다. 중요한 것은 내가 그 사람을 향해, 그리고 내 욕구를 향해 어떻게 다가가는가이다. 수치심에서 나오는 나 자신의 반응을 수용하고 보듬어 안아줄 때 나는 수용을 경험할 수 있었다.

그 남자가 무슨 생각을 하는지에 대해 아무것도 모르는데도 수치심이 얼마나 빨리 일어났는지를 보면 웃음이 나온다. 내가 상상한 생각들을 그 사람 머리에 집어넣은 셈이다. 그 사람이 나를 부러워하고 있었는지, 나처럼 깊은 휴식을 취할 기회를 열망하고 있었는지 누가 알겠는가? 설령 내가 한 행동을 그가 수용할 수 없고 그것을 부적절하고 비정상적인 행동이라고 생각했다 하더라도, 나는 여전히 수용을 경험하는 선택을 할 수가 있다. 비행시간은 아직 많이 남아 있었고, 나는 좀 더 쉬고 싶었다. 나는 다시 바닥에 누웠고 조금 더 잠을 잤다. 두세 시간 후에 착륙해서 짐을 찾으려고 수하물 벨트 앞에 서 있을 때였다. 그 남자가 다가오더니 웃으면서 물었다. "잘 잤어요?" 이번에는 그 사람의 시선이 따뜻하고 기분 좋게 느껴졌다.

8. 가까움

> 때로 사람들에 둘러싸여 있을 때 수치심이 느껴지곤 한다. 그렇지만 동물들은 항상 괜찮다. 그들은 판단하지 않고 내 느낌을 없애려고 하지도 않는다. 내가 콧물 범벅이 되고 악취가 난다고 해도 개는 항상 나를 알아보고 반겨준다.
>
> —세실리아Cecilia

우리는 다른 누군가와 가까워지기를 원한다. 그러나 때로 가까움은 다른 사람에 대해 약해지면 어쩌나 하는 두려움을 일으킨다. 또 가깝게 지내자고 요청했는데 상대편이 싫다고 말할 때, 그것을 어떻게 해석해야 할까 하는 두려움도 있다. 어떤 사람의 거절은 우리가 사랑받지 못하거나 상대방이 우리를 원치 않는다는 증거로 해석되기 때문이다. 그것은 내가 사랑받을 가치가 없거나 사랑받을 수 없는 존재라는 생각을 불러일으킬 수 있다. 수치심을 느끼면서 누군가와 가까워질 때에는 정말로 그 관계에 뛰어들어 즐기기가 어려울 수 있다. 극단적인 경우에는 수치심이 너무 강한 나머지 친밀함을 절제해야겠다는 생각에 끌릴 수도 있다. 그러면서 다시는 수치심을 느끼지 않을 수 있는 방법을 찾아냈다는 생각에 큰 안도감을 느끼기도 하는 것이다.

공항에 가는 길에 택시 뒷좌석에 앉았어요. 차가 작아서 뒷좌석에 앉은 세 사람은 서로 붙어 앉아 있었지요. 내가 가운데에 있었는데, 내 옆자리에 앉은 남자가 문 쪽으로 바짝 붙어 앉는 거예요. 그러더니 마침내 그 남자가 갑작스럽게 운전사에게 물었어요. "요즘은 뒷좌석에 세 명이 앉는 게 표준인가요?"

그 말을 듣자 내 속에서 이런 생각이 올라왔어요. '내가 싫은가, 아니면 내가 자기 공간을 침해한다고 생각하나?' 그 사람 말을 내 옆에 앉기 싫다는 뜻을 간접적으로 표현하는 말로 해석했던 것이다. 내가 수치심을 느끼고 있고 그 밑에는 수용의 욕구가 있다는 이해가 생기기까지는 약간의 시간이 필요했다.

그러고 나서야 내가 그 사람 내면에서 무슨 일이 일어나고 있는지에 대해 전혀 생각해보지 않았다는 걸 깨달았다. 이런 생각들이 흘러간 다음에야 우리는 대화를 시작했다. 내 마음속에서 일어났던 생각들이 사실이라는 징조는 어디에서도 찾을 수 없었다.

수치심 빙고

수치심이 자신에게 어떤 영향을 미치는지를 이해하기 위해, 일주일이나 한 달 정도 수치심 빙고 카드를 사용해서 자기만의 수치심 지도를 그리고, 다른 연습들을 위한 준비 작업을 할 수 있다. 가끔씩 빙고 카드를 들여다보면 자신이 어떤 상황에서 수치심으로 반응하는지를 이해하는 데 도움을 받을 수 있다. 자신이 어떤 상황에서 수치심을 느끼는지를 이해하는 것은 삶의 즐거움을 회복하는 데에도 도움이 된다.

여덟 가지 범주 가운데 내가 무엇에서 수치심을 경험했는지를 알아차려 빙고 카드에 메모해두라. 그리고 원한다면 다음 두 가지 주제에 몰입해보라.

1. 당신에게서 지금 당장 거의 백 퍼센트 수치심 반응을 촉발하는 사람이나 상황의 유형을 써보세요.

2. 그 상황에서, 그리고 상황이 끝난 후에 당신은 보통 어떤 행동을 하나요?

분노 죄책감 수치심

·수치심 빙고 SHAME BINGO·

비교	의존과 독립	경쟁
섹스	외모	자기비판
보기와 보임	가까움	

수치심이란 무엇인가?

수치심이라는 감정은 우리가 한 행동이나 말에 대해 다른 사람으로
부터 인정받지 못하는 경험을 할 때 촉발된다. 수치심은 몸 전체에 충
격파를 보낸다. 몸이 경계 태세에 들어가면 방어적인 태도를 취하기
쉽다. 혈액 흐름이 증가하면서 얼굴에 열이 올라 붉어지고 눈이 아래
를 향하며 고개가 수그러든다. 바닥에 구멍이라도 생겨서 땅속으로
기어 들어갔으면 좋겠다는 생각이 든다.

겨우 생후 3개월 된 아기한테서도 갑자기 목 근육의 힘이 풀리면
서 상체가 빳빳해지는 현상이 발견된다. 그러면 아기 몸이 살짝 내려
앉으면서 아기와 소중한 사람 사이의 눈 맞춤이 흐트러지게 된다.[8]

수치심을 느낄 때 우리는 붉어진 얼굴을 숨기고 싶어 한다. 수치심
이라는 말은 인도-유럽 어원인 '(s)kem'에서 왔는데, 그 뜻은 '덮다'이
다. 그러니까 이 말은 수치심을 느낄 때 다른 사람으로부터 숨고 싶어
하는 우리의 소망에서 비롯했는지도 모르겠다.[9] 미국 심리학자 실번
톰킨스Silvan Tomkins에 따르면, 혐오감이 미각과 관련이 있고 불쾌
감이 후각과 연계되는 것처럼 수치심은 시각과 연결되어 있다고 한
다. 아이와 부모가 서로 연결되는 데에는 눈 맞춤이 꼭 필요하기 때문
에, 이 이론에 따르면 부모의 못마땅한 눈길은 아이한테 수치심을 불
러일으킬 수 있다.

수치심을 느끼는 순간에 많은 사람들은 자신이 한 잘못을 '덮고'

● ● ●

[8] 도널드 네이선슨, 『수치심과 자부심』

[9] Marta Cullberg Weston, *Från skam till självrespekt*, Natur & Kultur, 2008.

그에 대한 언급을 피하고 싶어 한다. 가장 사적인 자아의 한 조각이라도 노출되면, 우리는 그 상황에서 도망치기 위해 어떤 일이든 할 것이다. 뻣뻣하게 경직되기도 하고 미소를 띠기도 하며 긴장을 풀기 위해 신경질적으로 웃기도 한다. 자신의 반응을 피하거나 숨기려고 하면 수치심을 다루기가 더 어려워진다. 아무리 영리한 전략을 써도 수치심이 완전히 사라지지는 않고, 대개는 내면 깊은 곳에 도사리고 있을 때가 많다.

분노 죄책감 수치심

Thesaurus.com이 제공하는 수치심의 동의어와 반의어는 다음과 같다.

동의어
당황abashment, 양심의 가책bad conscience, 오점blot, 원통함chagrin, 후회compunction, 혼란confusion, 경멸contempt, 뉘우침contrition, 비하degradation, 조롱derision, 심란discomposure, 불신discredit, 경멸disesteem, 망신disgrace, 치욕dishonor, 오명disrepute, 난처함embarrassment, 죄책감guilt, 굴욕감humiliation, 불명예ignominy, 나쁜 평판ill repute, 악명infamy, 짜증irritation, 체면 깎임loss of face, 굴욕mortification, 악평obloquy, 증오odium, 맹비난opprobrium, 격렬한 아픔pang, 수줍음pudency, 회한remorse, 책망reproach, 추문scandal, 자기혐오self-disgust, 자책self-reproach, 자기 비난self-reproof, 부끄러워함shamefacedness, 집 안의 비밀skeleton in the cupboard, 얼룩smear, 낙인stigma, 망연자실stupefaction, 배반treachery

반의어
명예honor, 자부심pride, 존중respect

우리는 다양한 말로 수치심을 표현한다. 고통스럽다고도 하고 당황스럽다고도 한다. 어색하다고 말하기도 하고 굴욕적이라고도 표현한다. 다시 말해, 거기에는 우리의 명예를 위협하는 무엇인가가 들어 있다.

조롱거리가 된 기분이 들고 치욕스럽고 작살난 느낌이 들고 어리석거나 열등한 것 같다고 말한다. 때로는 그 경험에 완벽하게 들어맞는 말이 없어서 그걸 수치심이라고 부르지 않으려 한다.

이 책을 준비하면서 이야기를 해본 사람들 중에는, 수치심이 무엇인지를 놓고 실제로 이야기를 나누기 전에는 자기가 얼마나 자주 수치심을 느끼는지 의식하지 못하는 사람이 많았다. 나도 그랬었다. 수치심이 자동적인 행동 패턴 뒤에 꼭꼭 숨어 있어서 아예 수치심을 느껴본 적이 없다고 말하는 사람도 많다. 이미 수치심으로부터 자신을 보호하는 전략을 선택한 사람들이다.

수치심은 종종 갑자기 찾아와서 잠시 동안 가지 않고 버티고 있기도 하는데, 그때 수치심을 완전히 떨쳐버리기는 힘들다. 수치심으로부터 벗어나 평화를 되찾고 싶을 때, 그냥 도망쳐 나오는 것 말고 수치심을 다룰 수 있는 다른 방법들이 있다. 나는 수치심이 매우 강렬하게 올라오는 것은, 다른 사람이나 집단으로부터 거절당하거나 수용되지 못할 것 같은 위협에 직면해서, 우리 안에서 무언가 중요한 일이 일어나고 있다는 신호라고 본다. 이 현상은 희망을 주기도 하지만 동시에 비극적이기도 하다. 왜냐하면 대부분의 상황에서 이 위협이 실제로 존재하는 것이 아니라 우리의 사고방식에서 생겨나기 때문이다.

스웨덴 신학자 예란 라르손은 수치심을 "내가 누군가의 경계나 온전성을 침범할 때 콧등을 한 대 툭 치듯이 꼭 필요한 충격을 주는 보이지 않는 전기 울타리"라고 묘사했다.[10]

● ● ●

[10] Göran Larsson, *Skamfilad—om skammens många ansikten & längtan efter liv*, Cordia/Verbum förlag AB, 2007.

과거에는 집단에서 배제되는 일이 죽음에까지 이를 수 있는 실제적인 위협이었다. 한 개인이 느끼는 수치심은 그 사람이 다른 누군가의 경계를 넘어섰으며 따라서 그 집단과 개인들의 생존을 보호하는 수단을 침해했다는 신호였다. 이 점을 고려하면 많은 사람들이 집단의 규범에 의문을 제기하는 일에 큰 공포를 느끼는 것도 놀랄 일이 아니다. 그것은 생명을 위협하는 위험으로 인식될 수 있다. 수치심의 가장 큰 기여는 타인의 경계를 존중하는 일의 가치를 되새기게 해주는 데 있는지도 모르겠다. 수치심 때문에 일어나는 반응을 부끄러워하지 않고 건설적으로 사용한다면, 우리는 자기 자신과 다른 사람들의 느낌과 욕구 둘 다에 제대로 반응하도록 길을 찾아가는 데 그것을 사용할 수 있다.

우리는 수치심을 전구에 달린 퓨즈처럼 볼 수 있다. 회로에 과부하가 걸리면 전기 퓨즈가 끊어지듯이, 충족되지 못한 욕구가 보내는 첫 신호를 놓치면 우리 내면의 퓨즈가 파손된다. 타인의 욕구와 자기 욕구 사이의 균형을 잘 잡지 못하면 우리는 수치심을 느끼기 쉽다.

내가 진행하는 수치심 세미나에 온 참가자 한 분이 이런 말을 한 적이 있다.

"수치심은 늘 나에게 이런 말을 하는 것 같아요. 나는 동료 인간들과 더 깊이 연결하고 싶어. 그들에게 좀 더 여유와 사랑을 주고 싶어!"

사람들은 새들이 거대한 무리 속에서 서로 부딪치지 않고 나는 모습 보고 감탄을 금치 못한다. 사람에게도 '서로를 느끼며 다가갈 수 있는' 능력이 있다. 상호의존 상태를 감지하는 직관적인 감각이 없다면,

우리는 군중 속에 있을 때나 스키를 탈 때 훨씬 더 자주 충돌할 것이다. 이 능력은 우리가 자신의 느낌과 욕구에 접촉하고 있지 않을 때 심각하게 훼손된다. 자기 내면의 신호와 닿아 있지 않으면, 우리는 '무리' 속에서 완전한 효율성을 가지고 움직일 수 없다. 집단에서 한두 사람이 이 연결을 하지 않으면, 그것이 무리 전체에 영향을 미친다. 자신이 속한 집단에 도움이 되려면, 각자가 수치심의 희생양이 되었을 때 자기 내면의 자아와 연결을 회복하는 일이 정말 중요하다.

지배 체제의 권력 분배 방식이 모두에게 영향을 미치는 상황에서, 수치심은 영리하게도 개인한테 책임을 부과하는 기능을 수행한다. 수치심은 각 개인에게 내면의 운항 시스템을 제공하여, 개인에게 힘을 주지는 않으면서 '옳은' 것을 따라 행동할 책임을 부여한다. 역설적이게도, 각 개인의 손에 주어진 이 내면의 운항 시스템이 지배 체제를 지지하는 가장 약한 고리이기도 하다. 모든 개인이 수치심을 통해 지배 체제에 접근할 수 있기 때문에, 우리는 저마다 내주었던 힘을 되가져와서 삶에 더 기여하는 시스템을 지지하는 데 쓸 수 있다. 수치심의 자연스러운 핵심을 알아보고 그에 따라 행동함으로써 우리는 그렇게 한다.

위계 체계에서 자기보다 위에 있는 사람들에게 우리 힘을 내주게 만들었던 '……해야 한다', '……하지 않으면 안 된다' 같은 의무를 우리 자신의 선택으로부터 분리할 수 있다. 그러면 수치심은 우리가 행동할 때 우리 자신뿐 아니라 다른 사람들도 고려하는 더 나은 선택이 무엇인지를 보여주는 선물이 된다. 이제 우리는 다음 수치심이 찾아오는 때를 정말로 기대하며 기다릴 수 있게 된다. 그 순간이, 우리가 만들고 싶은 세상을 의식적으로 선택할 기회를 줄 터이기 때문이다.

수치심이 상하는 순간

우리가 수치심이라고 부르는 것 안에는 많은 뉘앙스가 담겨 있다. 수치심은 본질적으로 우리가 타인과 연결할 때 생기는 취약성에서 유래한다. 다른 사람들과 연결하려고 시도할 때에는 늘 수줍음과 불확실성이 따르기 때문에 수치심이 나타나는 것이다. 우리는 스스로에게 다른 사람들과 얼마나 가까워지고 싶은지, 다른 사람들에게 어떻게 받아들여지고 싶은지 묻는다.

사회의 규칙을 배우기 한참 전인 어린아이들은 연약해서 수줍음을 많이 탄다. 그들은 자신을 둘러싼 환경과 관계 맺는 방식에서 일종의 부드러운 섬세함을 가지고 있다. 그들은 바깥세상에서 일어나는 일과 관계 맺는 법을 차츰차츰 배워간다. 아이가 세상에서 살아가는 법을 배워감에 따라 수치심과 당혹감은 가라앉거나 다른 형태로 변형되는 경향이 있다. 여기까지는 모든 것이 삶과 잘 연결되어 있다. 그런데 아이가 죄책감과 수치심을 자기에게 뭔가 문제가 있고 자신이 충분하지 않다는 신호로 여기게 되면, 그것들은 몹시 고통스럽고 다루기 힘든 것이 된다. "부끄러워하지 말고 이리 와."라는 말이나 "수줍어하는 여자애 모습이 너무 귀여워." 같은 말을 자꾸 들으면, 아이의 민감성이 무뎌지고 취약성을 수용하지 못하게 된다.

아이들이 부끄러워하거나 당황해할 때 돌봄과 존중으로 대하지 않고 웃음이나 조롱으로 지적하면, 수치심을 다루기 어렵게 만드는 사고 패턴이 형성된다. 존중에 대한 욕구가 충족되지 않을 때 아이들은 그 책임을 자기 자신에게 돌리기 때문이다.

도덕 판단과 결부된 수치심은 우리로 하여금 다양한 행동들을 하게 만든다. 그런데 그 행동들은 가고 싶지 않은 곳으로 우리를 데려 간다. 많은 사람들이 수치심을 경험한 적이 한 번도 없다고 말하는데, 그것은 수치심이 얼핏 스치기만 해도 바로 막아버리기 때문이다. 이 렇게 우리는 잘 바라보기만 하면 얻을 수 있는 정말 귀한 삶의 교훈 을 놓치고 있다. 원래는 우리에게 기여하려고 생긴 무언가가 '상해서' 맛이 없어지기 시작하는 것이다.

수치심은 보이지 않는 손에 의해 가해지는 가슴의 상처로 경험될 수 있다. 때로 그것은 우리 안에 있는 '화상이나 쏘인 자국' 같은 것으 로 그려지기도 한다. 수치심이 강할 때에는 자기 자신을 어떻게 표현 해야 할지 알기가 매우 어렵다.

수치심은 우리가 살아가는 문화 안에서 정상이라고 여겨지는 일 의 반대편에 무엇이 있는지를 보여준다. 그것은 정상이라는 기준이 우리를 몸에 맞지 않는 작은 '상자들'에 가둘 때, 우리가 치르는 비용 을 알려준다. 예컨대 "잘못된 젠더"나 "안 맞는 나이"를 가진 사람과 사랑에 빠질 때, 취미나 옷차림이 특이할 때, 다른 사람들이 관습과 어긋난다고 여기는 관점을 가지고 있을 때처럼.

수치심은 관리될 수 있다

우리는 수치심을 다루는 비효율적이고 습관적인 행동 패턴을 바꿀 수 있다. 그 첫 번째 단계는 수치심을 느낄 때 우리가 행동하는 방식이 결국에는 우리 자신에게 도움이 되지 않는다는 점을 알아차리는 것이다. 5장에 있는 나침반을 사용하면 이 알아차림에 큰 도움을 받을 수 있다.

앞에서도 말했다시피 수치심을 다룰 때 도움이 되는 한 가지 중요한 방법은, 몸에서 수치심이 어떻게 느껴지는지 인식하는 법을 배우는 것이다. 얼굴이 뜨거워지는 과정을 느낄 수도 있고 몸에서 한 줄의 차갑거나 뜨거운 흐름이 지나가는 것을 알아차릴 수도 있다. 누군가와 눈이 마주칠 때 어색함이 느껴질 수도 있고, 입이 마르거나 배가 당기거나 어쩔 줄 몰라서 그 자리를 떠나버리고 싶어지기도 한다. 신호는 사람마다 다르지만, 자기 몸에서 어떤 수치심 반응이 일어나는지 인식하는 훈련을 하면 대개는 쉽게 알아차릴 수 있게 된다.

수치심을 자극했던 생각을 따라 들어가 수치심의 핵심에 자리 잡은 느낌과 욕구를 만나는 과정은 힘이 들면서도 신나고 보람찬 여정이다. 그 길을 따라가면 수치심에 여러 얼굴이 있다는 것을 발견하게 될 터이다. 그러나 그 중심에 있는 것은 존중, 수용, 그리고 소속에 대한 욕구이다.

수치심의 핵심에 도달하려면 존중·수용·소속에 대한 욕구와, 그 욕구를 충족하기 위해 우리가 택하는 수단 방법을 구분할 줄 알아야 한다. 두 가지를 구분함으로써, 우리는 이제 더는 다른 사람들에게 우리를 비난할 여지를 주지 않게 된다. 자신의 수치심을 다룰 힘과 책임을 이제 우리 자신이 가지게 되는 것이다.

역으로 다른 사람이 우리를 비난할 때에는 그 사람의 느낌에 대한 책임을 우리가 지지 않음으로써, 같은 방식으로 다른 사람을 도울 수 있다. 우리가 다른 사람의 느낌에 대한 책임을 지지 않을 때마다, 상대방은 더 효과적으로 자신의 욕구를 충족할 수 있는 새로운 행동 방식을 개발할 기회를 더 많이 가지게 되기 때문이다.

수치심 활용하기

수치심은 우리가 언제 자신의 가치에 위배되는 일을 했는지를 발견하는 데 도움이 된다. 다른 사람이 은밀하게 해준 말을 누설해버리고 나서 수치심을 느낄 때, 우리는 성실성과 다른 사람에 대한 배려에서 나오는 행동을 할 때 얼마나 기분이 좋은지를 알게 된다. 아이들한테 심한 말을 하고 나서 수치심이 들 때에는, 우리가 다른 사람의 행복에 얼마나 기여하고 싶어 하는지를 깨닫게 된다. 외도를 하고 나서 부끄러움을 느낀다면, 상호 존중·신뢰·돌봄이 자신에게 얼마나 소중한지를 발견하게 된다. 이처럼 수치심에는 유용한 측면이 있다. 수치심은 다른 사람들의 경계를 존중하면서도 그것이 존중·배려·성실성·기여에 대한 자신의 욕구와 어떻게 균형을 이룰 수 있는지 발견하도록 도와주기 때문이다.

수치심이라는 느낌 속에 실제로 존재하는 아름다움을 보려면 쓸모없다는 생각을 다루는 법을 배워야 한다. 바보 같은 짓을 했다거나 자기가 엉터리라는 생각들 말이다. 수치심에 동반되는 불편함이 무엇인지를 이해하고, 수치심을 일으키는 생각을 관찰하는 법을 배우면, 우리는 수치심을 더는 불쾌한 감정으로 경험하지 않게 된다. 또 수치심은 자신이 사랑받을 가치가 없음을 의미한다는 해석을 더는 믿지 않기 때문에, 우리는 새로운 방식으로 행동할 자유를 우리 자신에게 줄 수 있게 된다.

수치심을 키우는 사고 패턴과 그 뒤에 있는 욕구를 구분할 수 있게 되면, 우리는 수치심이 우리를 마비시키기 전에 상황을 다룰 수 있다. 따라서 수치심 안에 들어 있는 본연의 핵심과 우리를 길들인 지배구조로부터 온 생각을 구분하는 능력이 참으로 중요하다.

수치심을 이해한다고 해서 그 느낌이 변하지는 않는다. 수치심을 잘 소화하고 삶을 북돋우는 핵심에 잘 도달하는 데에는, 수치심을 온전하게 끌어안고 그것이 우리 몸·생각·감정에 어떤 영향을 미치는지를 잘 관찰하는 일이 도움이 된다. 자신이 수치심을 느끼고 있음을 깨닫더라도 수치심을 느끼는 행동에 변화가 일어나지는 않는다. 행동의 변화는 수치심이 일으키는 불편함을 이해받고 공감받을 때 일어난다. 이해와 공감을 받고 나면, 어떻게 다른 방법으로 욕구를 충족할 수 있는지에 집중할 수 있게 된다.

자신의 불완전함이 드러났다는 생각이 들 때 불편해지는 것은, 우리가 완전하지 않다는 것을 알게 되면 아무도 우리를 좋아하지 않으리라고 확신하고 있기 때문이다. 완전해야만 수용되고 사랑받으리라는 신념은 대단히 파괴적이다. 모든 사람이 길을 잃고 헤매게 만들기 때문이다. 정말로 수치심으로부터 놓여나고 싶다면, 우리는 기꺼이 자신의 수치심과 취약성을 드러내야만 한다. 지름길은 없는 것 같다. 그러나 취약성, 마음 터놓기, 다른 사람에게 수치심에 대해 이야기하기 같은 '왕도'는 있다.

그와 더불어, 어떤 상황에서는 수치심에 대한 이야기를 들어주는 일이 듣는 사람에게 도전이 된다는 점을 기억하는 것이 도움이 된다. 다른 사람의 당황스러움에 대해 들어주는 일이 우리 안에 있는 수치심을 유발할 수 있기 때문이다. 따라서 수치스러움을 보여주는 것은 이해받지 못하고 변명이나 비난을 받을 수 있는 위험을 직면하는 일이기도 하다. 때로는 충고를 주거나 격려나 위로를 함으로써 문제를 덜어주려고 애쓰는 사람을 만날 수도 있다. 들어주는 사람이 얼마나 공감 능력이 있는지는 이른바 '2차 수치심'을 일으키는지 여부를 보면 알 수 있다.

수치심에서 연결로

수치심의 공격을 받고 나서 다시 연결과 내면의 균형을 회복하려면 아래의 네 단계를 따르세요.

1a. 수치심이 몸에 미치는 영향을 경험해보세요. 얼굴을 붉히게 하는 따뜻한 파장을 경험할 수도 있고 배가 불편해지는 현상을 느낄 수도 있습니다.

1b. 당신의 느낌과 욕구와 연결하는 일이 가치가 있다는 점을 상기하세요. 수치심을 피하거나 억누르기 위해서는 어떤 행동도 하지 마세요. 자기 자신과 연결되기 전에 행동하면, 나중에 후회할 행동을 할 수 있습니다.

2. 당신이 지원을 필요로 한다는 점을 인정하세요. 당신이 어떤 느낌이 드는지 다른 사람들과 나누면 도움이 됩니다.

3. 당신의 말을 귀 기울여 들어주고, 당신이 수치스러움을 느끼는 일에 대해 이야기할 수 있는 사람과 연결하세요. 혹시 아무도 없다면, 꼭 충분한 시간을 내어 연민으로 자기 자신의 이야기를 들어주세요. 우리가 공감 어린 연결을 경험할 때 수치심은 더는 우리를 붙들고 있지 못해요.

4. 몸에서 수치심이 어떻게 일어나는지 감지할 수 없다면, 욕구 나침반에서 자신이 어느 방향으로 움직이는지를 통해 수치심을 인식할 수 있어요. (5장을 보세요.)

분노, 죄책감 수치심

수치심과 취약성

절대로 부끄러워하지 말고 살아가세요.

당신이 무엇을 했는지

혹은 무슨 말을 했는지

어딘가에 실려

세상을 돌아다녀도

심지어 그것이 진실이 아닐지라도

—리처드 바크[11]

수치심을 느낄 때 행동하는 방식 때문에 죄책감, 두려움, 거리감, 자기 비판이 더 심해질 때가 종종 있다. 우리 모두가 때로 수치심을 느낀다는 사실을 쉽게 잊어버리고, 수치심을 느끼지 않는 척하려고 애를 쓰게 된다. 그러나 우리가 수치심을 느낀다는 사실을 숨길수록, 수치심은 우리에 대해 더 큰 힘을 가지게 된다.

취약함이 이익이 되는 때가 언제인지를 알기 위해 스스로에게 물어보자. 나는 취약함을 느끼지만 그것을 드러내지 않으려고 할 때 어떻게 되나? 더 거칠고 차가워지나? 뒤로 물러나는가? 혹시 사랑을 '구매'하기 위한 행동을 하나? 누가 잘못인지 누가 옳은지 논쟁을 하나? 이런 선택들이 만족스러운가? 아니면 더 깊은 연결을 열망하나? 만약 다른 사람들과 연결되는 느낌을 누리고 싶다면, 숨기고 싶은 취

• • •

[11] Richard Bach, 『환영들, 머뭇거리는 메시아의 모험담*Illusions, The Adventures of a Reluctant Messiah*』, Dell Publishing, 1977.

약한 느낌을 있는 그대로 보여주는 것이 아주 유용하다.

다른 사람들과 접촉하면서 살아가는 것은 우리 모두에게 꼭 필요한 일이다. 타인과 깊은 연결을 맺는 일은 우리의 삶이 의미를 가지는 데 기여한다. 용기 있게 취약함을 보여주면 연결이 생겨난다. 다른 사람들도 우리를 지지할 때 자신을 인정할 수 있고 또 자신이 중요한 존재라는 경험을 할 수 있다. 실수를 해놓고 수치심을 숨기려고 애를 쓸 때, 우리는 취약성이 우리에게 선사하는 더 깊은 연결 통로를 놓치게 된다. 우리는 실수를 속으로 감출 수 있게 설계된 존재들이 아니다. 우리는 연결하도록 만들어졌고 따라서 공감은 우리에게 너무너무 중요하다. 인간으로서 생존해오는 과정에서 우리가 가진 가장 위대한 자산은 공감하고 협력하는 능력이다.

수치심과 공감을 서로 반대되는 것으로 볼 수도 있지만, 수치심의 중심에 공감으로 가는 입구가 있다고 볼 수도 있다. 우리가 얼마나 깊은 취약성을 보여줄 수 있는지가, 우리가 삶에서 공감으로 갈지 아니면 수치심으로 향할지를 결정한다. 그러므로 수치심은 공감으로 가는 길에서 장벽이 될 수도 있고, 더 깊은 공감으로 향하게 하는 초대장이 될 수도 있다.

얼마 전에 기차 시간이 얼마 남지 않아 긴장한 상태로 식당에 들어간 적이 있다. 손을 들고 웨이터를 향해 조급하게 "여기요!"라고 말했는데, 그가 강렬한 눈빛으로 쳐다보더니 내가 있는 테이블로 와서는 차갑게 말하는 것이었다.

"안 그래도 막 손님을 맞이하려고 했는데 못 보셨어요?"

내가 간절히 손을 뻗어 자기를 부른 일을 그가 고마워하지 않는다는 게 분명했다. 그의 눈길에 나는 얼어붙었고 수치심을 느꼈다. 그 사람이 자기 직업과 손님을 주의 깊게 살피는 직업 정신에 대해 얼마나 자부심이 큰지를 봤더라면 하는 마음이 컸기 때문에 수치심이 올라온 것이었다. 스트레스를 받는 상황에서도 내가 얼마나 그 사람의 욕구를 돌보려고 했는지가 뭉클하게 다가왔다.

뜨거운 섬광이 나의 몸을 훑고 지나가는 것을 느꼈을 때, 나는 수치심이 일어나고 있다는 것을 알아차렸다. 입꼬리를 올리며 뻣뻣한 미소를 짓고 있는 나를 발견하고, 수치심을 감싸 안아주어야 할 시간이 왔다는 것을 깨달았다. 그렇게 하자마자 그 사람과 나 자신에 대한 공감을 경험할 수 있었다. 그 사람의 욕구는 자기가 하는 일에서 존엄성을 경험하는 것임을 어렵지 않게 이해할 수 있었다. 그가 상황을 다루는 방식은 내 존재가 보이고 수용받는 느낌을 느끼는 데 도전이 되었다. 하지만 수치심을 통해 나 자신의 욕구와 연결되자 다시 상황을 즐길 수 있게 되었다.

수치심을 느낀다는 데 대한 수치심

> "한 소녀 앞에서 얼굴이 빨개지는 것보다는 바지가 내려진 채 붙
> 잡히는 게 낫다."
> —가브리엘(18세)

네이선슨에 따르면 수치심은 항상 즐거운 일, 기쁜 일 다음에 일어난
다. 예를 들자면 우리가 누군가와 깊은 연결감을 느끼거나 누군가의
성공을 축하할 때 말이다. 기쁨 사이로 수치심이 끼어들면서 일치, 존
중, 수용, 연결 등 충족되지 못할 것 같은 욕구들을 상기시킨다.

수치심은 우리를 멈추게 하고 무슨 일이 일어났는지 잠깐 살펴
보도록 만드는 모호한 불안감일 뿐이다. 사적인 이야기를 할 때, 잠
깐 멈추고서 이 공동체가 내 이야기를 듣고 나서도 나를 수용해줄지
아닐지를 평가한다. 뭔가 '금지된' 농담을 하지는 않았는지, '너무 크
게' 웃지는 않았는지를 자문하게 된다. 이것은 우리가 그 공동체에
맞추기를 열망하며 중요한 관계를 손상시키지 않으려고 조심하기
때문이다.

사람들이 수치심에 대해 하는 이야기를 들어보면, 그것을 어떻게
없애는지에 관한 이야기일 때가 많다. 수치심 자체가 수치스러운 것
이다. 우리는 낯을 붉히거나 안전하지 않다고 느끼는 일을 부끄러워
한다. 다른 사람들이 알면 정말로 자기한테 뭔가 잘못이 있다는 걸
들키게 될까봐, 자기가 엉터리고 뭔가 잘못됐다는 걸 보여주는 반응
은 감추려고 애를 쓴다. 얼굴이 붉어진 모습을 다른 사람들이 볼 때
더 큰 수치심을 느끼곤 한다. 스웨덴 젊은이의 33퍼센트가 얼굴이 잘

붉어지는 데 대해서 수치심을 느낀다고 한다.[12]

얼굴이 붉어지지 않게 하는 데 초점을 맞추는 것은 퓨즈 갈아 끼우기가 너무 귀찮아서 퓨즈 통을 집 밖으로 던져버리는 일과 같다. 그것은 퓨즈를 끊어뜨린 원인을 찾는 데 아무 도움도 되지 않는다. 수치심 느끼는 것을 수치스러워하면 수치심은 절대로 우리를 떠나지 않는다. 그것은 우리를 꽉 붙들고 있다가, 우리가 그로부터 벗어나려고 애쓸수록 더 세게 우리를 붙잡을 것이다. 실제로, 그것을 피하려고 애를 쓰는 과정에서, 우리는 스스로 부끄럽게 여기는 행동을 더 많이 하게 된다.

부끄러움을 느끼는 것이 나쁜 일이라고 생각하는 이유는, 그것을 우리가 약하고 잘못을 저질렀고 최고가 아니라는 증거로 여기기 때문이다. 그래서 수치심을 느낀다는 사실을 수용하고 다른 사람들과 그에 대해 이야기 나누는 일이 도전이 되는 것이다.

자기 안에서 무슨 일이 일어나고 있는지 표현할 때 수치심이라는 단어를 사용하면 너무 무겁게 느껴지기도 한다. 수치심 경험에 대해 애기를 나누어본 사람들 중 몇몇은 수치심이라는 표현 대신에 수줍다거나 당황스럽다는 말을 쓸 때, 아니면 고통스러운 일이나 취약함을 느끼는 일이라고 말할 때 수치심에 다가가기가 쉬워진다고 했다. 수치심을 느끼거나 그런 자신을 판단할 때조차 잘못된 일은 아무것도 없다. 부끄러움을 느끼기를 멈추거나 피하려고 노력해야 한다는 말이 아니다. 내가 제안하고 싶은 것은, 자기 비난이 올라올 때 그것을 신호 삼아 잠시 멈추고 자기 안에서 무슨 일이 일어나고 있는지

• • •

[12]   United Minds, 2007.

를 자각할 수 있다는 점이다. 그래야 수치심이 자신을 더 깊이 이해하도록 해주는 실마리가 될 수 있다. 수치심을 피하는 데에만 몰두하고 있으면, 우리는 통제하기 쉬운 존재가 된다. 수치심을 쉽게 느끼는 많은 사람들처럼 말이다. 수치심에 딱 달라붙어 있는 생각들에 굴복하지 않고 수치심을 기꺼이 느끼려고 하는 사람을 복종하는 인형으로 만들기는 매우 어렵다.

선천적 수치심

수치심이 선천적인가 아닌가라는 질문은 흥미롭다.[13] 하지만 수치심이라는 느낌이 선천적인지 아닌지를 아는 일 자체가 그렇게 중요한 것은 아니다. 중요한 것은 우리가 수치심을 우리 자신이나 다른 사람들에게 도움이 되는 방식으로 관리할 수 있게 되는 일이다. 나한테는 수치심에 선천적이라는 꼬리표를 붙이는 일이 가치가 있었는데, 그랬을 때 수치심을 느끼는 데 대한 수치심을 덜 느끼게 되었기 때문이다.

　한편, 수치심을 역사상 모든 사람이 공유했던 타고난 감정이라고 믿으면, 우리를 압도할 만큼 강력한 수치심을 만났을 때에도 초점을 어디에 둘지 선택하는 데 도움이 된다.

● ● ●

[13]　감정이론에서 수치심은 유일한 사회적 감정이다. 네이선슨과 다른 연구자들에 따르면, 생후 1년이면 이미 인간은 문화적 각인에 의해 수치심을 표현하는 양상이 저마다 달라진다.

우리가 타고난 수치심이라고 부르는 감정의 핵심에는 느낌과 욕구가 존재한다. 그것은 다른 사람들과 상호작용을 할 수 있게 허용해 주는 취약성을 우리에게 부여한다. 취약함을 통해 우리는 자신을 비롯한 모든 사람의 욕구에 대해 연민을 가질 수 있다. 더 나아가 우리에게는 강력한 기여의 욕구, 그리고 변화를 이끌어내고자 하는 욕구가 있다. 하지 않았더라면 좋았을 일을 하고 나서 기여에 대한 욕구가 충족되지 않았을 때에는 애도가 자연스럽게 일어난다.

수치심을 느끼는 순간에 우리는 일시적으로 다른 사람들로부터 분리되어 있는 것처럼 느낀다. 다른 사람들의 욕구가 충족되지 못했다는 것을 이해할 능력을 잃어버렸을 때 수치심이 일어난다. 우리가 사랑으로 서로를 돌볼 수 있는 다른 방법을 발견하지 못할 때 수치심이 일어나는 것이다. 우리는 수용과 존중의 가치를 일깨우기 위해, 그리고 자기 책임과 서로 돌봄 사이의 균형을 이루기 위해 수치심을 활용할 수 있다. 자각하는 힘이 커지면, 우리는 수치심을 통하지 않고도 다른 사람의 욕구에 더 민감하게 반응할 수 있게 될 것이다.

문화적 수치심

자기가 속한 사회나 가정이나 조직의 규범에 따라, 우리는 서로 다른 상황에서 수치심을 느낀다. 모든 문화에는 '모두가 수치스러워해야만 할' 어떤 일이나, 무조건 수용 불가능한 행동 같은 것들이 존재한다.

수치심을 느끼게 만드는 상황은 문화뿐 아니라 시대에 따라서도 다양하다. 모든 문화는 저마다 고유한 '수치심 저울'을 가지고 있어서, 스웨덴 예절이 일본 예절과 다르고 모로코 예절과도 다르다. 실화에 바탕을 둔 소설 『책 읽어주는 남자』에서 여주인공 한나 슈미트는 글을 읽을 줄 모른다는 수치를 받아들이느니 차라리 종신형을 택한다. 자신을 석방시켜줄 증거가 있는데도, 그것을 공개적으로 인정할 경우 감당해야 할 수치심을 그녀는 참을 수가 없었다.[14]

영화처럼 극적인 결과를 초래한 경우는 드물겠지만, 우리 중 많은 사람들이 삶에서 비슷한 방식으로 수치심을 피해왔을 것이다. 우리는 존중을 경험하기 위해 자신의 일부를 감춘다. 그런데 때때로 그것이 우리의 진정성에 대한 감각이나 삶에 대한 열정에 중대한 영향을 미친다. 인간으로서의 가치가 성취에 달려 있다고 훈련받은 경우에는 더더욱 그렇다.

벌거벗은 몸을 보는 일이 자동적으로 수치심을 느끼게 하며 해로울 수 있다는 주장들을 심리학 문헌에서 접한 적이 있다. 그렇다면 세상에서 얼마나 많은 사람들이 잠금장치가 딸린 분리된 화장실을 실제로 사용하고 있는지가 궁금해진다. 그리고 지금 우리가 살아가는 방식대로 산 세대는 과연 얼마나 될까라는 궁금증도 일어난다. 알몸으로 지내거나 몸의 일부분만 가리고 살아가는 열대지방 원주민들은, 아이들에게 수치심을 느끼게 하면서 그들의 발전 가능성에 해를 끼치고 있다는 말인가? 그게 아니라면, 혹시 규범과 어긋날 때에만

분노 죄책감 수치심

● ● ●

[14] 베른하르트 슐링크Bernhard Schlink, 『책 읽어주는 남자*The Reader*』, Orion Publishing Co, 1998. 이 책은 2008년 케이트 윈슬렛Kate Winslet과 랄프 파인즈Ralph Fiennes가 출연한 영화로 만들어졌다.

알몸이 수치스러운 것은 아닐까?

무엇이 '정상'으로 여겨져야 할지를 결정하는 것은 누구인가? 나는 벌거벗은 몸 그 자체는 수치심을 자아내지 않는다고 믿는다. 정상과 비정상을 가리는 생각을 무엇이 만들어내고 있는지 탐구해보아야 한다. 수치심을 명료하게 이해하고 싶다면, 그 차이를 아는 것이 매우 중요하다.

우리 어머니는 스웨덴 북쪽의 내륙 지방에서 태어나고 자랐다. 그녀는 1936년에 태어나 수돗물과 전기가 없는 시절에 성장했다.(오늘날에도 세계 인구의 상당수가 그렇게 살고 있다.) 그들은 구멍 세 개가 달린 야외 화장실을 썼다. 겨울날 어두울 때에는 자매들이 같이 화장실에 가곤 했다. 서로 등유 불을 밝혀주고 추위와 어둠 속에서 서로 곁을 지켜주었다. 어머니는 가끔 따뜻한 목소리로 그때를 회상하시면서, 자매들과 공유했던 그 공동체가 얼마나 소중한지 말씀하시곤 했다. 그들이 함께했던 다른 일들처럼 화장실 공간을 같이 쓰는 것도 전혀 부끄러운 일이 아니었다. 그것은 그저 그들 삶의 자연스러운 일부일 뿐이었다.

그리고 소녀 시절에 화장실 갈 때 여자끼리 같이 가본 적이 없는 사람이 얼마나 될까? 우리는 깔깔거리며 수다를 떨면서 그러는 사이에 생성되는 연결을 자연스럽게 축하한다. 여기에 수치스러움이란 하나도 없다.

약속 시간을 지키는 일의 중요성도 문화마다 다르다. 스웨덴에서는 약속 시간보다 2분 늦게 도착하는 것조차 부끄러운 일이다. 그러나 다른 많은 나라들에서는 30분 '늦게' 도착해도 조금도 수치심을 느끼지 않는다. 열여덟 살 때 이스라엘 키부츠에서 자원봉사 활동을 하면서 나는 이 사실을 처음 접했다. 어느 날 방을 같이 쓰던 한 핀란드 소녀와 내가 30분 늦게 도착한 적이 있었다. 우리는 그 전날에, 맡은 일을 하러 아침 6시까지 오라는 요청을 받은 터였다. 다음 날 아침에 눈을 떴는데, 시간에 맞추려면 시간이 조금밖에 남아 있지 않았다. 한 줄기의 수치심이 나를 덮쳤고, 나는 바로 쏜살같이 일어나 핀란드 친구에게 서둘러야 한다고 말했다. 우리 늦겠어!

그녀도 꼭 나처럼 당황스러웠을 터이다. 한마디도 하지 않고 옷을 걸쳐 입더니 갈 준비를 마쳤다. 우리는 동터오는 흐린 빛 속에서 길을 더듬으며 달려갔다. 다행히 약속 장소에 이삼 분 전에 도착했다. 아직 깜깜했고 다른 사람은 아무도 없었다. 문도 잠겨 있었다. 우리 두 사람은 혼란스러워서 잠시 선 채로 그냥 서로를 바라보기만 했다. 6시 10분이 되자 감독관이 자전거를 타고 도착해서 간단한 아침 인사를 하더니 문을 열었다. 6시 30분이 되자 일꾼들이 모여들더니 앉아서 커피를 마시며 수다를 떨었다. 6시까지 거기에 도착하지 않은 일에 대해서 부끄러워하는 사람은 아무도 없는 것처럼 보였다. 처음에는 내 안에서 판단이 끓어오르더니, 잠시 후 놀라움으로 변하는 게 느껴졌다. 짜증이 가라앉자, 나는 삶에 대해서 그리고 살아가는 서로 다른 방식에 대해서 배울 것이 많다는 사실을 깨달았다.

혐오감과 불쾌감

감정이론Affect Theory에 따르면 인간에게는 9가지 서로 다른 감정이 있다. 기쁨, 놀람, 분노, 두려움, 슬픔, 수치심, 불쾌감(나쁜 냄새에 대한 반응), 혐오감, 호기심.

감정이란 "몸에 영향을 미치는 측정 가능한 신체적 반응들"이라고 말할 수 있다.[15]

혈액의 흐름이 증가하거나 감소하고 호흡의 리듬이 변화하며 서로 다른 화학물질들이 방출된다. 감정은 우리로 하여금 자신의 욕구를 충족하도록 동기를 부여한다. 감정의 목적은 개체에 대한 자극을 강화해서 기분이 좋아지는 행동은 반복하게 하고 기분이 나빠지는 행동은 피하게 하는 것이다. 우리가 자각하지 못하는 순간에도 감정은 우리 몸에서 일어나고 있다.

냄새와 맛에 대한 불쾌감이라는 감정은 우리가 인간으로 발전하는 데에서 중요한 역할을 해왔다. 두 가지 감정이 모두 우리가 독을 피하는 데 도움이 되었다. 이 감정들은 매우 강렬해서 구역질 나는 맛에 대한 기억이 식욕에 부정적인 영향을 미칠 수 있다. 어린아이들에게 불쾌감과 혐오감은 생물학적 보호 장치여서, 맛이나 냄새가 나쁘면 뱉어버리게 된다.

성인이 되면 멀리하고 싶은 사람과의 관계에서 혐오감을 느낄 수 있다. 이런 역겨움은 종종 그 사람에 대한 편견과 섞인다. 다른 사람에 대한 판단은 우리로 하여금 그 사람이 필요로 하거나 원하는 것과 연결하는 일을 꺼리게 만든다. 그래서 되도록 그 사람을 피하게 한다. 이를테면 이런 식으로 말하거나 생각하는 것이다.

• • •

15 http://en.wikipedia.org/wiki/Affect_theory, 100202

그녀의 행동에 구역질이 날 것 같아. 혹은 그는 역겨워.

혐오감과 불쾌감은 자주 수치심이라는 느낌과 뒤섞인다. 그러면 경험이 확대되는 경향이 있어서, 아주 조금만 수치심이 차올라도 큰 고통을 경험하게 된다. 우리는 수치심에 붙잡히지 않으려고 별짓을 다 하는데, 신경질적으로 웃거나 입꼬리를 올려 싸늘한 미소를 짓거나 수치심을 '비웃음' 속에 숨기는 행동들을 한다.

수치심 자체는 그렇게 불편하지 않다. 어떤 비용을 치르더라도 없애고 싶을 만큼 수치심이 불편해지는 순간은 그것이 불쾌감이나 혐오감과 섞일 때이다. 이렇게 섞이지 않으면 수치심이 다른 감정보다 더 불쾌해지는 않을 것이다.

분노 죄책감 수치심

시간이 흘러도 수치심은 남는다

수치심을 다룰 줄 모르면 수십 년 동안 그것이 우리에게 남아 있을 수 있다. 요즈음에 어린 시절의 일화가 떠올라 계속해서 큰 수치심을 느끼는 일이 있다. 35년도 더 전에 사탕을 훔치다가 점원에게 붙잡힌 적이 있었는데, 그때 느꼈던 수치심을 지금도 느낄 수가 있다. 여전히 배가 당기는 느낌이 있고, 얼굴이 붉어지려고 하고, 그 이야기를 할 때면 다른 사람과 눈이 마주칠까봐 피하게 된다.

여덟 살 때 종아리까지 올라오는 레이스가 달린 샌들을 샀다. 그걸 신으면 성숙해 보이는 것 같아서 그 신발이 자랑스러웠다. 그런데

종종 레이스가 미끄러져 내려 발목에 얽혀 있곤 했는데, 지금 생각해
보면 그 모습이 꽤나 재밌었을 것 같다. 하지만 우리 집 근처에 있던
가게 바로 앞에서 신발이 정말 그렇게 됐을 때에는 전혀 재미있지 않
았다. 나보다 나이 많은 몇몇 아이들이 그걸 보고는 손가락질하며 나
를 놀려댔다. 너무 부끄러워서, 지금도 그 일을 생각하면 몸에서 약간
불편함이 느껴진다.

지저분함에서 오는 수치심

집에 예상치 않은 손님이 찾아오는 일은 스웨덴 사람들이 수치심을
느끼는 상황 가운데 최상위로 꼽는 반갑지 않은 상황이다. 스웨덴의
최근 조사에 따르면, 조사 대상 스웨덴 여성의 56% 그리고 남성의
42%가 그런 상황에서 수치심을 느낄 것이라고 대답했다. 조사 대상
자 전체의 49%에 해당하는 수치이다.[16]

나는 부주의하다는 소리를 자주 듣는다. 청소는 내가 좋아하는
취미가 아니다. 누군가가 집에 왔는데 집이 깨끗하지 않을 때 종종 나
는 수치심을 느낀다. 그럴 때에는 다음과 같은 이상한 대화가 오간다.

"집이 지저분하지? 우리 집은 늘 이래." 내가 변명하듯이 말한다.
"나, 청소하러 온 거 아냐." 상대방이 쾌활하게 대답한다.

● ● ●

[16]   United Minds, 2007.

다른 사람 집을 방문했는데 그 사람이 비슷한 변명을 하면, 이런 말이 입 밖으로 튀어나오려고 한다.

"꼭 우리 집 같아!"

이런 대화는 농담처럼 이루어져도 긴장이 되고 약간 불편하다. 두 경우 모두 대화의 목적은 상대편이 수치심을 그만 느끼고 긴장을 풀 수 있게 하려는 데 있다. 이런 상황에서 수치심은 어렴풋하나마 눈에 띈다. 입에 걸린 어색한 미소, 그리고 걱정스러워하는 눈빛에서 수치심을 볼 수 있다. 경직된 웃음과 건방진 말투에서 수치심을 들을 수 있다.

지저분한 집에 대해 수치심을 더 느낄수록, 규칙적으로 집을 청소할 가능성은 그만큼 적어진다. 스스로 자유롭다고 생각되지 않을 때, 우리는 뻔뻔스럽게 반항하게 된다.

"내 마음대로 어질러도 돼. 내 집이잖아!"

수치심에 차서 누군가를 비난하는 일은 결코 생산적이지 않다. 자기 자신을 비난할 때조차 그렇고, 청소 문제조차도 그렇다.

수치심은 배움을 가로막는다

"수치심은 일종의 자기혐오이다. 수치심에 반응해서 취하는 행동은 자유롭고 즐거운 행동이 아니다. 더 친절하고 세심하게 행동하려는 의도에서 나왔다고 하더라도 말이다. 그 행동이 삶에 기여하려는 순수한 인간적 욕망이 아니라 수치심이나 죄책감에 의해 동기부여 되었다는 낌새를 감지하면, 사람들은 우리가 한 일에 대해 감사하려고 하지 않는다."
—마셜 로젠버그[17]

수치심을 느낄 때, 우리는 명료하게 사고하기 어렵다. 수치심은 우리를 얼어붙게 만드는 일종의 인지 충격이다. 그것은 어떻게 우리 자신과 다른 사람의 욕구를 충족할 수 있는지 모르기 때문에 일어난다. 따라서 수치심을 느끼는 것은 무언가를 배우거나 중요한 결정을 내리기에는 최악의 상태일 수 있다. 부끄러움을 느낄 때에는 우리가 한일을 돌아보거나 일어난 일로부터 무언가를 배우는 데 집중하기 어렵다. 그런 순간에 우리의 주의는 어떻게든 불편한 감정에서 벗어나야 한다는 데 초점이 맞추어진다.

따라서 수치심을 유발하는 것은 자기가 한 행동이 다른 사람에게 미친 영향을 이해하고 새로운 행동을 배우도록 하는 효율적인 방법이 아니다. 다시 수치심을 느끼면 어쩌나 하는 불안이 더 깊이 몰두하고 싶은 마음을 제약한다. 수치심은 우리를 능동적이기보다는 수동적으로 만들기 때문에, 수치심을 느낄 때에는 집중하기가 어렵다. 따

17 마셜 로젠버그, 『비폭력대화: 삶의 언어』

라서 수치심을 자극하고 강화하는 조직이나 학교에서는 배움이 일어나는 과정을 실행하고 중요한 변화를 이끌어내기 어렵다. 결국은 그런 상황을 지속할 수 없는 때가 찾아온다.

가끔 변화를 거부하는 사람들 때문에 좌절한 조직들이 나에게 컨설팅을 의뢰해 온다. 상황을 깊이 들여다보면, 변화하려는 자발성이 떨어지는 조직에는 늘 처벌과 수치심에 대한 두려움, 그리고 죄책감을 유발하는 소통이 도사리고 있다. 사람들이 변화에 자발적으로 참여하려면, 변화함으로써 더 많은 욕구가 충족될 수 있는 기회가 생긴다는 점을 알아야 한다. 변화는 자발적으로만 일어날 수 있다.

사람들이 일단 죄책감이나 수치심을 느끼면 그 감정들은 누군가가 그러지 말라고 격려한다고 가라앉지 않는다. 그 감정들이 일으키는 반응들을 인식하고 욕구를 바탕으로 의식적인 선택을 하는 법을 배우면 이 감정들을 더 효율적으로 다룰 수 있다. 다른 사람에게 부끄러워하지 말라고 말하는 대신에, 그들이 수치심이나 죄책감을 느낀다는 사실을 수용해줄 수 있다. 그러면 그 사람들은 자신이 느끼는 그 감정을, 자신이나 다른 사람의 욕구로부터 단절되어 있지 않다는 아름다운 신호로 바라볼 수 있게 된다. 이렇게 물어볼 수 있다.

"아, 좀 더 존중받는다고 느낄 수 있는 방식으로 다른 사람들을 도울 수 있기를 바란다는 말씀이지요?"

혹은

"모든 사람의 욕구를 보살피는 방식으로 행동할 방법을 찾고 싶기

때문에 슬픔을 느끼시나요?"

다음과 같이 생각할 때 우리에게는 자신이 한 실수로부터 배울 수 있는 더 큰 잠재력이 생긴다.

'모든 사람은 실수할 때가 있다. 내가 한 실수에 대해 수치심이 든다. 그리고 그 일을 애도하며 그로부터 무언가를 배우고 싶다. 수치심은 자신이나 다른 사람의 욕구와 연결할 시간이 되었다는 신호이다.'

어린 시절의 수치심

맞을 때(아동 폭력이라고 일컫는 상황) 제일 고통스러운 일은 맞는 것 자체가 아니다. 내가 가장 큰 위협과 모욕을 느낀 때는 "진정할" 때까지 침대에서 나오지 말라는 말을 들었을 때였다. 내가 흥분해서 재미있게 놀면서 시끄럽게 떠들어댈 때면 어김없이 볼기짝을 얻어맞는 일이 생기곤 했다. 엄마가 스트레스를 받는데 내가 엄마 말을 듣지 않으면, 결국은 그 상황이 엄마를 어쩔 줄 모르게 압도해버렸기 때문이다.

수치심을 이용해서 체벌과 그 밖의 처벌을 가하는 일은 1990년대까지 스웨덴에서 아이를 양육하는 보편적인 방식이었다. 학교에서는 아이들이 부끄러움을 느끼도록 구석에 세워두거나, 수치심 고깔을 씌우거나, 자로 때리거나, 엉덩이를 때리는 방법을 사용했다. 스웨덴은 1979년에 최초로 체벌을 금지하는 법을 만들었고, 이후에 많은 국가들이 이를 따랐다. 아이들이 체벌이나 모욕을 받는 데에서 얻을 수 있는 유익함이 있다는 증거는 없다. 더 사려 깊어지거나 타인의 욕구에 더 주의를 기울이게 된다고 볼 수 없다.

어른이 되면 자신의 타고난 느낌과 욕구에 대해 수치심을 느낄 수 있다. 어릴 때 충분히 지지받지 못하고 자기 일은 자기가 처리해야 한다고 배웠기 때문에, 도와달라고 요청하는 것이 취약함의 극치로 느껴질 수 있다. 모든 사람이 가진 욕구를 충족하려는 부탁을 할 때에도 수치심을 느끼는 사람이 많다.

언젠가 무슨 말을 꺼내놓고는 '아, 내가 후회할 말을 했구나.' 하고 즉시 알아차린 일이 있다. 고급 식당에 가는 길이었는데, 세 살 된 아들이 옷을 하나도 걸치지 않고 있었다. 무더운 여름이어서 하루 종일 벗고 지냈던 아들은 옷을 입는 게 왜 중요한지를 도통 이해하지 못했다. 옷을 입히려고 다양한 방법으로 아들을 설득하다가 내가 이런 말을 해버린 것이었다.

"다른 사람들이 다 옷을 입고 있잖아. 그러니까……"

나는 그 문장을 다 끝맺지 않고 멈추었다. 십 대 아이를 키우고 있던 친구들한테 들었던 말이 떠올랐기 때문이다. 머릿속에서 부모들의 짜증스러운 목소리가 메아리치고 있었다. 십 대 자녀들이 자신을 정당화하기 위해 늘 하는 말.

"다른 아이들은 다……"

부모들은 이런 말들을 이어갔다.

"우리 아들은 친구들이 다 11시까지 밖에 있을 수 있다고 우기면서 아무 책임도 안 지려고 해요."

혹은

"다른 애들이 다 갖고 있다는 이유만으로 그렇게 비싼 신발을 사는 건 어리석은 짓이에요. 게다가 다른 애들이 다 갖고 있다는 말도 사실이 아니고요."

혹은

"우리 딸은 그냥 다른 애들이 하는 것처럼 했을 뿐이라고 주장하면서 아무 벌도 안 받고 지나갈 수 있다고 생각해요."

부모와 아이가 서로 다른 주제로 논쟁을 벌이면서 똑같은 주장을 할 때가 있다. 내가 하려던 방식으로 아이를 동기부여 하는 친구들 얘기를 수도 없이 들어봤다. 아이들이 어릴 때 "다른 사람도 다 하니까……" 너도 꼭 해야 한다고 말하던 부모들은, 나중에 아이들이 십대가 되면 똑같은 방식으로 복수를 당한다.

　아들이 옷을 안 입는 상황에서 자극을 받은 것은 내가 수치심을 피하고 싶었기 때문이라는 사실을 깨달았다. 아들이 벌거벗고 돌아다니면 사람들이 나를 어떻게 생각할까! 피하려고 했던 게 나 자신

의 수치심이라는 사실을 알아차리자, 나는 반드시 옷을 입어야 한다
는 강요를 내려놓을 수 있었다. 그러자 내가 아이의 선택에 의해 어떤
영향을 받는지를 말하고 듣는 일이 쉬워졌다. 나는 아들에게 옷을 안
입고 식당에 가는 걸 생각하면 부끄럽다고 말해주었다. 그리고 다른
사람들이 편하게 저녁 식사를 할 수 있을지도 걱정된다고 이야기해
주었다. 갑작스럽게 아들이 흔쾌히 얇은 옷을 입겠다고 마음을 바꿔
주었다. 놀라운 일이었다.

십 대의 수치심

"너는 너밖에 생각할 줄 몰라!"
"그렇게 이기적으로 굴지 마!"
"넌 부끄러운 줄 알아야 해!"
"정말로 이 정도면 충분하다고 생각하는 거야?"

이 말들은 내가 어린 시절에 종종 듣던 것들인데, 모두 수치심과 죄책
감으로 가득 차 있다. 현대식 육아 프로그램에 나오는 '타임-아웃' 장
소가 따로 있는 건 아니었지만[18], 이런 말들을 들으면 마치 내가 커다
란 '타임-아웃' 공간에서 자라고 있는 것 같은 느낌이 들었다.

● ● ●

[18]　아동 양육 TV 프로그램으로, 수치심 코너, 수치심 카펫 등 아이들에게 잘못을 저질
렀음을 보여주는 장치들을 종종 사용한다.

나는 젊은 시절 8년 넘게 섭식 장애와 씨름하느라 애를 먹었다. 그리고 이 책을 쓰기 위해 조사를 해보기 전에는, 굶주리거나 강박적으로 먹거나 하는 사이를 오갈 때 내가 얼마나 큰 수치심을 느꼈는지를 깨닫지 못했다. 나는 내 몸이 수치스러웠고, 그 수치심에서 벗어나기 위해 먹었다. 그리고 토를 하고, 그 사실이 부끄러워서 다시 토했다. 끝없이 돌고도는 회전목마를 탄 듯했다. 어른들이 그런 나를 대하는 방식 때문에 상황에 대처하기가 더 힘들었다. 나에게 가장 필요한 것은 누군가가 내 이야기를 들어주는 일이었다. 노르웨이 심리 치료사이자 정신과 의사인 핀 스코르데루드는 섭식 장애나 중독 등을 비롯한 자기 파괴적인 행동을 "수치심 기반 증후군"이라고 불렀다.[19] 그는 수치심이 섭식 장애의 자극제이자 결과라고 보았는데, 내 경험에 비추어보더라도 맞는 말이다.

만날 때마다 내가 살이 쪘는지 빠졌는지 지적하던 친척이 한 명 있었다. 십 대 시절 이삼 분만 함께 지내면 무슨 수를 써서라도 그 집에 가지 말았어야 했다는 압박감이 몰려왔다. 그 친척 식구들을 많이 좋아했지만 말이다. 그가 나를 쳐다보며 "너 약간 통통해졌네."라고 말할 때 느껴지는 수치심을 떠올리면 정말 참을 수가 없었다.

현실이 그 사람 말과 정반대일 때에도 나는 대답할 말을 찾지 못했다. 스트레스가 내 입을 틀어막기에 충분히 컸다. 나는 부모님이 강요할 때에만 그 집에 갔다. 그리고 수치심이 너무 컸기 때문에, 아무한테도 이 일이 나한테 어떤지 말하지 않았다. 나는 부모님이 체중을 강조하는 그 친척의 태도에 문제를 제기해주기를 정말 바랐다. 그랬

• • •

[19] Finn Skårderud, *Oro*, Natur & Kultur, 2002.

다면 내가 내 몸에 대해 가졌던 생각들을 그렇게까지 붙들고 있지 않았을지도 모른다. 그 집에 가는 걸 그토록 참을 수 없는 일로 만들었던 그 생각들에서 벗어날 수 있었을지도 모르겠다.

십 대 시절에는 몸에 큰 변화가 있기 때문에 수치심이 찾아오기 쉽다. 십 대들의 문화에서는 자신이 어떻게 보이는지가 가장 자주 그리고 가장 중대한 문제로 화제에 오른다. 나에게는 세 명의 십 대 자매가 있었는데, 욕실 거울 앞을 서로 차지하려고 다투던 일이 기억난다. 외모를 완벽히 치장하지 않은 채 학교에 가는 일은 괜찮은 일이 아니었다. 나는 늘 누군가가 나를 지켜보는 것처럼 느꼈다. 하루는 언니가 내 앞머리를 너무 짧게 잘라서, 머리가 자랄 때까지 집에만 있기로 결심한 적이 있었다. 부모님이 강제로 학교에 보내셨는데, 나는 지금도 그 순간을 가장 힘든 순간으로 기억하고 있다.

수치심에 지배당하는 가족의 가장 중요한 특징은, 가족 안에서 일어난 일에 대해 가족이 아닌 사람에게는 이야기하지 않으려 한다는 점이다. 굶었다가 강박적으로 먹는 내 습관을 가족 바깥에 있는 누군가에게 말하기까지 8년의 세월이 걸렸다. 그때까지는 그 사실을 내 안에만 가지고 다녔다. 거식증과 신경성 식욕항진증을 극복하기 시작한 것은 수치심에서 분노로 옮아간 다음부터였다. 오랜 세월 화를 내지 않고 지내던 내가 갑자기 작은 일에도 화가 나기 시작했다. 발작적인 분노 때문에 기절하는 일까지 생겼다. 그제야 나는 진심으로 내 이야기를 들어주는 누군가의 지원이 필요하다는 것을 깨달았다.

그건 내가 꾼 꿈 중에서 가장 소름 끼치는 꿈이다.

나는 열여섯 살이었고, 한쪽에는 솔기가 있고 다른 쪽에는 솔기가 없는 스타킹을 신고 학교에 갔다.

꿈에서 나는 처음에는 똑바로 자랑스럽게 걸어갔다.

누군가가 속삭이는 소리가 들렸다. "봤어?"

점점 더 크게 킬킬거리고 고함을 질러대는 소리가 머릿속에서 메아리

쳤다.

심장은 크게 쿵쾅거리고 피부가 붉게 상기되면서 뜨뜻해졌다.

나는 종종걸음을 치며 길고긴 복도를 걸어갔다.

소년 소녀들이 독설을 퍼부어대는 커다란 소음이 따라왔다.

나는 달아나 벗어날 수 있기만을 바랐다. 땅으로 꺼지든, 녹아 없어지든.

다시는 어떤 사람도 보고 싶지 않았다, 절대로.

그것만이 수치심으로부터 벗어날 수 있는 유일한 탈출구처럼 보였다.

한쪽에는 솔기가 있고 다른 쪽에는 솔기가 없는 스타킹을 신고 학교에

간 열여섯 살 누군가에게는 그랬다.

—카타리나 호프만Katarina Hoffmann

양육에서 수치심의 자리

아이들은 취약하기 때문에 모욕감을 느낄 때 너무나 고통스럽게 안
전하지 않다는 느낌을 경험한다. 한 집단의 일부로 느껴지지 않는 경
험, 있는 그대로 받아들여지지 않는 경험이 어린 아이들에게는 정말
로 힘들다.

　아들이 네 살이었을 때, 여느 아이들처럼 다른 사람이 자기를 비

웃는 상황에 잘 대처하지 못했다. 누가 자기를 놀리면서 재미있어하는 낌새라도 보이면, 금세 우울해져서는 먹구름이 잔뜩 낀 기분이 되곤 했다. 존중과 공동체에 대한 욕구가 충족되지 않을 때, 안테나가 완벽하게 작동해서 즉각적인 반응을 하는 것이다. 이럴 때 "진심이 아닐 거야." 혹은 "그냥 농담한 거야."라고 반응하는 대신에, 그 상황에서 아이들이 자신의 욕구와 연결되도록 도와줄 수 있다.

나는 "존중받고 싶은데 지금 그게 어려워?" 같은 말을 해주곤 했다. 이 말이 '어른' 말처럼 들릴 수 있지만, 아들은 자기를 존중하기를 원하는 내 마음을 확실하게 이해하는 것처럼 보였다. 그 애는 나를 쳐다보면서 고개를 끄덕이고는, 아무 일도 없었다는 듯이 다시 놀았다. 아들이 자신의 반응을 숨기려 하지 않았기 때문에, 쉽게 그 애가 자신에 대한 존중감을 되찾도록 지지해줄 수 있었다. 많은 아이들이 커가면서 창피할 때나 불만족스러울 때 그 사실을 숨기는 법을 배운다. 그러면 그들이 지지를 필요로 할 때가 언제인지 알아차리기가 점점 더 어려워질 수 있다.

아이들에게 수치심을 주거나 비난하는 양육 방식은 장기적으로 이득이 없다는 사실을 말해주는 증거들이 많이 있다. 그 반면에 되풀이해서 수치심을 심어주면 전 생애에 걸쳐 흔적을 남기며, 악몽 같은 성향이 형성된다는 증거들이 있다. 미국 청소년이 열 살에 겪은 수치심 주기 양육과 약물 사용, 십 대 학업 포기, 범죄의 관련성을 보여주는 연구를 보라.[20]

● ● ●

[20] 도널드 네이선슨, 『수치심과 자부심』

훔치는 게 잘못인 이유
〰〰〰〰〰〰

"훔치는 게 나쁜 거야?
"그럼!"
"왜?"

우리는 서로 다른 여러 전제들에 기대거나 아니면 이른바 도덕 발달
에 근거해서, 어떤 행동이 옳거나 그르다고 말할 수 있다.[21] 나는 무
엇이 옳거나 그른가보다는, 왜 우리가 그렇게 여기는지에 관심이 있
다. 훔치는 행동이 틀렸다고 말하는 이유 몇 가지를 탐색해보자. 앞의
세 가지 예에서 수치심과 죄책감이 동기로 작용하고 있다.

법으로 금지되어 있다.
훔치는 일이 잘못이라고 말하는 동기는 우리가 법을 따라야 한다는
데 있다. 누군가가 법을 위반한다면, 아마도 나는 화가 나서 그들이
벌을 받아야 한다고 생각할 것이다. 내가 금지된 행동을 한다면, 나는
수치심이나 죄책감을 느낄 것이다.

다른 사람이 보면 나는 벌을 받을 것이다.
여기서 동기는 벌을 피하는 것이다. 내가 도둑질을 해서 그것 때문에
벌을 받는다면, 나는 나를 처벌한 사람들에게 분노할 것이다. 그리고
기회가 생긴다면, 나는 그들에게 복수를 할 것이다.

● ● ●

시

4장 | 수치심 탐험

다른 사람들이 나를 좋아하지 않을 것이다.

여기에서 동기는 다른 사람들이 나를 좋아하게 하는 것, 즉 '사랑을 사는 것'이다. 금지된 행동을 하다가 붙잡힌다면, 나는 수치심이나 죄책감을 느낄 것이다.

다른 사람에게 해를 끼칠지도 모른다.

나는 상호 존중과 배려가 중요하기 때문에, 다른 사람을 해칠지도 모르는 행동을 피한다. 내가 한 행동으로 인해 다른 사람이 해를 입었다면, 나는 자신과 그들을 동시에 지지할 수 있는 방법을 찾지 못한데 대해서 애도한다. 그리고 손상을 회복할 수 있는 행동을 한다.

수치심과 명예

<hr>

> 벽장 속으로 다시 들어가! 너는 가치가 없어. 네 나이가 잘못되었어. 눈 색깔도 틀려먹었어. 머리카락 색깔도 피부 색깔도 잘못됐어. 성적 취향도 종교적 선호도 낯설어. 적응하든가 아니면 영원히 숨어 있어. 벽장 속으로 다시 들어가!
>
> —엘렌 라르손Ellen Larsson

우리가 관행을 이루는 규범에 도전할 때, 수치심이라는 느낌이 다가온다. 남자나 여자가 어때야 한다는 규범이든, 젊거나 나이 든 사람들이 어떻게 행동해야 한다는 규범이든, 누군가가 규범에서 벗어나는 순간 수치심이 스멀스멀 다가온다.

명예에 관한 폭력은 개인의 행동이 가족이나 집단 전체에 수치심을 일으킬 수 있는 문화와 연관되어 있다. 어떤 행동이나 선택은 금기이며, 금기를 어기면 결국은 폭력이나 죽음, 또는 집단에서 추방되는 것으로 끝이 난다. 스웨덴에서 있었던 <명예 폭력: 남 이야기라고?>라는 전시는 이런 일이 지배에 기초를 둔 모든 문화에서, 다시 말해 거의 모든 현대 사회에서 일어나고 있음을 아주 충격적인 방식으로 보여주었다.[22]

전시는 실제 상황을 보여주었는데. 처음에는 그 상황이 어느 문화, 종교, 지리적 영역에서 일어났는지가 분명하지 않았다. 이 이야기 중 하나는 결국 경찰에 가서 수년간 자신을 학대한 남편이자 아이 아버지를 고발한 한 여성의 이야기를 그리고 있다. 그 일이 있고 나서 그녀의 원 가족들은 그녀에게 협박 편지를 보내기 시작했다. 남편에게 돌아가기로 약속하지 않는 한 그녀가 집으로 돌아오는 일은 허용되지 않으리라는 내용이었다. 가족들은 그녀가 고소를 유지하면 가족을 수치스럽게 만들 거라는 이유로 이 강요를 정당화했다. 그들은 그녀가 남편에게 되돌아가지 않는 한 다시는 그녀를 보고 싶지 않다며 그녀를 몰아세웠다. 서구의 시선으로 전시를 본 사람들은 이런 일이 '스웨덴 가족'의 이야기인 적은 한 번도 없었다고 가정했을지 모른다. 그러나 그 이야기 마지막에 가서 이 일이 완벽하게 스웨덴 가족의 이야기였음이 드러났다.

● ● ●

[22]　전시 <명예 폭력: 남 이야기라고?*Hedersrelaterat våld—en fråga för de andra?*>, Piteå museum, 4 Okt,-22 Nov. 2008.

누군가가 한 집단이나 사회의 규범을 위반하거나 넘어서자마자, 그 규범이 무엇이든 그 일은 알려지게 마련이다. 일어난 일이 종종 부정되기도 하고, 회의나 의심 어린 눈초리를 받기도 하며, 심지어 혐오감 어린 시선을 받기까지 한다. 앞 이야기에서 자신의 가족에게 거부당하는 그 여성처럼. 한편, 다른 사람들에게는 같은 행동이 축하할 일이 될 수도 있다. 예컨대 여성 운동 그룹은 그녀의 행동이 다른 여성들에게 영감과 용기를 주는 행동이라면서 그 용기에 박수를 보낼 것이다.

때로 우리는 사회도덕을 너무나 깊이 자신의 정체성으로 통합해버려서, 좋든 싫든 그것을 우리가 무엇을 할 수 있고 무엇을 할 수 없는지에 대한 제한선으로 간주한다. 한 친구가 슬퍼하며 자기 부인이 이혼을 원한다는 이야기를 털어놓은 적이 있다. 그는 한참 이야기를 하면서 점점 더 크게 울더니 이렇게 외쳤다.

"내가 할 수 있는 일이 아무것도 없어요. 그녀의 새 파트너를 두들겨 팰 수조차 없어요. 여자거든요."

부인이 그를 떠나기로 결심한 것은 다른 남자 때문이 아니라 다른 여자 때문이었다. 그는 경쟁자를 두들겨 패줌으로써 자신의 명예를 되찾을 수 있으리라는 관념을 가지고 있었다. 그런데 상상을 초월해 자신의 규범 체계를 완전히 깨뜨려버리는 상황에 처하자, 강한 절망감에 빠질 수밖에 없었던 것이다.

다른 사람의 수치심 떠안기

때로는 다른 사람이 한 일에 대한 수치심이 우리 안으로 들어오기도 한다. 성폭력이나 학대를 받은 여성들이 자신들이 당한 행동에 대해 수치심을 느낄 때가 종종 있다. 그런 사람들 중 일부는 일어난 일을 비밀에 부치고 싶어 하는 반응을 보이기도 한다.

이 책을 쓰기 전에 <그녀는 왜 그를 떠나지 않나?>라는 강의를 들은 적이 있다. 이 강의는 많은 사람들은 상상할 수조차 없는 갖가지 이유로 학대당하는 관계에 머무르는 여성들에 관한 것이었다. 물론 이 문제에 관한 단순한 정답은 없다. 그렇지만 나는 이 문제에서 사회 규범이 주요한 역할을 하고 있다는 확신을 가지게 되었다. 수치심을 감당하면서 정상으로 간주되는 선을 넘어서는 일은 하나의 큰 도약이다. 학대받는 여성은 자신을 때린 사람을 떠날 힘이 있어야 할 뿐 아니라, 자기 아이들의 아버지이자 여전히 사랑하고 있는지도 모르는 사람을 떠나야 한다. 낭만적 관계와 핵가족은 우리 문화 안에서 보편적 꿈으로 자리 잡고 있으며, 많은 사람들이 그것을 정상적인 삶의 방식으로 간주한다. 그녀가 그를 떠난다면, 수치심이 늘 따라다닐지도 모른다. 그녀가 규범을 위반했다는 사실이 그녀가 관계 안에서 살아갈 능력이 없는 사람이라는 것을 보여주는 일이 된다. 그녀가 학대받은 사람인데도 학대와 관련된 수많은 수치심을 그녀가 떠안게 되는 것이다.

앙네타 셰딘은 자전적 소설 『어떤 여자의 여행 이야기』에서 주인공이 성폭력을 당했던 기억을 직면하는 과정을 그리고 있다.[23] 그녀는 성폭력을 당하는 와중에도 혹시 친구들 중 누군가가 들어와 자신을 보게 될까봐 걱정을 하는 내적 과정을 묘사한다. 이 책을 읽으면서 나도 인도 여행 중에 있었던 일이 떠올랐다. 나는 피습을 당해 성폭력을 당할 위기에 처했다. 가까스로 두 남자의 손아귀에서 빠져나올 수 있었지만, 다시 안전해졌을 때 친구들에게 무슨 일이 있었는지 말하기를 망설였던 기억이 있다. '어쩌면 그렇게 어리석을 수가 있어.', '그건 내 잘못이야.'라는 생각과 함께 수치심이 다가왔다. 다행히도 나는 이런 생각이 언젠가 보고서에서 읽은 적이 있는 매 맞는 여성들의 죄책감과 같은 생각이라는 걸 알아차렸다. 그러자 충격적인 상태에서도 나를 지지하는 몇몇 친구들을 찾아갈 수 있었다.

수치심의 깊은 곳들을 탐사하기 시작했을 때 비로소 나는 열여덟 살 때 내가 실제로 성폭력을 당했다는 사실을 깨달았다. 25년이 넘게 나는 그 기억을 차단하고 있었던 것이다. 나는 그 남자에게 매력을 느꼈다. 그렇지만 가까운 사이가 되자, 내가 그 남자와의 성관계를 원하지 않는다는 사실이 분명해졌다. 그에게 그 사실을 알렸을 때, 멈출 준비가 되어있지 않던 그가 나를 강간했다. 누군가에게 성폭력을 당했다고 말하는 수치심을 감당하기보다, 그런 일을 겪고도 아무렇지 않은 척하는 게 낫다고 믿었다는 사실을 20년이 넘어서야 깨달은 것이다. 눈물이 홍수처럼 흘러내렸다. 불행히도 이런 종류의 비밀을 혼자서만 간직하는 사람이 비단 나 혼자만은 아니다.

어떤 사람이 자신의 수치심에 관해 이야기할 때, 그 말을 듣는 사

분노 죄책감 수치심

● ● ●

23 Agneta Sjödin, *En kvinnas resa*, Bazar förlag, 2007.

람 역시 수치심을 느끼면서도 자기도 그렇다고 말하지 않는 일이 자주 일어난다. 수치심이라는 느낌은 전염성이 있기 때문에, 그 사람이 부끄러움을 느낄 때 우리도 수치심을 느끼게 되는 것이다.

지인인 한 여성으로부터 자신의 남편을 폭행죄로 고소했다는 이야기를 처음 들었을 때, 나는 의자에 앉아 고통스러워 몸서리치면서 그 얘기를 들었었다. 무슨 말을 해야 하지? 내가 뭘 해야 하나? 내가 가장 원했던 일은 그 상황을 피해 도망 나오는 일이었다. 내 머릿속에 맴도는 생각을 입 밖으로 표현하지 않는 게 좋다는 것도 알아차렸다. 그건 이런 생각이었다.

'하지만 그게 정말 불가피한 일이었나요?'
'일을 꼭 그렇게 공식적으로 처리해야 하나요?'

내가 당혹스러움을 느낀 건 그녀의 남편이 한 행동 때문이 아니라 나 자신과 내가 한 생각 때문이었다. 그 남자가 한 행동에 대해 분노가 치밀어 오른 건 시간이 한참 지난 후였다.

섹스와 수치심

섹스에 대해 말하기가 부담스러운 것은 그 밑바탕에 취약성이 있고, 따라서 어느 정도는 수치심과 결부되어 있기 때문이다. 섹스할 때 당신을 흥분시키는 게 뭔지 누군가에게 이야기한다고 상상해보자. 아주 조금은 부끄러움을 느끼지 않는가? 친해지는 일이 자신의 취약함을 드러내는 일이기도 한 데다, 많은 사람들이 자신의 몸을 부끄러워한다. 그렇기 때문에 우리의 벗은 몸을 보여주는 일은 이미 불안한 상황에서 또 하나의 도전이 된다.

성적인 접촉을 시작할 때, 우리는 취약함을 느끼면서도 기꺼이 발가벗고 눕는 위험을 무릅쓴다. 상대가 나를 받아줄 것이라는 확신이 들수록, 우리는 연결을 더 깊게 만드는 행동을 할 수 있게 된다.

더는 흥분과 끌림이 느껴지지 않는 관계에서는 섹스가 재미없어지는 것을 경험한다고 많은 사람들이 이야기한다. 가끔 더 가까워지기를 원하는 커플을 돕는데, 그때 대두되는 문제 중 하나가 명료하고 구체적인 부탁을 하는 일이 어렵다는 것이다. 특히 섹스에 관한 부탁은 더 어려운 도전이 된다. 대다수 사람들은 색다른 방식의 섹스를 원하면서도 익숙해진 한 가지 방식을 고수하는 경향이 있다. 다른 사람에게 어떻게 만져달라고 요청하는 일은 너무 큰 수치심을 촉발할 수 있기 때문에, 대부분의 사람들은 절대로 그 스텝을 밟지 않는다. 남자들은 때로 여자가 어디를 어떻게 만져주기를 원하는지 물어보고 싶지만, 부끄러워서 차마 물어보지 못한다고 이야기한다. '진정한 남자라면 자기 여자를 어떻게 만족시킬 수 있는지 알고 있어야 해.' 같은 생각은 매우 파괴적인 생각일 수 있다.

내가 코칭을 했던 여성들이 남성들로부터 해답을 구하고 싶은 질문은 "내가 이렇게 흥분해도 될까? 그래도 여전히 당신이 나를 존중할까?" 같은 것이었다. 여성들은 성적으로 해방되었지만 여전히 너무 성적이어서는 안 된다는 압박감을 느낀다고 말했다. 그들은 존중받는다고 느끼고 싶지만, 자신들이 원하는 것을 얻기 위해 어떻게 부탁해야 할지 모를 때가 있다. 이때 문제는 남성들이 무슨 생각을 하는지가 아니다. 더 중요한 것은 여성들이 자기 자신과 어떤 관계를 맺는가, 그리고 스스로에게 어떤 느낌을 허용하는가이다. 그렇긴 하지만 남자가 여자의 흥분을 환영하는지를 아는 것은, 여성에게는 성을 자유롭게 즐길 수 있게 허용해주는 중요한 정보가 된다.

내가 진행한 관계 워크숍에 참여한 한 커플은 결혼한 지 30년이 지나서야 마침내 섹스할 때 자신들이 원하는 것을 서로에게 부탁할 수 있게 되었다고 말해주었다. 그 후 삶의 질과 관계의 친밀도가 훨씬 좋아졌음은 말할 것도 없다.

지배 구조에서 섹스는 대체로 지배와 복종에 기초해서 이루어진다. 여성의 종속을 에로틱하게 그려내기 때문에 폭력이 성의 한 구성 요소로 자리 잡게 된다.

우리는 열정과 뜨거움이 느껴지지 않는 성을 성으로 인식하지 않을 수가 있다. 그리고 심지어 그런 성에 대해 수치심을 느낄 수도 있다. 그럴 때 수치심을 피하려고 환상을 촉발하기도 하는데, 그렇게 되면 우리는 상대방과 진정으로 함께 있기가 어려워진다. 아니면 성적인 연결로부터 점점 더 물러나게 될 수도 있다.

서로를 잘 알게 된 커플들이 자신들의 성적 접촉에 대해 말하면서, 처음보다 덜 흥분되긴 하지만 더 즐거운 일이 되었다고 이야기하는 걸 종종 듣게 된다. 조용한 즐거움이 더 커진다는 것은 그들이 수치심을 전환시키는 방법을 발견했고, 따라서 이제는 성을 힘이나 긴장이 아닌 친밀감의 차원에서 즐길 수 있게 되었다는 사실을 말해준다.

수치심 다루기 연습

수치심을 느끼는 일을 더 유용한 경험으로 만들고 싶다면, 한동안 수치심이라는 느낌을 추적해보는 것이 도움이 된다. 몇 년에 걸쳐 결실을 맺을 수 있는 연습 세트가 아래에 나온다. 위계와 경쟁에 의해 돌아가지 않는 사회에서 살고 있는 사람들에게는 우리가 느끼는 수치심이 어떤 모습으로 비칠까? 종종 나 자신에게 물어보는 질문이다. 오늘날 우리 대부분에게 영향을 미치는 몸에 대한 대량 마케팅이 없다면, 사람들은 외모에 대한 수치심을 느낄까? 우리가 자기비판과 처벌이 아니라 다른 방식으로 실수를 바로잡는 방법을 배우는 세상에서 살고 있다면, 우리들 내면에서 일어나는 대화는 어떻게 들릴까? 수치심을 유도할까? 내면의 대화가 달라진다면, 그때도 우리는 수치심을 느낄까? 그러나 우리 대다수는 완전히 혹은 부분적으로 전통적인 지배 구조에서 살고 있기 때문에 거기에 속한 자원을 사용할 수밖에 없다. 수치심을 이해하고 그것을 우리에게 도움이 되는 방식으로 사용하는 방법을 배움으로써 가장 많은 것을 얻을 수 있을 터이다.

수치심을 느끼는 사건 목록

당신이 삶에서 수치심을 경험하는 순간을 5~10개의 작은 사건들의 목록으로 작성해보라. 떨림이나 기쁨 때문에 잠깐 장애물에 부딪히는 경험을 할 때, 그 순간에 관해 메모를 해두면 좋다. 주차 공간을 찾

분노, 죄책감, 수치심

지 못해 주차장을 여러 번 도는 상황일 수도 있다. 아니면 목적지를 바로 앞에 두고 길을 묻는 상황일 수도 있다. 또는 운전하다가 사소한 실수를 했는데 누군가가 당신을 향해 경적을 울려대는 상황일 수도 있다. 또 누군가가 당신에게 호통을 치거나 당신이 불편해하는 걸 보고 있는 상황처럼 부하가 더 큰 상황일 수도 있다.

각 상황에서 당신이 한 자동적인 반응이 무엇이었는지, 다시 말해 당신의 수치심 반사shame reflex가 무엇인지 기록해보라. 5장에 나오는 수치심 나침반을 안내자로 사용할 수 있다. 이 목록을 대신해 p.132에 나오는 수치심 빙고 카드를 사용할 수도 있다.

수치심 웃음

마음이 열려 있고 행복한 순간에도 수치심을 느끼게 만드는 생각이 올라올 수 있다. 수치심은 우리로 하여금 자기 자신을 더 많이 알아차리도록 만든다. 그러나 불행하게도 그렇게 되면 강력한 수치감이 모든 주의를 빼앗아버리기 때문에, 우리가 기쁨과의 접촉을 상실해버리는 일이 종종 일어나게 된다.

수치심은 마치 스스로에게 얼마만큼의 행복을 허용해줄지를 조절하는 내부 조절 장치 같은 역할을 한다. 행복도가 올라가 최고조에 달하면 수치심이 밀려들기 시작하는 것이다. 수치심을 잘 이해하게 되면, 우리는 의식적으로 조절 장치를 상향 조정하여 삶에 더 많은 기쁨이 머물 만한 공간을 허용할 수 있다.

그렇게 하는 한 가지 방법은 좋아하는 코미디를 보면서 당신이 어느 대목에서 웃는지 확인해보는 것이다. 연습을 더 명료하게 하고 싶다면, 객석의 웃음소리가 배경에서 들리는 미국 TV 코미디는 피하는 게 좋다. 누군가가 당황할 때, 말싸움에서 질 때, 놀림 당할 때 당신이 몇 번이나 웃는지를 기록해보면 도움이 된다. 이렇게 하면 당신이 수치심 그리고 기쁨과 어떤 관계를 맺고 있는지를 재미있고 분명하게 파악할 수 있다.

내 아들은 <미스터 빈*Mr. Bean*>을 좋아한다. 이 남자가 뭔가를 할 때마다 나는 거의 대부분 수치심을 느낀다. 이 코미디를 보면서 나의 수치심을 자극하는 일이 무엇인지에 대해 많은 것을 배울 수 있었다. 그중에는 즐거움으로 전환되는 장면들도 있어서, 아들이 왜 이 프로그램을 즐기는지 이해할 수 있었다.

수치심 탐구에 쓸 수 있는 말들

이 연습은 혼자서도 할 수 있고 그룹으로도 할 수 있다.

1. 아래에 있는 목록에서 두 개의 말을 선택하여 각각 서로 다른 빈 종이의 맨 윗부분에 적어둡니다. 목록에 있는 말보다 더 많은 말을 사용할 수 있겠으나, 이 연습이 어디에 도움이 되는지 알아보기 위해 목록에 있는 말들을 가지고 시작해봅니다. 말의 무게는 사람에 따라 다르게 다가오는 법입니다. 누군가에게 수치심을 불

러일으키는 말이 다른 사람에게는 기분 좋은 느낌을 가져다줄 수
있습니다.

폭로당한revealed, 질투하는jealous, 거절당한rejected, 배신당한betrayed,
패배한defeated, 실망한disappointed, 벌거벗겨진naked, 수줍은shy,
깔아뭉개는put down, 멍청한stupid, 나쁜bad, 행실이 틀려먹은bad
character, 양심 불량bad conscience , 불쌍한poor, 자신감self-confidence,
자기중심적인egoist, 가짜a fake, 가련한poor, 거짓된false, 갇힌locked,
비겁한cowardly, 틀린wrong, 추한ugly, 어리석은silly, 경멸하는contemptuous,
금지된prohibited, 패배자loser, 조롱당한ridiculed, 초라한humbled,
굴욕당한humiliated, 당황스러운embarrassed, 탐욕스러운greedy,
무기력한helpless, 불청객intruders, 무시당한ignored, 무력한impotent,
어설픈clumsy, 비판당한criticized, 모욕당한insulted, 민감한sensitive,
터무니없는ridiculous, 권력에 굶주린power-hungry, 힘이 없는powerless,
조작된manipulated, 신중한measured, 어색한awkward,
영리하지 못한unintelligent, 부도덕한immoral, 믿을 수 없는unreliable,
섹시하지 않은unsexy, 적절치 않은inadequate, 무책임한irresponsible,
마비된paralyzed, 완벽한perfect, 단정한neat, 사적인private,
무례한disrespectful, 섹시한sexy, 이기적인selfish, 부끄러운ashamed,
죄책감이 드는guilty, 두들겨 맞은beaten, 더러운dirty, 상처 입은hurt,
자존심이 상한wounded pride, 체면 깎이는losing face, 고장나버린broken,
격식을 차린mannered, 따분하고 세상물정 모르는nerdy, 열등한inferior,
약한weak, 천박한vulgar, 경멸할 만한worthy of scorn

2. 당신이나 누군가 다른 사람이 그 말들을 했던 상황을 떠올려보세
요. 어떤 느낌이 드나요? 무슨 행동을 했나요?

3. 욕구 나침반의 네 방향 중 한 방향을 선택한다면, 수치심을 느끼
는 순간에 당신이 어떤 행동을 할지를 서술해보세요.

4. 그 상황에서 당신이 어떤 느낌인지 민감하게 알아차리는 한 사람을 만난다고 상상해보세요.

   당신이 그 느낌을 자신에게 도움이 되는 방식으로 다루도록 돕기 위해, 그 사람이 무슨 말을 할 수 있을까요?

   당신이 공감을 경험하도록 돕기 위해 무엇을 할 수 있나요?

   당신이 솔직할 수 있도록 돕기 위해 무엇을 할 수 있나요?

   당신이 자신의 욕구와 욕망에 닿도록 돕기 위해 무엇을 할 수 있나요?

5. 이 상황에서 당신의 욕구는 무엇이었나요?

   이 책 뒤에 나오는 느낌과 욕구 목록을 사용해서 작업에 도움을 받으세요.

   당신의 내면 자아와 접촉하기 위해 천천히 진행합니다.

중요한 관계에서의 수치심

바로 지금 자신의 웰빙에 가장 중요한 관계들의 목록을 작성해본다. 되도록 구체적이고 짧은 목록을 만들어본다. 아래 질문들 하나하나와 연결하는 데 정성을 들여본다.

1. 그 관계들 중에서 어떤 식으로든 연결이 중단되거나 장애가 생긴 구체적인 상황을 최소 네 가지 이상 적어보세요. 간단한 한두 문

장으로 각 상황을 묘사합니다.

2. 모든 상황에서 수치심으로 인해 당신의 몸에서 일어난 가장 두드러진 반응 한두 가지를 알아차려보세요. 각각의 수치심 반응을 몇 개의 단어로 표현합니다. 당신에게 떠오른 생각도 간단하게 적어둡니다.

3. 이제 수치심 반응을 느낌과 욕구와 연결합니다. 그 순간에 당신은 무엇을 느끼고 무엇을 필요로 했나요? 이 책 맨 뒤에 나오는 느낌과 욕구 목록을 사용해서 도움을 받으세요. 그리고 천천히 느낌과 욕구에 연결해보세요.

4. 당신의 욕구가 충족되도록 돕기 위해 상대편이 무슨 말이나 행동을 하기를 원했나요?

5. 당신이 상대방에게 할 수 있는 부탁은 무엇이었을까요?

6. 당신의 욕구가 충족되도록 돕기 위해 그 상황에서 누군가 다른 사람이 무엇을 하기를 원했나요? 그 사람이 무슨 말을 할 수 있었을까요?

7. 그 사람에게 당신이 어떤 부탁을 할 수 있었을까요?

8. 당신이 자신의 욕구를 충족하도록 스스로 돕기 위해 그 상황에서

무슨 말이나 행동을 했기를 바라나요?

9. 당신 자신에게 어떤 부탁을 할 수 있었을까요?

오늘 하루의 수치심

최소 일주일 동안 일기를 계속 써본다. 한 달 동안 지속하면 더 좋다. 하루에 한 쪽씩 쓴다. 한 페이지에 지난 하루 동안 자신이 수치심을 경험한 상황들을 쭉 서술한다. 보통 하루에 5개에서 10개 정도의 상황을 쓴다. 수치심에 주의를 더 기울일수록 점점 더 많은 상황을 발견하게 될 것이다.

1. 당신이 수치심을 느꼈던 경험을 적어보세요. 그것이 몸에서 어떻게 느껴졌는지도 포함시킵니다.

2. 정확하게 어떤 상황이었나요?

3. 수치심을 촉발한 사건과 그때 당신이 한 행동을 적어보세요. 가능한 한 해석을 제외하고 명료한 관찰로 기술해보세요.
   예: 누군가가 어떤 말을 하는 걸 들었나요? 누군가가 어떤 행동을 하는 걸 보았나요? 그리고 당신이 무슨 행동, 무슨 말, 혹은 무슨 생각을 했나요?

4. 그 상황에서 당신의 느낌과 욕구와 연결해보세요.

5. 당신이 무엇을 다르게 했다면 좋았을까요? 누군가가 어떤 부분을 다르게 했다면 좋았을까요?

6. 그 순간 당신의 욕구를 충족할 수 있는 행동은 무엇일까요?

7. 이 연습을 하는 지금 당신의 느낌은 어떤가요?

8. 자기 자신이나 다른 누군가에게 표현하고 싶은 부탁이 있나요?

수치심의 날

특정한 날 하루를 택해서, 수치심을 느끼지 않기 위해서라면 어떤 일도 하지 말라는 말의 의미를 탐구해본다. 이 날은 하루 종일 메모장을 가지고 다니면서 통찰이 일어날 때마다 기록해둔다. 하루가 다 지나면 요약해서 적어둔다. 수치심의 날에는 아래에 있는 네 스텝을 진행한다.

스텝1

수치심을 느끼지 않기 위해, 혹은 수치심을 없애기 위해 자신이 어떤 행동을 하려고 한다는 걸 발견할 때, 그 행동을 하지 않는다! 그것은 수치심을 더 많이 느끼려 하는 것과는 다르다. 주의를 기울이기만 하면 수치심은 이미 충분히 있다. 단지 언제 수치심을 느끼는지, 그리고 그것이 당신에게 어떤 영향을 미치는지를 발견하기만 하면 된다.

스텝2

그런 다음에는 수치심 뒤에 당신의 어떤 욕구가 있는지를 자각한다. 그리고 욕구와 연결할 때 어떤 느낌이 드는지도 알아차려본다.

분노 죄책감 수치심

스텝3

수치심을 피함으로써 어떤 욕구를 충족하고 싶었는지를 명료하게 의식한다. 또 무언가를 회피함으로써 어떤 욕구가 충족되지 않았는지도 분명하게 알아차린다. 예컨대 친구와의 관계에서 불편함을 느끼는 어떤 문제에 대해서 말을 하지 않고 피할 수 있다. 그때 그 피하는 행동 뒤에는 관계를 보호하고 조화를 이루려는 의도가 있다. 그렇게 할 때 충족되지 않는 욕구는 솔직함, 일치, 그리고 신뢰일 수 있다.

스텝4

수치심의 날이 마무리된 후에는 당신 자신, 당신의 욕구, 그리고 수치심에 관해 배운 것을 성찰하는 시간을 가진다.

수치심으로 가득 찬 관계

동료, 친구, 친척, 그 밖의 다른 그룹 등 당신이 맺고 있는 관계들을 떠올려 상상해본다.

당신이 먼저 자리를 떠나고 나머지 사람들은 계속 모임을 가지고 있는 상황이다. 그 사람들이 당신에 대해 할 수 있는 최악의 말을 상상한다면, 그 말은 무엇일까? 이 질문에 대한 대답은 당신이 어떤 상황에서 취약함을 느끼는지, 그리고 어떤 상황이 당신에게 수치심을 자극할 수 있는지에 대해서 귀중한 단서를 제공할 수 있다. 이 관계에서 도전을 받고 있는 욕구의 유형을 알게 될 수도 있다.

당신이 특히 민감한 영역이 어디인지 파악할 수 있는 또 다른 방법은 다음에 나오는 네 가지 문장을 완성시켜보는 것이다. 이것은 수치심 연구자 브레네 브라운이 제시한 것이다.[24]

1. 나는 사람들이 내가 ＿＿＿＿＿＿＿ 하다고 생각하기를 원치 않는다.
2. 나는 ＿＿＿＿＿＿＿ 한 사람으로 보이고 싶다.
3. 사람들이 내가 ＿＿＿＿＿＿＿ 하다는 것을 알게 된다면 나는 죽고 싶을 것이다.
4. 나는 다른 사람들이 나를 ＿＿＿＿＿＿＿ 하다고 여기리라는 생각을 참을 수 없다.

● ● ●

[24] 브레네 브라운, 『나는 왜 내 편이 아닌가: 수치심 문화 안에서 여성의 힘과 용기 되찾기』

5장 | 욕구 나침반

수치심 알아차리는 법 배우기

사람들은 수치심 '냄새'를 감지하자마자 그 느낌으로부터 자신을 방
어하기 때문에, 실제로 자신이 수치심을 느끼고 있다는 사실을 놓칠
때가 많다. 이 장에서는 우리가 수치심을 피하기 위해 사용하는 몇 가
지 방법들을 기술할 것이다. 우리는 때로 무의식적으로 그런 방법들
을 사용하곤 한다. 수치심이 몸에서 어떻게 느껴지는지 인식하는 법
을 모를 때에는, 수치심을 피하기 위해 우리가 어떤 행동에 의존하는
지 알아차리는 일부터 시작할 수 있다.

　욕구 나침반은 이것을 배울 수 있게 도와주는 도구이다. 앞서 서

술했던 NVC 원리들과 함께, 이 도구는 우리 자신의 수치심을 알아차리고 그것과 친구가 될 수 있게 도와주며, 분노와 죄책감에 대해서도 더 잘 이해할 수 있게 해준다.

욕구 나침반의 네 방향 중 한 방향(혹은 그중 몇 가지가 결합된 방식)으로 움직일 때, 우리는 수치심, 분노, 죄책감 뒤에 숨어 있는 중요한 욕구들을 놓치고 있다. 자신이 언제 수치심을 피하는지 알아차리기 위해 욕구 나침반을 사용해본 학생과 친구들이 작은 "기적들"을 체험하고 비슷비슷한 이야기를 나에게 들려주었다. 그것은 이 알아차림이 그들에게 다른 방식으로 행동할 수 있는 힘을 주었고, 자기 자신이나 다른 사람과 관계를 맺는 데 도움이 되었다는 이야기였다.

욕구 나침반

융Jung, 쉬프Schiff, 네이선슨, 브래드쇼Bradshaw 같은 수많은 저자들이 사람들이 수치심에 접근하는 방식을 네 가지 서로 다른 위치 positions 혹은 방법strategies으로 나누었다. 네이선슨은 사람들이 수치심을 피하려고 사용하는 다양한 방법들을 서술하기 위해 '수치심 나침반'이라는 것을 사용했다. 이 나침반의 도움으로, 그는 수치심을 관리하기 위해 고안된 네 가지 유형의 방법을 정리해냈다.[1] 이 방법들은 당신이 만족스럽지 않거나 부끄러움을 느끼는 경험을 관리하는 데 쓰인다. 나는 네 가지 방법을 욕구와 연결함으로써, 네이선슨과는 약간 다른 방식으로 나침반의 도움을 받는다.

나침반을 사용함으로써 나는 미묘한 정서적 차이를 더 잘 인식할 수 있게 되었다. 이전에는 수치심을 느낄 때 행동할 수 있는 방식이 한두 개밖에 없는 줄 알았는데, 나침반이라는 아이디어를 적용하자 아주 다양한 방식 중에서 선택해서 행동할 수 있다는 사실을 분명하게 볼 수 있게 되었다. 이것은 나에게 훨씬 큰 자유로움과 선택을 선사했다. 나는 욕구 나침반을 통해 수치심을, 어떤 대가를 치르더라도 빠져나와야 하는 무언가가 아니라, 더 깊은 내면과 연결하는 열쇠로 볼 수 있게 되었다.

수치심을 피하려고 애를 쓰며 살고 있다는 사실을 이해하게 되면, 그에 드는 비용을 인식할 수 있다. 수치심에서 도망쳐 나오기 위해 우리는 자기 욕구와 연결할 수 있는 기회를 잃어버리기도 하고, 자기 욕

• • •

1   도널드 네이선슨, 『수치심과 자부심』

구를 충족할 수 없는 수단과 방법을 선택하기도 한다. 욕구 나침반 중 어느 한 방향으로 행동할 때, 우리는 자신의 욕구와 온전히 연결된 상태로 행동할 수 없다. 따라서 네 가지 방법 중에서 하나를 다른 하나로 바꾸는 것은 의미가 없다.

중요한 것은 자신과 다른 사람의 욕구를 함께 충족할 수 있는 의식적인 선택을 하는 일이다. 그리고 그것을 가능하게 하는 행동 방식과 사고방식을 발견하는 일이다. 이 지점에서 우리는 '저항'과 '복종'이라는 개념을 더 잘 이해할 수 있는 특별한 기회를 얻게 된다. 이 두 가지 신호를 내면에서 포착하는 법을 배우면, 우리는 그 신호를 완전히 새로운 방식으로 자기 자신의 욕구로 안내하는 열쇠로 사용할 수 있게 된다.[2]

누구 잘못이지?

---

[2] 욕구 나침반의 방향들은 모두 NVC식으로 말하면 '자칼' 방법들이다.

나침반의 가로축을 상상해보자. 이 축에서 우리는 "누구 잘못이지?"
와 "누가 비난받아야 하지?"라는 두 가지 질문에 대한 답을 구하고
있다. 이것을 '옳고 그름' 축이라고 할 수 있다. 축의 왼쪽(서쪽)으로 향
할 때, 우리는 잘못을 저지른 다른 사람을 비난하면서 그들이 비정상
이고 이기적이며 사악하다는 등의 생각을 한다. 축의 오른쪽(동쪽)으
로 향할 때, 우리는 자신이 여러 가지 이유로 부적절하거나 만족스럽
지 않다고 비난한다.

이 축에 따라다니는 말은 고정된 평가, 옳고 그름, 꼬리표, 진단,
분석에 기초를 두고 있다.

누가 힘을 가지고 있지?

나침반의 세로축을 따라서 우리는 "누가 힘을 가지고 있지?"라는 질

문에 대한 답을 찾고 있다. 이 축의 북쪽을 향할 때 우리는 우리가 가진 힘을 거두어들이고 포기한다. 복종하고 우리의 힘을 다른 사람에게 준다. 자신을 수치스럽게 만드는 상황을 피하는 데 온 주의를 기울이기 때문에, 이전에는 우리에게 굉장히 중요한 관계였다 하더라도 이제 더는 그 관계에 현존하지 않는다.

남쪽으로 갈 때에는 정반대로 행동한다. 다른 사람의 욕구를 희생하더라도 그리고 그들과 관계가 고통스러워지더라도, 다른 사람이 우리에게 요청하는 일에 대해 저항하고 거부한다. 자신이 정말로 자유롭고 원하는 대로 선택할 수 있다는 것을 과시한다.

이 축을 따라 움직일 때 우리는 스스로 다른 사람 위에 군림하는 힘을 가지거나, 아니면 다른 사람이 우리 위에 군림하는 힘을 가지도록 하는 양자택일 게임을 한다. 이 축에서 우리는 선택의 자유와 상호 책임을 부정하는 언어를 사용한다. 예를 들자면 "나는 아무것도 하지 않아도 돼.", "아무도 나를 막을 수 없어.", "그건 내 일이 아니야.", "내가 열등해.", "내가 우월해.", "나는 관리자가 시키는 대로 했어.", "나는 다른 사람이 하라는 대로 하지 않을 거야." 같은 말들이다.

수치심 동서남북

수치심을 경험할 때 우리는 몇 가지 방식으로 대응할 수 있다. 욕구 나침반의 네 방향 가운데 하나를 선택할 때 우리가 바라는 것은, 더는 압도적인 불쾌감을 느끼지 않도록 자신이 느끼는 수치심으로부터 도망쳐 나오는 일이다. 굴욕과 수치심을 느끼면 존엄과 존중의 감각을 회복하고 싶어진다. 수치심을 피하고 그것을 부정적이든 긍정적이든 뭔가 다른 것으로 바꾸는 것이 목표가 된다. 어떤 행동을 했다가 수치심이 줄어들거나 완전히 사라지는 경험을 한번 하고 나면, 비슷한 상황에서 곧잘 그 행동을 다시 하게 된다. 수치심을 촉발했던 행동이나 상황을 피하려고 노력하면, 그것이 우리에게 제약을 가하게 된다.

수치심으로부터 도망치는 방법을 사용할 때 초래되는 비극적인 결과는, 수치심이 우리에게 알려주려고 했던 욕구를 자각할 기회를 잃어버리게 된다는 점이다. 그러면 우리가 어떻게 다른 사람들과 더 만족스러운 관계를 맺을 수 있는지를 두고 더 깊은 통찰을 발전시킬 기회를 놓치게 된다. 그뿐이 아니다. 길게 보면, 이 방법은 우리 삶에서 수치심을 줄이기보다는 오히려 늘린다.

욕구 나침반의 네 방향 가운데 하나로 대응하는 일이 삶에서 반복적으로 일어난다는 사실을 자각할 때, 우리는 수치심을 없애려고 애쓰는 대신에 네 방향 전략 각각을 우리 자신의 욕구로 되돌아가야 한다는 깨우침으로 사용할 수 있다. 수치심은 그 뒤에 있는 욕구와 연결하지 않는 한, 어떤 모습으로든 우리를 따라다닐 것이다. 우리가 필요로 하는 것에 대한 메시지로 수치심을 이해해야만, 그것은 변형되고 풀릴 수 있다. 그럴 때 우리는 선택할 수 있는 여유 공간을 더 많이 확보할 수 있게 된다.

욕구 나침반의 방향마다 뒤로 물러서거나, 자신을 비판하거나, 저항하거나, 다른 사람을 공격하는 특정한 행동 방식이 있다. 방향마다 이미 주어진 역할처럼 특정한 행동이 있는 것이다. 우리는 굴욕감을 다루는 몇 가지 공통된 방법을 학습한 것 같다. 그 방법들이 우리 문화에서 너무 흔하고 반복되기 때문에, 연극이나 영화 또는 역할극에서 그 전형적인 방식들을 쉽게 찾아볼 수 있다. 나는 교육을 할 때 자주 역할극을 배움의 도구로 사용한다. 대화에서 특정한 역할을 맡아 역할극을 하다보면, 참가자 중 한 사람이 이렇게 외치는 일이 반복해서 일어난다. "저희 남편이 하는 말하고 똑같아요. 그 사람이 쓰는 말을 선생님께서 그대로 하시네요! 어떻게 아셨어요?" 내 답은 이렇다. "물론 저는 모르지요. 하지만 상황을 다루는 '프로그램'이 똑같으니까 역할에 몰입하는 건 쉬운 일이지요."

당신의 나침반이 알려주는 것은?

가끔 네 방향을 다 쓰기도 하지만, 저마다 선호하는 방향이 있는 것이 보통이다. 우리는 무의식적으로 그리고 아주 미묘한 방식으로 자기 방법을 선택한다. 심지어 자기가 수치심을 느꼈고 그것을 없애기 위해 행동했다는 점을 자각하지 못할 때마저 있다. 당황했을 때 주의를 딴 데로 돌리려고 갑자기 웃음을 터뜨리기도 하고, 스스로 어리석고 당혹스러운 짓을 했다는 생각이 들 때 딴전을 부리기도 한다. 경쟁에서 졌을 때 얼어붙은 채로 딱딱한 웃음을 짓는 사람을 자주 보았을 터이다. 이때 웃음은 실망감이나 자기혐오나 수치심을 감추려는 시도인데, 보는 사람들 대부분이 그 '가짜' 웃음을 꿰뚫어본다.

이 나침반은 주로 수치심을 유발하는 상황을 다루는 데 사용되지만, 죄책감이나 분노를 느끼는 상황에도 적용될 수 있다. 그런 상황들을 탐구하다보면, 수치심 아래 숨어 있는 욕구들을 미처 깨닫기도 전에 수치심을 느끼게 되기 쉽다.

1. 침묵하고 자신의 부탁이나 꿈을 포기하는 등, 감추기를 통해 수치심으로부터 빠져나오려고 한다.
2. 적응하기 위해 기꺼이 굴복하고 움츠리는 모습을 보여줌으로써 수치심 쪽으로 움직인다.
3. 수치심의 기미만 보여도 그것에 저항함으로써 수치심을 공격한다. 자신이 두려워하는 일이나 특이하고 깜짝 놀랄 만한 일을 함으로써 자기가 독립적인 존재라는 점을 보여준다.
4. 수치심을 느끼게 만드는 모든 것을 공격하는 법을 배운다. 다른 사람을 지배하는 힘을 얻으려 하거나, 화를 내면서 다른 사람에게 수치심을 유발하는 행동을 한다.

분노 죄책감 수치심

1. 물러나기

"자기 자신을 보여주지 못하는 사람은,

사랑할 수 없다.

사랑하지 못하는 사람은,

불행한 사람이다."

—쇠렌 키르케고르[3]

● ● ●

[3]   Søren Kirkegaard, *Enten-Eller, Anden Deel. Ligevægten Mellem Det Æsthetiske og Ethisk I Personlighedens Udarbeidelse*, Gyldendal 1962-1964.

수치심을 느끼지 않을 수 있는 한 가지 방법은 그것에 접하기 전에 물러나는 것이다. 누군가가 심문하듯 우리를 바라볼 때 우리는 무슨 수를 써서라도 그 눈길을 피하고 싶어 한다. 이 방법은 우리로 하여금 무사히 몸을 사리기 위해 무엇을 해야 되는지를 끊임없이 생각하게 만든다. 다른 사람이 방향타를 잡게 하고 결정이 되면 무조건 따른다. 아무 말 없이 실제로 그 장면에서 떠나며, 정신적으로나 정서적으로 부재하는 상태가 되기도 한다. 아니면 수치심을 피하려고 뭔가 다른 일에 몰두하기도 한다.

물러나면 사회적 안전망이 손상된다는 것을 알면서도 우리는 물러난다. 수치심이 일어나는 횟수가 줄어들고, 정말로 나를 아는 친한 사람들이 없어진다. 몹시 외롭기는 해도 안도가 찾아온다. 이건 우리가 비정상이고 쓸모없고 무능하며 뭔가 잘못된 존재라는 사실을 아는 사람이 점점 줄어든다는 의미이다. 우리가 마음 쓰는 사람들이 우리의 진면목을 덜 보게 되고, 우리가 얼마나 사기꾼인지 알게 될 위험이 최소화되는 것이다. 정작 접촉을 피한 건 우리 자신인데, 다른 사람들이 우리를 거절했고 그래서 우리가 혼자가 되었다고 상상한다.

수치심에서 벗어나기 위해 이 방법을 쓸 때 수치심이 한동안 우리를 쫓아다니곤 한다. 이제는 가까운 관계가 하나도 없기 때문에 수치심을 느끼는 것이다. 사람들이 이걸 알 때 나를 어떻게 생각할지 걱정한다. 이 방법은 수치심을 줄이기보다는 더 많은 수치심으로 우리를 끌고 간다.

우리가 연결을 피하고 있다는 사실을 알아차리면, 주변에 있는 사람들이 불안해할 수도 있다. 우리 내면에서 실제로 일어나는 일을 이해하지 못하기 때문이다. 우리가 그들과 연결하고 싶어 하지 않는다고 해석하고, 그들을 좋아하지 않는다고 믿을 수 있다. 그런데 이런 생각이 그 사람들의 수치심을 자극할 수 있다. 이번에는 그 사람들이 물러날 차례가 되는 것이다. 문제를 해결하려고 한 행동이 또 다른 문제를 만들어내는 것이다.

사람을 물러나게 만드는 상황은 사람마다 다르다. 이혼, 실직, 질병, 따돌림, 폭행, 시험 낙방 등 사람에게 손상을 가하는 일들은 많이 있다. 어떤 식으로든 사회적인 표식을 남길 거라고 생각되는 한 가지 행동이나 일회성 사건이 가장 빈번한 이유가 된다. 또 어떤 종류의 중독을 감추고 싶어서, 아니면 삶의 의지를 상실해서 같은 또 다른 이유들이 있다. 이런 방식으로 접촉을 피하는 사람들은 삶에서 예술과 시와 음악을 잃어버린다. 그런 것들을 창조하는 사람은 다른 사람들이 자신의 창작품을 좋아하지 않을 거라는 생각을 참을 수 없기 때문이다.

부끄러워하고 있을 때에는 다른 사람들과의 관계에서 소속감을 느끼기가 어렵다. 지금까지 수치스러웠던 경험을 말로 표현하는 순간에 그것을 공유할 기회가 열린다. 물러나는 대신에 무슨 일이 일어나고 있는지를 말하기 시작하면 모든 것이 바뀔 수 있다. 부끄러워했던 일이 더는 부끄럽지 않다는 걸 발견하게 된다.

아주 미약한 수치심도 우리가 다른 사람들과 연결하는 것을 방해할 수 있다. 다시 연결하는 대신에 물러나면, 우리는 외딴섬이 된다. 겉으로는 사회적 관계를 유지하지만, 수치심을 피하려고 우리 자신의 중요한 부분들을 감추기 때문이다.

수치심을 받아들이고 끌어안으면, 우리는 중요한 욕구와 접촉할 수 있게 된다. 욕구와 연결되어 있지 않을 때, 우리는 성장할 수 있는 큰 기회를 잃어버린다. 더 안타까운 일은 이 도전적인 상황을 헤치고 나아가도록 우리를 도와줄 수 있는 사람들과 연결이 끊어지는 것이다.

〰〰〰〰〰〰〰〰〰〰〰〰〰〰〰

안나 이야기로 돌아가, 카페 상황에서 그녀가 수치심을 피하기 위해 어떤 행동과 어떤 생각을 할 수 있는지 살펴보기로 하자. 만약에 나침반에서 물러나는 방향으로 움직인다면, 그녀는 이런 생각을 할 것이다.

'그 일에 대해 말하고 싶지 않아. 어쨌든 나는 할 수 있는 일이 아무것도 없잖아. 그냥 놔두는 게 좋을 것 같아.'

안나는 무슨 일이 일어났는지 생각조차 하고 싶지 않기 때문에, 주의를 딴 데로 돌리기 위해 무슨 일이든 하려고 한다. 상황을 떠올리면 마음이 너무 불편하기 때문에 그 일에 대해서 생각하지 않으려고 애를 쓴다. 옛 친구들을 마주칠 수도 있다는 생각에 카페 근처를 지나지 않으려고 길을 돌아가기도 한다.

때로 다음과 같은 생각들이 드는 걸 알아차린다.

그럴 의도는 아니었어.

이건 나를 위한 일이 아니야.

목표를 너무 높게 잡으면 안 돼.

협력은 너무 어려운 일이야. 나 혼자 하는 게 더 나았어.

어떤 때는 생각이 다음과 같이 비약한다.

포기하는 게 나아. 노력한다고 더 나아지는 건 없어. 상상한 대

로 일이 진행되지는 않을 거야.

안나가 욕구 나침반을 알았다면, 자신이 수치스러운 상황을 피하는 방향으로 움직였음을 깨달았을 것이다. 자기 느낌이나 욕구와 연결되는 길을 놓쳤음을 자각하고, 자기 자신이나 다른 사람들과 다시 연결하려는 행동을 할 수 있었을 것이다.

스스로 선택한 것이 아니라 수치심을 피하기 위해 물러났다는 것을 깨달았을 때, 그녀가 할 수 있는 행동은 무엇일까? 먼저, 자기 이야기를 연민으로 들어줄 수가 있다. 또 누군가 다른 사람에게 자기 느낌과 욕구에 귀 기울여달라고 부탁할 수 있다.

자기 공감 과정을 단계별로 써보면 다음과 같다.[4]

1. 첫 단계는 자기가 어떻게 행동했는지를 발견하는 것이다. 자기 행동을 관찰한다.

   친구들과 연결하려는 시도를 하지 않은 채 두 달이 흘렀다. 프로젝트에 참여하려는 노력을 포기하는 게 낫겠다고 속으로 되뇐다. 다시는 그들을 만날 일이 없기를 바란다.

2. 자기 느낌과 연결한다.

   이 문제에 대해 친구들과 소통할 일을 생각하면 겁이 나고 역겨운 느낌이 든다.

3. 두려움을 허용한다. 실제로 두려움을 느낄 수 있도록 마음 속 여유 공간을 허용하면서, 친구들과 소통하지 않음으로써 충족하고

• • •

4 3장에 있는 '자기 공감'에 관한 설명 참조

자 하는 욕구가 무엇인지 스스로에게 물어본다.

물러남으로써 충족하고자 하는 욕구는 뭘까? 두려움을 통해 드러나고 있는 욕구는 안전, 수용, 존중이다.

4. 상황을 회피함으로써 충족되지 않고 있는 욕구는 무엇인지 자기 자신에게 물어본다.

상황을 피함으로써 의미, 공동체, 평화, 희망 같은 내 욕구들이 충족되지 않고 있다.

5. 그 모든 욕구들(3번과 4번 모두)을 더 잘 충족하기 위해 사용할 수 있는 방법이 무엇인지 스스로에게 물어본다. 카페와 관련이 있는 모든 사람들에게 편지를 쓰거나 다른 연결 방법을 찾아본다. 선택할 수 있는 방법을 많이 발견할수록, 안나가 가만히 있지 않고 행동할 가능성이 더 커진다. 예컨대 자기 욕구를 모두 충족하려면 친구 모두를 한꺼번에 만나 이야기를 나눌 수밖에 없다고 생각한다면 그녀는 꼼짝할 수 없는 상태에 빠지고, 그 결과 아무 일도 일어나지 않을 것이다.

6. 자기가 원하는 행동을 할 수 있도록 지원하기 위해, 자기 자신이나 다른 사람들에게 할 수 있는 부탁은 무엇인가? 만약에 그녀가 물러나는 대응 방식을 택했다면, 말문을 열기 위해 누군가 안전하게 말할 수 있는 사람과 연결하는 일이 중요하다. 이 단계를 거치는 일이 굉장히 큰 도전이 될 수 있다. 그러나 자신이 왜 물러났는지를 깨닫게 되면 대개는 이 단계가 쉬워진다.

2. 자기 잘못 찾기

수치심을 느끼는 순간에 우리는 주변 사람들에 대해 극도로 취약한 상태가 된다. 수치심을 다루려고 애를 쓰는 한 가지 방법은 자신의 불만스러운 점을 찾아내는 것이다. 스스로가 하찮고 쓸모없고 남들만 못한 존재라고 생각하고 있다면, 남들로부터 오는 비판을 참아내기가 쉬워진다. 스스로를 남들이 비판하는 수준 이하로 낮춰버리면, 그 비판이 우리에게 도달할 수가 없는 것이다.

자기 자신을 비판하는 방식으로 대응하면 남들이 나를 아주 심하게 비판하지는 않을 거라는 (때로는 은밀한) 희망을 품을 수도 있겠다. 그때 우리는 다른 사람들이 관대해지기를 바라면서, 자신이 한 일을 스스로 부끄럽게 생각하고 유감스럽게 여긴다는 것, 그리고 자신이 사랑받을 가치가 없음을 알고 있다는 것을 보여준다. 그래도 남들이 우리를 비난하면, 자기비판이 이미 일종의 정신적 방패를 형성해서 남들이 무슨 말을 하든지 참을 수 있도록 해준다.

자기비판 방식으로 수치심으로 가득한 상황에 임하면, 비난을 받고 심지어 물리적으로 해를 당하는 관계에도 그대로 머물러 있게 된다. 그 관계 바깥에 있는 사람은 우리가 왜 그런 취급을 당하는지 이해하기 어렵다. 그러나 우리가 심한 자기비판에 빠져서 나쁜 취급을 당하는 데 동의하면, 정말로 우리에게 관심을 가지는 누군가가 있을 수 있다고 믿기가 어려워진다. 파괴적인 패턴을 깨뜨리고 위험한 관계에서 마침내 빠져나올 수 있으려면, 그 관계 바깥에 있는 사람들이 그들이 목격한 진실을 표현해줄 필요가 있다.

자기비판 접근법에 다다르기 전에, 아마도 사람들은 물러나려고 애를 써보았거나 그것이 참을 수 없는 노릇임을 느껴보았을 가능성이 크다. 그래서 자기비판을 대안으로 시도하지만, 때로는 이 방법이 더 파괴적일 수 있다. 고립과 소외에서 오는 고통을 피하려고 스스로를 보호할 수 없는 관계를 받아들이기 때문이다. 우리에게 뭔가 잘못이 있고 사랑받을 가치가 없다고 상대편이 지적할 때 속수무책으로 그 관계를 수용하는 것이다. 스스로를 실제보다 작게 만들어야 다른 사람들이 우리와 같이 있고 싶어 한다고 가정할 때, 우리는 관계에서 자신의 가치를 축소시키려고 한다. 돈을 받았기 때문에 시합을 한다는 권투 선수처럼, 이런 관계에서는 열등한 것처럼 행동하는 쪽이 더 안전하다. 너무나 많은 일들이 경쟁을 바탕으로 하고 있고 너무나 많은 사람들이 승자가 되기를 열망하는 사회에는, 함께 어울리는 패배자에게서 비교우위를 느끼고 싶어 하는 사람들이 얼마든지 있다.

자기 자신을 비판하는 방법을 취하면, 수치심은 느껴도 최소한 고립되거나 외롭지는 않다. 관계나 '공동체' 무대의 일부가 되는 것이니까, 물러나기 쪽보다 낫다는 기분이 들 때도 많다. 하지만 이 방법에는 개인과 사회 차원에서 후과가 따르기 마련이다. 그렇게 약자 지위를 취한 사람이 내면의 압력이 너무 높아져서 그로 인한 좌절감을 더는 참을 수 없게 되면, 비극적인 결과가 초래될 수 있기 때문이다. 우리는 그런 비극을 미국, 캐나다, 독일, 핀란드 같은 곳에서 일어난 학교 총격 사건의 젊은이들을 통해 목격한 바 있다. 이 젊은이들의 공통점은 그들이 물러나서 혼자서 오랜 시간을 보냈고, 총격이 일어난 당일까지는 문제를 일으킨 적이 없다는 것이다. 그들은 그 사건이 일어나기 전에는 공격적이거나 폭력적이거나 소란스럽다는 말을 들어

본 적이 없다.[5]

그들은 오랫동안 욕구 나침반의 처음 두 가지 방향의 방법을 사용해서 수치심을 다루어왔다. 이것이 그들로 하여금 자신을 둘러싼 세상에 대해 좌절감을 느끼게 만들었고, 그 좌절감이 더는 참을 수 없을 때까지 차올랐던 것이다. 때로 이런 일은 총, 전쟁, 폭력 영화에 대한 관심과 관련이 있다. 따라서 우리 모두를 위해, 아이들과 젊은이들에게 복종이나 폭력이 아닌 방식으로 수치심을 다룰 수 있는 도구가 주어져야 한다.

<슈퍼 유모Super Nanny>나 그와 비슷한 텔레비전 쇼에 '수치심 코너'와 같은 아이디어가 현대적인 모습으로 등장하고, 이 프로그램들이 높은 인기를 누리는 것을 지켜볼 때 공포를 느낀다. 스웨덴의 학교 시스템에서는 이제 더는 수치심 코너를 사용하지 않지만, 그래도 수업을 방해한다고 생각되는 학생을 교사가 교실 바깥으로 나가게 하는 일이 가끔 일어난다. 공동체로부터의 배제를 통해 수치심을 관리하는 방법을 교사가 학생들에게 가르치는 셈이다. 학생에게 교실에서 나가라고 요청할 때, 교사에게는 다른 학생들에게 기여하려는 의도가 있을 터이다. 그러나 '실수'를 배제, 수치심, 비웃음 같은 방법으로 처벌할 때, 아이들이 궁극적으로 배우는 것은 자신이나 다른 사람에게 치명적일 수 있는 대응 방식이다.

● ● ●

[5] 예컨대 마이클 무어Michael Moore의 영화 <볼링 포 콜럼바인Bowling for Columbine>(2002)을 보라.

"그건 내 잘못이야."

자기를 비판하고 공격하는 방법을 선택했다는 것을 알아차렸을 때, 안나가 그 상황에 대응하는 첫 번째 단계는 자기 공감이다. 자기 공감은 스스로에게 어떤 말을 하고 있는지를 관찰하는 일로부터 시작한다. 이것이 첫 단계라는 점을 기억해야 한다. 자기가 흔히 쓰는 방법에 사로잡히지 않으려면, 다른 사람들과 이야기를 나누어보는 것도 필요하다.

1. 첫 번째 단계: 자신의 생각을 관찰한다.

   안나는 자기 생각들이 자유롭게 펼쳐질 수 있도록 공간을 허용하고, 자기 자신에 대해 스스로 하는 말을 잘 듣는다. 특히 자기 자신에 관한 도덕적 판단과, 자신이 해야만 하거나 해서는 안 된다고 강요하는 생각들을 잘 들어주는 일이 중요하다. 그녀는 자신이 지루하고 복잡하고 매력이 없을 뿐 아니라, 그런 자신에 대해서 아무런 행동도 하지 않는 겁쟁이라고 이야기하고 있다. 이 문제에 대해 뭔가 과감히 행동해야 한다고 생각하고 있다.

2. 두 번째 단계: 자기 자신을 비판할 때 어떤 느낌이 드는지 자신의 느낌과 연결한다.

   내가 지루하다고 말할 때…… 나는 실망스럽고 외롭다.

3. 세 번째 단계: 자신의 느낌을 자신의 욕구와 연결한다.

   실망스러움과 외로움이라는 안나의 느낌은 이해, 희망, 지지에 대한 그녀의 욕구를 표현하고 있다.

4. 앞으로 나아가기 위한 네 번째 단계: 자신의 욕구를 충족하기 위해 무엇을 할 수 있는지 물어본다.

   자신을 이해해줄 거라는 신뢰가 있는 사람에게 이야기를 해볼 수 있고, 관련된 사람들에게 편지를 써볼 수도 있다. 또 옛 친구들을 만나러 갈 때, 지지해줄 수 있는 제3자와 함께 갈 수도 있다.

~~~~~~

3. 저항: 수치심 무찌르기

> "당신을 저항하거나 복종하게 만드는 힘을 그 어떤 시스템에도 주지 마세요."
> —마셜 로젠버그[6]

특정한 상황에서 성공적으로 수치심을 피하게 해주는 방법을 찾았다고 해서, 항상 그리고 모든 상황에서 그 방법을 성공적으로 사용할 수 있는 것은 아니다. 때로는 수치심을 피하려고 온갖 노력을 다해도 수치심에 압도당하기도 한다. 습관적인 방법이 더는 수치심 반응을 없애는 데 성공적이지 않을 때, 우리는 사용할 수 있는 거의 모든 수단과 방법을 사용하려고 한다.

● ● ●

[6] 마셜 로젠버그, *The Heart of Social Change*, PuddleDancer Press, 2004.

나침반의 세 번째 방향으로 갈 때, 반대쪽과는 대조적으로 우리는 무슨 수를 써서든 눈에 띄려고 애를 쓴다. 남들이 나를 볼 때에만 만족하는 것이다. 이 방향으로 갈 때 우리는 자신에게 허용되는 것과 정반대로 행동한다. 사람들이 놀려대며 하지 말라고 한 일을 할지도 모른다.

"잘 봐! 나는 하고 싶은 대로 다 할 거야!"

수치심에서 탈출하기 위해 저항을 선택할 때, 다른 사람들은 우리가 수치심을 느낀다는 사실을 잘 눈치채지 못한다. 저항을 피하지 않기 때문에 수치심이 효과적으로 감춰지고, 수치심을 유발하는 바로 그 행동을 해버리는 것이다.

수치심을 피하는 또 다른 방법은 거창한 꿈을 품는 것이다. 그중 한 가지 방법은 우리가 속한 집단의 가치를 과장하는 것이다. 예를 들자면 신나치주의 그룹과 같은 작은 정치집단이나 영적인 가치를 중심으로 모인 집단에 실제와 다른 위상을 부여하는 것이다. 우리는 모든 문제에 대한 해결책을 우리가 가지고 있고, 우리가 하는 말을 사람들이 듣고 그대로만 하면 모든 일이 해결될 거라고 상상할 수 있다. 이때 우리는 가능한 모든 수단을 동원해 우리가 얼마나 우월한지 보여줌으로써 우리의 완전한 잠재력과 우리 없이는 안 된다는 사실을 사람들에게 알린다. 이와 같은 저항 전략은 다른 사람들의 반응을 이용해서 우리의 자부심을 강화하고 수치심으로부터 빠져나오려는 시도이다.

자기 느낌을 공격해버리는 또 다른 공통된 방법으로는 거짓말하기, 변명하기, 논점 이탈, 딴 데로 주의 돌리기 등이 있다. 아니면 도전적이거나 대담한 행동을 함으로써 끔찍한 수치심에서 주의를 돌릴 수도 있다. 저항은 내면의 삶을 희생하면서 인기, 명예, 위신 같은 외부에서 주어지는 인정을 끊임없이 추구하는 형태를 띨 수도 있다.

수치심을 없애려고 알코올이나 다른 약물을 쓰기도 한다. 정서적 강렬함을 화학적으로 누그러뜨리거나 초점을 다른 데로 돌리는 수단으로 이런 것들을 사용하면 대체로 효과가 있지만, 그 효과는 술이 깰 때까지만 유효하다. 멀쩡할 때에는 창피해서 하지 않았을 행동을 술 취한 상태에서 하고, 다음 날 아침에 깨어나서 자신이 한 행동 때문에 수치심을 느끼는 사람들이 얼마나 많은가. 어젯밤 함께 있던 사람들을 만나면 어쩌나 하는 생각이 위협으로 다가오면서, 이제는 어제 한 행동 때문에 일어나는 불안도 함께 다루어야 한다.

어떤 사람은 자신이 수치심을 느끼지 않는다는 것을 보여주는 방법 중 하나로 섹스를 사용한다. 그렇지만 섹스는 사람의 결점을 너무나 쉽게 노출시키기 때문에, 우리를 '물러나기'로 다시 데려갈 수 있다. 우리가 다른 사람들과 친밀하고 돌보는 관계를 맺고자 한다면, 수치심에 저항하기 위해 사용하는 모든 방법들은 장기적으로는 효과가 없다.

앞에서도 이야기했지만 우리는 무엇이 좋고 나쁜지, 정상인지 비정상인지, 적절한지 부적절한지에 대해 너무나 많은 학습을 받아왔다. 저항하는 행동을 할 때, 우리는 싫어하는 한쪽 극단에서 도망치려고 어떤 행동이라도 한다. 인색한 사람처럼 보이는 게 두려우면, 후한 사람처럼 보이는 행동을 함으로써 보상받으려고 할 것이다. 모든 사람에게 술을 사고, 여행을 다녀와서 비싼 선물을 나누어준다. 스스로 그럴 능력이 있건 없건 상관하지 않고, 문제가 생겨도 걱정이 없는 척한다. 다른 사람들과 비슷한 게 중요하다고 학습했다면, 정반대되는 행동을 함으로써 자신이 얼마나 자유로운 사람인지 보여주려고 한다. 가능한 한 눈에 띄는 복장이나 행동을 하면서 말이다. '겁쟁이'라고 불릴까봐 걱정이 된다면, 위험한 스포츠에 빠진다. 비싼 물건을 가지는 게 중요하다고 배웠다면, 아무것도 소유하지 않음으로써 그에 저항할 수 있다. 물론 정반대인 경우도 가능하다.

자기 느낌을 공격하고 뻔뻔하게 행동하는 전략의 문제점은 수치심 안에 들어 있는 핵심을 놓치게 된다는 것이다. 고집 세고 냉정한 사람이 되어 후회할 행동들만 하게 된다. 수치심이 전환되지 않고 밀쳐져 있기 때문에, 여전히 뒤에서 우리를 갉아먹고 있다. 따라서 저항하는 사람은 타인이나 자기 자신을 공격하는 방법으로 쉽게 방향을 바꾸게 된다. 결국 그 사람은 내면에서 자신을 갉아먹고 있는 수치심을 더는 막아내지 못하게 된다.

우리 모두가 때로 저항을 한다. 그러나 그것이 수치심을 다루는 표준적인 방식이 될 때, 우리는 끊임없이 타인이나 우리 자신으로부터 도망 다니는 삶을 살게 될 것이다. 자기 느낌을 공격하고 그에 저항하는 길과는 다른 길을 선택하고 싶다면, 정반대되는 행동을 취하더라도 문제의 핵심이 달라지지는 않는다는 점을 이해할 필요가 있다.

깊은 변화가 일어나려면 저항 뒤에 있는 자신의 느낌, 그리고 욕구와 연결할 필요가 있다. 그러나 그에 앞서 우리가 자기 느낌을 통제하고 무찌르기 위해 저항하고 있음을 인정하는 법을 배워야 한다. 안나의 경우에 어떻게 하면 되는지 살펴보자.

"나는 조금도 개의치 않아."

안나는 그 상황에 대해 친구들과 소통하지 않고 있다. 그녀가 실제로 하는 일은 어떻게 하면 훨씬 더 좋고 놀라운 자기 자신의 공간을 열 수 있을지 꿈꾸는 것이다. 사람들이 다 오고 싶어 하고 유명한 사람도 불러들일 수 있는 장소를 만들 생각이다. 가끔 이런 생각을 한다.

'자기들이 누구를 속였는지 알게 될 거야.'

그러나 겉으로는 개의치 않는 체한다.

파티에 가기 시작하고, 지난밤 술에 취해 한 행동을 후회하면서 깨어나는 날들이 이어진다. 그렇지만 별일 아니라고 무시하면서 자기도 즐길 권리가 있고 아무도 자신을 막을 수 없다고 생각한다.

안나는 **욕구 나침반**에 대해 듣고, 자신이 수치심이라는 느낌에 저항하고 있다는 것을 인식한다. 자신이 우월하다는 생각, 그리고 자기에겐 아무도 필요하지 않다는 생각이 그 신호이다. 취했을 때 한 행동도 깨어나라는 또 다른 신호로 받아들인다. 자기가 강하고 천하무적이며 다른 누군가의 승낙을 필요로 하지 않는다고 느낀다. 다른 사람들의 느낌과 욕구에 민감하지 않다.

NVC를 사용해 자기 내면에서 일어나는 일을 다루고 싶다면, 어떻게 할 수 있을까? 자신이 **욕구 나침반**에서 한 가지 방법을 선택했다는 것을 이해하고 나서 안나가 어떻게 NVC를 사용할 수 있는지, 단계별로 간략하게 설명해보겠다.

1. 먼저, 친구들이 카페를 시작했다는 소식을 듣고 나서 자신이 어

분노 죄책감 수치심

떤 행동을 했는지를 관찰한다. 그리고 그 행동을 하는 상황에서 자신이 무슨 생각을 했는지를 알아차린다. 다음과 같은 생각을 했을 수 있다.

'그들에게 보여줄 거야. 자기들이 어떤 사람과 어울렸는지 보게 될 거야.'

2. 다음으로, 그런 생각을 할 때 어떤 느낌이 드는지와 연결한다. 아마도 그녀는 슬프고 외로운 느낌이 들 것이다.

3. 그 느낌 뒤에 있는 자신의 욕구가 무엇인지 물어본다. 예컨대 슬픔이나 외로움이라는 느낌은 그녀가 돌봄과 소속에 대한 욕구와 연결되도록 도와준다.

4. 그 욕구를 충족하기 위해 그녀가 사용할 수 있는 다른 수단·방법이 무엇일지 스스로에게 물어본다. 예컨대 돌봄이나 의미라는 욕구를 충족하기 위해 지금 당장 할 수 있는 일은 무엇인가? 이 경우에는 자신을 이해해주리라고 믿을 수 있는 누군가에게 이야기를 하는 것, 카페와 관련된 친구들에게 편지를 쓰는 것, 또는 다른 방법으로 그들과 연결하는 것이 수단·방법이 될 수 있다.

5. 그녀가 4번에서 찾아낸 행동을 할 수 있도록 다른 사람에게 부탁을 한다면 누구에게 어떤 부탁을 할 수 있을까?

그녀가 자신의 욕구를 충족하기 위해 스스로에게 부탁을 한다면 어떤 부탁을 할 수 있을까?

4. 다른 사람 잘못 찾기

더는 물러나거나 자기 자신을 비난하고 싶지 않고, 또 알코올이나 약
물로도 더는 수치심을 잠재울 수 없을 때, 우리는 다른 사람들을 비
난하는 대응 방식에 의지하게 된다. 이 방법은 순수하지만 날카로운
비평을 하는 정도에서 정말로 다른 사람을 모욕하고 폄하하는 데까
지 이를 수 있다. 극단으로 가면 따돌림이나 파괴 행위, 신체적 학대
나 공격에까지 이르게 된다.

이 상황에서 '물러나기'는 더는 괜찮은 대응 방식이 아니다. 왜냐
하면 그 자체로 더 많은 굴욕감과 '겁쟁이'나 '비정상'이라고 불릴 위
험을 만들어내기 때문이다. '자기 자신을 비난하는 것' 역시 더는 선
택지가 될 수 없다. 왜냐하면 스스로 열등하다고 느끼면서 자기를 공
격하는 시간을 이제 더는 견딜 수 없기 때문이다.

자존감을 되찾는 유일한 길은 우리가 다른 사람보다 힘이 있다
는 사실을 증명하는 일인 것처럼 보인다. 우리가 더 우월하고 더 똑똑
하고 더 강하고 더 크고 더 빠르고 심지어 더 고약하고 더 천박하다
는 사실을 증명하는 것이 다른 사람들에게 굴하지 않기 위해 우리가
선택하는 방법이다. 이 길로 나아갈 때 우리는 그들에게 어떤 잘못이
있는지를 모든 방면에서 최대한 찾아내 지적하려고 애를 쓴다.

자기가 다른 사람보다 얼마나 더 뛰어난지, 아니면 다른 사람들이
우리보다 못하다는 것을 어떻게 증명할지는 사실 별로 중요하지 않
다. 가장 중요한 점은 이기는 것, 순위에서 앞서서 우월한 위치에 서는
것이다. 다른 사람을 깎아내리면, 자신이 결코 만족스럽지 않다는 판
단으로부터 적어도 한때나마 구원받을 수 있다.

욕구 나침반에서 이 방향으로 움직이는 일은 다른 세 방향으로 가는 움직임과는 약간 다르다. 너무나 명확하게 에너지를 바깥으로 돌려서, 자신의 느낌에 대해 다른 사람을 비난하기 때문이다. 다른 사람을 깎아내리고 열등하게 취급하는 순간에, 우리는 짧긴 하지만 수치심으로부터 잠깐의 휴식을 취한다.

집단 안에 있는 위계와 개인 간 힘의 차이가 이 방법을 간단하게 쓸 수 있는지 없는지에 상당히 큰 영향을 미친다. 일반적으로는 다른 사람보다 더 큰 공식적인 권력을 가진 사람이 이 방법을 성공적으로 사용할 가능성이 크다.

이 방법의 비극적인 결과 중 하나는, 미국에서 이 방법을 사용하는 사람에게 괴롭힘을 당할까봐 두려워서 매일같이 등교를 거부하는 아이들의 수가 십만 명에 이른다는 추산이다. 냉소와 비꼬기는 이 전략이 변형된 것이다. 새로 산 차를 자랑스럽게 보여주는 친구에게 이런 식으로 말한다.

"음, 네 형편상 감당할 수 있는 최선이 그 정도인가 보네!"

만약 친구도 같은 방법으로 대응한다면 이렇게 말한다.

"이거 너 따라 한 건데!?! 잔디 깎는 기계 같은 거 타고 돌아다녔잖아."

대부분의 사람들이 이 대화들에서 모욕적인 부분이 그다지 없다고 할지도 모르겠지만, 이 방법을 쓸 때 우리가 어디로 가고 있는지가 여기에서 분명하게 보인다. 우리는 어떤 비용을 치르든, 그리고 어떤 영역에서든 이기고 싶어 한다. 이 대응 방식이 고조되면 모욕, 어렴풋한 협박, 주장, 자기 힘을 키울 목적으로 상대편에게 꼬리표 붙이기 같은 방법들이 함께 사용된다. 익살스러운 말투로 표현할 수도 있지만, 목적은 수치심을 피하는 것이다. 그리고 상대편이 상처를 받아서 대놓고 말하는 사람이 한 행동을 비판하면, 늘 흘려들으며 이런 식으로 말한다.

"그냥 농담한 거야! 매사를 그렇게 심각하게 받아들이지 마. 우리 사이에 서로 농담도 할 수 있어야 하잖아!"

이 게임은 사회적으로나 문화적으로 서로 다른 집단에서 각기 다른 양태로 벌어지는데, 사람들이 이런 식의 말투를 들을 때에는 기분이 상하게 마련이다.

욕구 나침반에서 이 방향으로 가고 있는 징후들은 여기저기서 찾아볼 수 있다. 타블로이드 신문이나 뉴스 리포트에는 집단 괴롭힘, 싸움, 공공 기물 파손 행위, 가정 폭력, 길거리 폭행, 성폭력, 살인 등 이런 일들이 가득하다. 스웨덴에는 이 방법의 결과라고 볼 수 있는 '성인 집단 괴롭힘'이라는 개념이 있다. 스웨덴에서는 해마다 집단 괴롭힘으로 300명 정도의 성인이 자살한다.[7]

다른 사람을 해칠 때 기분이 좋아지는 사람은 없다. 다른 사람을 꾸짖거나 싸우고 나서 진정한 자부심을 느끼는 사람은 거의 없다. 일시적인 만족을 줄 수는 있지만, 당신이 자신을 표현한 방식이나 행동한 방식에 대한 수치심이 한동안 당신을 따라다닐 것이다.

자기 자신과 연결되어 있는 사람이라면 누군가를 괴롭히거나 이용하기를 원하지 않으리라고 나는 절대적으로 확신한다. 그러나 고통

분노 죄책감 수치심

● ● ●

7 http://users.utu.fi/inorri/vuxenmobbning.htm 20th September 2009.

스러운 상황에 있는 사람이 자신의 고통에 스스로 책임지기를 원하게 될 만큼 내면적으로 연결되기 위해서는 아주 많은 공감이 필요하다.

자기 자신과 연결되어 있는 사람은 모두 타인에게 기여하는 데에서 오는 더할 나위 없는 기쁨을 안다. 집단 괴롭힘을 행하는 사람은 궁극적으로 자신이나 다른 사람에게 기여하지 않는 방식으로 수치심을 다루는 법을 배운 사람이라고 볼 수 있다. 정말로 큰 도전이지만, 우리는 그것을 그 사람들이 공감을 필요로 한다는 신호로 볼 수 있다.

"그들이 비난받아야 해!"

수치심을 다루기 위해 다른 사람에게서 잘못을 찾아왔음을 깨달았을 때, 안나는 NVC를 쓸 수 있다. 먼저, 자기 생각을 관찰하는 일부터 시작한다. 나침반에서 이 방향에 있을 때 '~해야만 해 생각 should thoughts'에 주목해보면 도움이 된다. 다른 사람이 다르게 행동했어야 한다는 생각들을 찾아본다.

1. 잠깐 동안 생각이 자유롭게 흘러나올 수 있는 여유 공간을 가지고 자신이 속으로 하고 있는 말을 듣는다. 다음과 같은 생각을 발견한다.
   '그들은 이기적인 겁쟁이들이야. 다른 사람 생각도 해야지. 나한테 이런 짓을 하다니 벌을 받아야 해!'
2. 이제 이 생각들 뒤에 있는 욕구와 연결해본다.
   이 경우 존중, 지지, 돌봄에 대한 욕구가 있을 수 있다.

3. 자신의 깊은 욕구들과 연결되면, 분노가 전환된다. 안나의 분노는 실망과 슬픔으로 전환된다.

4. 안나가 스스로에게 묻는다. 다른 사람의 욕구를 희생시키지 않으면서 나 자신의 욕구를 충족하기 위해 사용할 수 있는 수단·방법은 무엇일까?

   내면에서 일어나고 있는 일을 좀 더 명료하게 이해하기 위해, 그녀는 한 친구에게 잠시 동안 자기 이야기를 들어달라고 부탁하기로 결심한다.

5. 그녀가 자신의 욕구를 충족할 수 있도록 자기 자신이나 다른 사람들에게 어떤 부탁을 할 수 있을까?

6. 이 방향에 있을 때 특히 효과가 있는 단계로, 이 상황과 관련된 다른 사람들은 어떤 느낌과 욕구를 가지고 있을지와도 연결해본다.

요약

네 방향

 우리가 수치심을 느낄 때 사용하는 대응 방식을 네 가지 서로 다른 행동 유형으로 요약해볼 수 있다. 이 네 가지 방식을 다양한 형태로 결합할 수 있다. 그들은 서로 다른 '비용'을 치르고 있지만, 모두 우리가 수치심에서 빠져나오도록 돕는 것을 목표로 하고 있다.

1. 굴복하고 물러나서 조용해진다. 느낌, 욕구, 원하는 것을 표현하지 않는다. 이렇게 하면 쉽게 우울, 절망, 무감각에 빠지게 된다. 굴복의 조짐을 보이는 생각에는 다음과 같은 것들이 있다.

   '어쨌든 아무도 나를 원하지 않아.'

   '아무것도 필요 없어. 나 혼자 잘해나갈 수 있어.'

   '⸺를 보여주지 않을 거야.'

   '포기하는 게 나아. 내가 원하는 대로 되지 않을 거야.'

2. 관계를 맺지만 수치심을 불러일으킬 수 있는 일이 다가오자마자 자기 자신을 비판한다. 내면의 비판자가 우리를 공격하고 판단하면서 제멋대로 통치한다. 자신이 희생자이자 패배자이며 믿을 수 없는 존재라는 사실을 보여준다. 그리고 사과하면서 너무 많이 부족한 데 대해 부끄러움을 느끼고 있음을 보여준다. 수치심은 곧잘 죄책감으로 변한다. 자기를 비판하는 생각들은 다음과 같다.

   '…… 같은 짓은 하지 말았어야 했는데.'

   '나는 ……가 부족해.'

   '나는 정말……'

   '나는 왜 항상……'

3. 강요당하거나 자유를 위협받거나 존중받지 못한다고 느껴질 때 저항한다. 저항할 때에는 원하는 일을 자기 마음대로 독립적으로 할 수 있음을 보여줌으로써 수치심을 느끼지 않으려고 한다. 그 결과 우리는 쉽게 냉담해지고 말이 없어진다. 다른 사람의 욕구에 주의를 기울이지 않기 때문에, 돌봄이나 상호성, 연대와 사랑에 대한 자신의 욕구를 충족하기도 점점 더 어려워진다. 저항과 관련이 있는 생각에는 다음과 같은 것들이 있다.

'그러기에는 너무 늦었어. ……는 상관없어.'

'문제없어! 아무 일도 없으면 곧 떠날 거야.'

'나를 봐. 일이 어떻게 돼야 하는지 내가 보여줄게!'

'우리는 아무것도 두렵지 않아! 더 많은 사람들이 우리처럼 해야
해. 그럼 세상이 달라질 거야.'

4. 다른 사람들을 위협하고 공격하고 규탄하고 비판하고 비난한다.
우리가 화가 나면 다른 사람들이 비난을 받아야 한다. 왜냐하면
그들이 그런 행동을 해서는 안 되었기 때문이다. 강요하고 냉소,
비꼬기, 논쟁을 사용해서 자기 자신을 정당화한다. 이렇게 하면
화를 불러일으키게 된다. 나침반에서 이 방향으로 움직였다는 징
후가 되는 생각은 다음과 같은 것들이다.

'그건 네 잘못이야. 네가 책임을 져야만 해.'

'그들은 약해빠진 겁쟁이들이라 이 일을 못 해.'

'그녀/그/그들/너는 너무……'

'그녀/그/그들/너는 ……하기에 충분하지 않아.'

수치심을 다룰 수 있도록 다른 사람을 지원하기

수치심을 피하기 위해 욕구 나침반 중 한 방향을 선택할 때마다 새로
운 문제가 생긴다. 방법이 달라지면 결과도 달라지기 때문이다. 그에
따라 중요한 관계나 네트워크를 손상시킬 수 있다. 다른 사람들이 우
리가 뭔가 잘못했거나, 그들과 관계 맺기를 바라지 않는다고 생각하

게 만들 수도 있다. 힘을 쓸 수도 있는데, 그러면 우리에 대한 사람들의 신뢰에 영속적인 영향을 초래할 수 있다. 우리의 선택이 초래한 결과를 바로잡으려면 많은 시간과 에너지를 들여야 할지도 모른다. 이런 상황에서는 다른 사람에게 지원을 받는 것이 분명히 도움이 된다.

1. 물러나기를 선택할 때

누군가가 물러나거나 자신의 욕구를 포기하는 것처럼 보일 때 할 수 있는 일은 당신이 연결하는 데 관심이 있음을 보여주는 것이다. 그들이 물러나기로 한 데 영향을 준 행동을 했는지 스스로 돌아보는 것도 믿을 만한 사람으로 받아들여지는 데 도움이 된다. 이 상황에서는 안 그래도 엄청나게 큰 수치심을 더 키울 만한 행동을 능동적으로 하지 않는 사람이 신뢰받을 수 있다.

이 사람들과 연결할 때, 처음에는 그들이 연결에 감사하지 않는 것처럼 보일 수 있다. 그렇지만 물러나기로 선택한 자신에게 누군가가 기꺼이 다가와 연결해주었을 때, 파괴적인 패턴을 깨고 나올 수 있었다고 말해준 사람들이 있었다. 물러나는 데에는 수치심을 피하고 싶다는 이유 말고 다른 이유도 있을 수 있다는 점을 기억하라. 이를테면 그 사람은 단지 평화와 고요를 원할 뿐인지도 모른다. 그러나 안다고 가정하지 말고 물러남 뒤에 어떤 이유가 있는지 물어보는 편이 좋다.

2. 자기 자신을 비난할 때

누군가가 자신을 비난할 때에는 솔직함과 공감으로 자기비판을 다루어줄 수 있다. 그 판단들 뒤에 있는 느낌을 들어주고 어떤 욕구가 있는지 발견할 수 있도록 도와줄 수 있다.

당신이 그들을 솔직하게 대하기로 선택한다면, 그들의 자기비판을 들을 때 당신 안에서 올라오는 느낌과 욕구를 표현해줄 수도 있다. 혹시 감사를 표현하더라도, 그들을 판단에서 빠져나오게 하거나 진정시키는 일이 목적이 아니라는 점을 분명히 말하라. 이런 칭찬은 일시적으로는 진정 효과가 있을 수 있지만, 진정한 치유를 가져오기보다는 그냥 상처를 가리는 반창고 역할밖에 하지 못한다. 괜찮다고 안심시키는 말을 듣는 것만으로는 깊은 변화가 일어나기 어렵다. 다음 날이면 그들은 다시 같은 곳으로 돌아가 있기 쉽다. 그들이 필요로 하는 일은 대개가 공감이지, 격려나 돌봄을 받는 것이 아니다.

자기를 비난하는 생각에는 삶에 기여하는 욕구를 가리키는 정보가 담겨 있다.

3. 저항을 선택할 때

이 경우에는 그 사람이 실제로 성취한 일에 주목하면서 어떤 대화든 시작하는 일이 가치가 있다. 당신이 감사를 표현할 줄 알고 그들이 한 행동 뒤에 있는 긍정적인 의도를 볼 수 있다면, 그들이 가진 경계심을 조금은 누그러뜨릴 수 있을 것이다. 그러나 감사를 칭찬의 형식으로 표현하지 않는 것이 좋다. 그들이 선하다거나 좋은 일을 했다고 인정하는 표현은 삼간다. 이런 표현이 그들의 저항에 더 많은 에너지를 공급할 수도 있고, 당신이 그들의 선택에 대해 동병상련의 심정을 느낀다고 믿게 만들 수도 있다. 그 대신에, 그들이 한 행동으로 당신의 어떤 욕구가 충족되었는지, 그리고 그때 당신에게 어떤 느낌이 올라오는지를 표현한다. 이는 뭔가를 하려는 그들의 노력으로 당신의 욕구가 충족되었지만, 그것이 반드시 그 결과인 것은 아닐 수 있음을 뜻한다.

이 사람들을 비판하면 연결 지점을 잃어버리게 된다. 당신의 승인 따위는 필요하지 않다는 점을 증명하고 싶기 때문에, 그들은 더 강하게 반발할 것이다. 가장 먼저 할 일은 양쪽이 현실을 공유할 수 있도록 서로 연결하는 것이다.

일단 연결이 되고 나면, 당신이 고통과 분노, 혹은 걱정을 느끼고 있는 어떤 일이 일어났는지를 본 대로 존중과 성실을 담아 이야기한다. 그들이 한 행동을 볼 때, 그 일이 당신에게 어떤 영향을 미치는지를 그들에게 말하는 것이다. 그들이 당신의 말을 듣기 어려워할 때에는, 가능한 한 그들의 반응을 공감으로 들어준 다음에 솔직한 표현으로 되돌아갈 수 있다. 그들이 있는 곳에서 그들을 만나려고 노력할 때, 우리는 이렇게 말할 수 있다.

"당신이 '더는 이 일에 신경 쓰지 않을 거야.'라고 말하고 전화를 끊을 때, 그건 당신이 스스로 한 선택에 대해 더 이해받기를 간절히 바라기 때문인가요?"

이어서 솔직한 표현을 한다면 다음과 같이 할 수 있다.

"지난밤 파티에서 내가 본 당신의 행동을 생각할 때, 나는 당신이 잘 지내고 있다고 안심하고 싶기 때문에 걱정이 돼요. 내 말을 듣고 어떤지 말해줄 수 있나요?"

저항을 선택한 사람과의 연결은 천천히, 한 단계 한 단계 만들어나가야 한다. 자신에게 매우 소중한 자유를 제한하려는 시도를 감지하면,

그들은 대화를 중단하려고 할 것이다. 이 반발 뒤에는 그들이 그토록 오랫동안 도망치려고 애써온 수치심을 직면할까봐 두려워하는 마음이 있다.

4. 다른 사람을 공격하고 비난할 때

"우리는 우리가 원하는 변화가 되어야 한다."
—간디[8]

자신의 느낌과 욕구에 연결되어 있는 사람은 누구도 괴롭히지 않는다는 사실을 기억하라. 자기 존중감이 높은 사람은 자신을 괜찮은 사람으로 느끼기 위해 다른 누군가를 공격할 필요가 없다. 그들이 비판할 때 공감으로 반응하고, 그들이 자신의 욕구와 접촉해서 새로운 행동 방식을 찾도록 도와줄 수 있다.

앞에 있는 간디의 말이 우리를 공격하는 사람과 만나는 최선의 방법이라고 생각한다. 어떤 사람이 욕구 나침반에서 이 방향으로 움직이기로 선택했을 때 당신도 싸울 기세를 보이면, 그것은 누가 더 강자인지 겨루자는 초대로 받아들여질 수 있다. 논쟁은 종종 수치심을 피하려고 그 사람이 취하는 방법의 일부이기 때문에, 다른 관계 방식을 선택하는 쪽이 더 건설적이다. 누가 비난받아야 하는지에 초점을 맞추지 않고도 그 상황을 다룰 수 있는 다른 방식이 있다는 것을 보여줄 때 그렇게 할 수 있다. 우리는 다른 방식으로 소통하는 일이 가능하다는 것을 보여줄 수 있다. 판단을 듣는 대신에, 이 비극적인 수

• • •

8   마하트마 간디, 『간디 자서전*My Experiments with Truth*』, Highbridge Audio, 1995.

단 방법을 통해 그들이 그토록 절박하게 충족하려는 욕구가 무엇인지에 귀를 기울일 수 있음을 보여주는 것이다. 우리가 정말로 그들을 이해하고 싶어 한다는 것을 믿을 때, 그들은 더 열린 상태로 우리가 하는 말을 듣게 된다.

이제 나침반의 네 방향이 분명해지고, 여러분이 더 만족스러운 방식으로 수치심을 다룰 수 있다는 영감을 얻었기를 바란다. 우리가 네 방향 중 어딘가로 가고 있다는 것을 발견할 때 우리 자신의 욕구와 연결하는 것이 비결이다.

수치심을 느낄 때 당신이 대체로 어느 방향으로 움직이는지를 이해하는 데에는, 다음에 나오는 몇 가지 연습을 해보는 것이 도움이 된다.

수치심에서 연약함으로 향하기

좋아하는 정체성

나는 이런 사람으로 여겨지고 싶다.

1. _____

   _____

2. _____

   _____

3. _____

   _____

4. ....

....

5. ....

....

원하지 않는 정체성

나는 이런 사람으로 여겨지고 싶지 않다.

1. ....

....

2. ....

....

3. ....

....

4. ....

....

5. ....

....

이렇게 여겨지는 일이 나에게 어떤 의미가 있나?

이 꼬리표들은 나에게 무엇을 의미하는가?

그것들은 왜 그렇게 달갑지 않은가?

그것들은 나에게 어떤 욕구를 알려주고 있는가?

여러분이 원하지 않는 정체성과 관련해서 다음 문장을 완성해보세요.

여러분이 나에게 꼬리표를 붙이고 이 목록에 있는 원치 않는 정체성들로 깎아내린다면, 여러분은 내가 복합적인 존재이며 내가 할 수 있는 일이 많이 있다는 사실을 발견할 기회를 놓치게 됩니다. 무엇보다…….

1. ....

....

2. ....

....

3. ....

....

*브레네 브라운의 연습에서 가져와 변형함.[9]

수치심과 친해지기 위해 일기 쓰기

수치심을 경험할 때 일기를 쓴다. 일주일에 한 번 혹은 매일 일기를 쓰면 자신의 반응을 지속적으로 알아갈 수 있다. 수치심을 느낄 때 당신이 어떻게 반응하는지를 알아차리게 되면, 만족스럽지 않은 반응을 변화시키는 일이 가능하다. 이 일기는 수치심에서 도망치기 위해 당

● ● ●

[9] 브레네 브라운, 『나는 왜 내 편이 아닌가: 수치심 문화 안에서 여성의 힘과 용기 되찾기』

신이 어떤 행동을 선택하는지를 인식하는 배움의 첫 단계이다. 아래에 예시된 예시 상황들을 참고하라.

1. 수치심을 느꼈던 상황을 되도록 많이 써본다. 수치심의 강도를 1~10(10이 최고 강도) 척도로 매겨본다.
2. 욕구 나침반을 사용해서 당신이 한 반응 목록을 만들고, 당신이 수치심을 만날 때 어떤 행동을 하는지 관찰한다. 당신이 욕구 나침반에서 어느 한 방향으로 향하고 있다는 사실이 수치심이 개입되어 있다는 단서가 될 때가 종종 있다.
3. 각 반응을 욕구 나침반의 네 방향에 배치해본다.
4. 지금 바로, 또는 하루 중 적당한 시간에, 수치심이 일어나는 순간에 강화된 자기 자신에 대한 생각들을 적어본다.

일기에 쓸 상황의 예시

예시 A:

주차장을 세 바퀴 돌고 계속 빈자리를 찾고 있는 게 불편해진다.

드는 생각: '거절당한다.' 또는 '난처하다.'

예시 B:

약속된 시간에 친구와 통화하기를 기대했는데, 막상 전화를 걸자 음성 사서함이 연결된다.

드는 생각: '나를 완전히 잊었나봐. 나는 중요하지 않아…… 나랑 이야기하는 걸 정말로 원하지는 않았던 거야.'

예시 C:

많은 사람이 보고 있는 상황에서 자신이 무슨 느낌이 드는지 표현하지 않는다.

    드는 생각: '부끄럽다. 당황스럽다.'

예시 D:

누군가가 말한다. "왜 하겠다고 한 일을 하지 않았지?"

    드는 생각: '비판받는다.'

예시 E:

당신이 흥미를 느끼는 일에 관해 이야기를 하고 있다. 듣는 사람이 갑자기 무관심한 표정을 짓거나 주의가 산만해지거나 화제를 바꾼다.

    드는 생각: '나는 재미없는 사람이야. 굴욕적이야.'

예시 F:

주문한 음식이 나오기 전에 레스토랑을 떠나고 싶은데, 주문받은 종업원이 누군지 기억나지 않는다. 종업원 얼굴을 기억하지 못한다고 친구들에게 말하고 싶지 않다. 바보 취급을 당할 거라고 생각하기 때문이다.

    드는 생각: '좀 더 주의를 기울이지 못한 나 자신이 비난받아야 해. 나는 늘 그러니까.'

6장 | 자부심

말로든 실제로든 폭력을 쓸 힘이 있는 게 자랑스럽다고 표현하는 사람들을 더러 만난다. "그 새끼 작살을 내버렸어!", "아주 혼꾸멍을 내줬지!", "입도 뻥끗 못 하게 만들었어!" 같은 말들은 저항의 표현이자 자부심의 표현이기도 하다. 누가 최강이고 최고로 폭력적인지를 겨루는 수많은 영화가 있다. 그 영화들은 누가 물리적 폭력으로 적을 때려눕히는지에 관한 이야기뿐 아니라, 누가 공격적인 말싸움에서 이길지에 관한 이야기도 담고 있다. 공격당할 때 폭력적인 역공으로 재빠르게 대응할 수 있는 능력은 **멋진** 일로 여겨지며 당신이 영리하다는 신호로 간주된다.

자부심을 이런 식으로 표현하는 말들은 혐오감이나 우려를 불러

6장 | 자부심

일으킬 수 있다. 때로 자부심은 오만이나 폭력, 무례함과 뒤섞이기도 한다. 오만은 지옥으로 떨어지는 7대 죄악 중 하나로 간주된다.

자부심 그 자체는 우리가 다른 사람보다 더 낫다고 믿는다는 신호가 아니다. 나에게 그것은 어떤 일에 성공한 경험을 말한다. 극복할 수 있을지 없을지 확신하지 못했던 도전을 극복해낼 수 있었던 일을 축하할 때 우리는 자부심을 느낀다. 그러나 그것이 우리가 남들보다 더 낫고 더 강하고 더 똑똑하다는 생각을 흔히 촉발하는 것도 사실이다. 그럴 때 자부심은 이른바 오만으로 변질된다.

우리는 종종 우리 머릿속에 깃들인 허영을 본다. 남들이 우리보다 자기가 더 우월하다고 여기는 것 같은 경험을 하지만, 그것은 같은 상황에서 우리가 스스로를 남들보다 낮다고 보기 때문이기도 하다.

자부심을 느끼는 사람의 몸은 수치심을 경험하는 사람의 몸과는 정반대 방향으로 반응한다. 수치심을 느낄 때 몸이 아래로 내려앉는 것과는 반대로 자세가 꼿꼿해진다. 타인과 눈 맞춤을 피하려 하지 않고 타인의 눈을 마주한다. 심호흡으로 가슴이 부풀면서 더 커 보인다. 수치심을 느낄 때 사라지거나 줄어들려고 하는 것과는 정반대로 눈에 띄기를 원하기 때문이다.

무언가를 성취했을 때 자부심이 자연스럽게 깨어난다. 자기 성공을 기뻐하는 것은 자연스러운 일이다. 변화를 가져오고 욕구를 충족시키고 새로운 것을 창조하고 꿈을 이룰 수 있는 능력이 우리에게 있음을 축하하려는 욕구를 인간은 누구나 가지고 있다. 하지만 유감스럽게도, 많은 사람이 스스로에 대해 축하하는 일을 허용하지 않는다. 우리가 자기 축하를 감추려 하는 것은, 자기 자신에게 박수를 보내거나 스스로를 귀하게 만들려고 해서는 안 된다는 생각을 하기 때문일 수 있다. 내가 진행한 트레이닝 과정에 참여한 한 참가자가 이런 말을 한 적이 있다.

"나는 자기가 한 일에 대해 자부심을 가지는 것이 허용되지 않는 분위기에서 성장했다. 또래 사이에서도 그랬고 어른들 사이에서도 그랬다. 그들은 나의 자부심을 교육을 통해 적당히 가라앉히는 데 실패했다. 그렇지만 여전히 내가 잘하는 일을 이야기할 때나 아이들에 대한 자랑스러움을 표현할 때 나는 일종의 수치심을 느낀다. 때로는 마음이 편치 않아 사과하고 싶어질 때도 있다. 이 글을 쓰고 있는 지금도 약간 불편함이 느껴진다."
—비르기타Birgitta

분노 죄책감 수치심

자부심과 감사

~~~~~

"나는 삶에서 일어나는 좋은 일들을 다른 사람들에게 말하면서 살고 싶다. 예컨대 스스로 자랑스럽게 여기는 일에 내가 어떤 기여를 했는지를 부끄러워하지 않고 표현하고 싶다. 그런데 다른 사람보다 내가 우월하다는 생각 없이 단순히 축하만 할 때도 나는 수치심을 느낀다. 내가 해낼 수 있었던 일에 대해 기뻐하면서 감사를 표현할 기회를 수없이 놓쳐온 것을 생각하면 정말 슬프다."
—워크숍 참가자

어린아이들이 자기가 그리거나 만든 작품을 보여주고 싶어 안달을 할 때, 나는 그 열성에 종종 매혹되곤 한다. 또 그 작품이 자기에게 얼마나 대단하고 중요한지를 다른 사람들이 알아주지 않거나 그에 대해 흥미를 보이지 않을 때, 아이들이 얼마나 크게 실망하는지도 보게 된다. 자기가 이룬 일을 다른 사람들과 함께 축하하고 싶은 열망은, 다른 인간적 욕구들과 꼭 같이 나이가 들어도 사라지지 않고 우리를 따라다닌다.

그런데 충족된 욕구에 대한 축하는 쉽게 상하는 경향이 있다. 자랑스럽고 행복하다는 표현을 할 수 없을 때 기쁨은 시어지고 우리는 외로움과 씁쓸함으로 빠져들 수도 있다. 자기 자신이나 다른 사람들 모두에게 자부심과 감사를 표현하는 일은 행복감을 경험하는 데에서 중요한 요소이다.

감사를 표현할 때 우리의 목적은 욕구가 충족되었음을 축하하는 것이다. 다른 사람들이 얼마나 우리 삶을 풍요롭게 해주었는지, 그리고 그로 인해 우리가 어떤 느낌을 느끼는지를 표현하는 것이다. 그런데 감사를 인정으로 표현하면 축하라는 본질을 잃어버릴 위험이 있다. 인정은 누군가가 다른 사람보다 더 낫다고 비교하는 생각을 키울 수 있어서, 진정한 자부심과 축하보다는 거리감을 만들어낼 위험성이 있기 때문이다.

청찬과 찬사 또는 인정을 할 때 우리는 상대편이 좋고 정상이고 훌륭하다고 판단한다. 그들이 우리에게 어떤 영향을 주었는지가 아니라 그들이 어떤 사람인지를 말한다. 다음 세 가지를 염두에 두면, 우월감이 아니라 자부심을 주는 감사에 초점을 둘 수 있다.

1. 내가 감사하는 다른 사람의 행동(그 행동에 대한 나의 해석이나 판단이 아니라)
2. 이 일을 생각할 때 나의 느낌
3. 그 행동으로 충족된 나의 욕구

이른바 거짓 자부심으로 가고 싶지 않을 때, 이 단계들을 나 자신에 대한 감사를 표현하는 방법으로 사용할 수 있다.

감사받을 때 느끼는 수치심

왜 어떤 사람들은 감사를 받을 때 당황스러워할까? 감사에는 사람의 방어를 해제하는 능력이 있는 것 같다는 점이 한 가지 이유일 수 있겠다. 누군가가 우리를 보고 있으면, 우리는 취약하고 벌거벗은 것 같다고 느끼게 된다. 그들이 하는 말이 진심이라고 정말로 믿을 수 있나? 그들이 정말로 나를 보고 있나? 내가 다음에도 같은 일을 해내야 한다고 강요하는 걸까? 내가 그들의 기대에 맞추면서 살 수 있을까?

감사를 받아들이는 일은 마치 우리가 강한 사람인 것처럼 느끼게 한다. 따라서 두드러지면 안 된다고 가르치는 세상에 우리가 받아들여질 수 있을까 하는 의구심을 자극할 수 있다.

수치심과 죄책감은 다른 사람들과 연결하는 것을 잊었다고 알리는, 우리 내면에서 오는 신호이다. 수치심과 죄책감은 우리로 하여금 타인의 욕구에 주의를 기울이게 만드는 알림 장치일 수 있다. 만약 감사를 충족된 욕구에 대한 축하가 아닌 인정의 표시로 듣는다면, 우리는 결국 감사를 피하고 싶어 할지도 모른다. 우리가 다른 사람들의 삶에 기여한 것이 무엇인지 알 때, 그들과 함께 축하하며 우리 모두가 서로를 지원할 많은 기회를 가지고 있음을 축하할 수 있다.

자부심의 세 유형

자부심과 자존감을 느낀다면, 그것은 자기가 한 일이 기쁘고 행복하고 신나기 때문이다. 다음과 같은 일들이 일어나는 순서를 한번 생각해보자.

1. 흥미로운 도전에 직면한다.
2. 목표에 다가가는 행동을 한다.

3. 목표를 성공적으로 이룬 것을 자랑스러워하고 기뻐한다.

막 골을 넣은 축구 선수를 상상해보자. 두 팔을 머리 위로 들어 올리면서 가슴을 펴고 온 얼굴에 미소를 띤다. 축구 선수든 정치인이든 자기 에너지를 쏟아부어 무언가를 성취한 사람이 보여주는 이러한 자부심의 표현을 우리 모두는 알고 있다.

　네이선슨은 세 가지 서로 다른 자부심을 꼽으면서, 우리가 세 가지 모두를 긍정적으로 경험할 수 있다고 말한다.[1] 유형에 따라 분류를 해보면 각각의 자부심을 통해 우리가 어떤 욕구와 연결할 수 있는지를 이해할 수 있다.

자부심

우리가 성취한 일을 자랑스러워할 때 그것은 몸에서 드러난다. 머리는 세워지고 가슴은 부풀고 다른 사람들과 눈 맞춤을 한다. 이것은 우리가 수치심을 느껴 몸이 오그라들고 눈길을 아래로 떨굴 때와는 정반대되는 현상이다.

빌려 온 자부심

우리는 자녀, 동료, 친구들이 성취한 일을 자랑스러워할 수 있다. 이것을 '빌려 온 자부심'이라 부르는데, 무언가를 이룬 사람이 우리가 아니기 때문이다. 좋아하는 축구팀처럼 우리가 지지하는 집단이 어떤 일을 해냈을 때 이 유형의 자부심이 일어난다.

● ● ●

[1]　도널드 네이선슨, 『수치심과 자부심』

우리 친정집에서는 스웨덴 팀이 하키 경기를 할 때 이 빌려 온 자부심이 분명하게 나타났다. 삼관왕 팀The Three Crowns[2]이 이기면 우리는 모두 "우리가 이겼어."라거나 "우리가 최고야."라고 말했다. 팀이 져서 스웨덴이 패배하면, 우리는 "그들이 졌어."라거나 "그들은 다른 팀만 못해."라고 말했다.

빌려 온 자부심의 이면에 있는 사실은, 우리가 스스로 무언가를 성취하지 못했고 따라서 자부심을 경험하기 위해 다른 사람들에게 의존한다는 것이다. 우리의 자부심은 축구 영웅 같은 다른 누군가의 손에 달려있다. 다른 사람의 이름이 적힌 운동복이 그토록 잘 팔리는 이유는, 사람들이 자신이 할 수 없는 일을 해낸 누군가의 영광을 누리고 싶어 하기 때문이다. 우리 스스로 무언가를 해냈을 때 느끼는 자랑스러움 뒤에 욕구가 있는 것과 똑같이, 빌려 온 자존심 뒤에도 충족되고 있는 중요한 욕구들이 있다.

거짓 자부심

거짓 자부심은 어떤 일을 부풀리거나 다소 과장할 때 일어나는 자부심을 일컫는다. 이야기할 때마다 잡은 물고기의 크기가 점점 커지는 낚시꾼이 전형적인 보기이다.

이것은 존중받기 위해서 실제로 하지 않은 일을 가지고 특별 대우를 해달라는 것인데, 원하는 것을 얻는 위험한 방법이다. 왜냐하면 거짓말이 받아들일 만한 범위를 벗어나 발각되면 존중과 신뢰를 잃을 위험을 무릅써야 하기 때문이다. 그 반면에, 상대편이 그런 위험을 감

• • •

2   스웨덴 국가 대표 하키 팀의 이름

수하리라고 상상하기는 어렵기 때문에, 우리는 그들의 말을 믿기로 결정할 수도 있다. 발각되면 더 큰 수치심을 안겨줄 일을 두고 거짓말을 하리라고는 꿈도 꾸지 않기 때문에, 다른 사람들도 그럴 거라고 믿으면서 그냥 그들의 이야기를 진실로 믿기로 선택하는 것이다.

과장하는 경향이 있다고 알려진 예전 동료 한 분이 있었는데, 그녀는 그 습관이 사람들로 하여금 자기 말을 완전히 믿기 어렵게 만들고 있다는 사실을 이해하기 시작했다. 마음 아픈 피드백을 받고 난 어느 날, 4킬로그램 나가는 물고기를 어떻게 잡았는지 이야기하다가 그녀가 갑자기 외쳤다. "일 년 안에 무게가 6킬로그램으로 늘걸요." 그 순간에 그녀는 동료들의 신뢰를 회복했다. 거짓 자부심을 느끼려고 해버린 말에 대해 스스로 책임을 지려 한다는 점이 분명해졌기 때문이다. 마음을 열고 과장하는 패턴을 알아차리는 일이 그 패턴을 깨뜨리는 한 가지 방법이 될 수 있다.

물론 거짓 자부심이나 꾸며낸 이야기 같은 과장 뒤에도 욕구가 있다. 예를 들자면 다른 사람들의 눈과 귀에 보이고 들리기를 바라는 욕구, 존중받고 싶은 욕구, 자신이 중요하다는 느낌을 느끼고 싶은 욕구들이 있을 수 있다. 이런 욕구들과 좀 더 연결할 수 있다면, 우리는 과장하는 대신 부탁을 하거나 그것들을 충족할 수 있는 다른 방법을 선택할 수 있을 것이다.

자랑스러움을 느낄 때 축하하는 방법

어떤 일이 자랑스러워서 다른 사람들과 함께 그 일을 축하하고 싶을 때, 몇 가지를 고려하면 다른 사람들이 우리와 더불어 더 기꺼이 축하하는 데 도움이 된다. 그중 한 가지는 서로 비교하지 않는 것이다.

자기를 더 낮게 보는 대신에 자신이 이룬 일에서 느끼는 기쁨을 충분히 표현하면 된다. 그리고 자신의 행동으로 충족된 욕구들도 명료하게 표현하면 도움이 된다.

빌려 온 자부심을 자기 욕구를 충족하기 위한 더 큰 힘으로 전환하는 방법

빌려 온 자부심을 느낄 때, 그렇게 함으로써 충족하려고 하는 자기 욕구와 다시 연결하면 도움이 된다. 스스로 빛을 발할 때만큼이나 다른 사람 빛을 가져올 때에도 그 뒤에는 어떤 욕구가 있다. 누군가 다른 사람이 어떤 특별한 성취를 해내는 것을 볼 때 느끼는 기쁨을 버리지 않으면서, 당신이 스스로 그 욕구를 충족할 수 있는 다른 방법이 있는지 생각해볼 수 있다. 그러면 자부심과 기쁨을 느끼기 위해 다른 사람들의 행동에 의존하는 일이 줄어들 것이다.

거짓 자부심을 전환하는 방법

거짓 자부심을 전환하기 위해서는 과장이나 거창한 이야기가 없어도 자신이 받아들여질 수 있다는 신뢰가 필요하다. 신뢰를 얻는 한 가지 방법은 거짓 자부심을 꾸며내려는 시도 뒤에 아름다운 인간적 욕구들이 있다는 사실을 기억하는 것이다. 이를테면 수용이나 소속에 대한 욕구, 다른 사람들에게 보이고 들리기를 바라는 욕구가 있을 수 있다. 우리가 과장하고 있을 때 그것을 우리가 가진 욕구들을 일깨우는 신호로 사용할 수 있다. 다른 사람들에게 솔직하게 물어보고 공감에서 비롯한 이해를 받으면, 우리는 담대하게 거짓 없는 진실을 지지할 큰 힘을 얻게 된다.

다른 누군가를 대신해서 수치심을 느낄 때

다른 사람을 자랑스러워할 수 있는 것처럼, 다른 누군가를 대신해서 수치심을 느끼는 일도 가능하다. 우리는 존중에 대한 욕구가 충족되었는지 아닌지를 탐지하는 일종의 레이더를 가지고 있다. 어떤 사람이 황당한 행동을 하고도 수치심을 느껴야 한다는 사실을 눈치채지 못하는 것처럼 보일 때, 우리는 그를 대신해 수치심을 느끼게 된다. 많은 코미디가 이 원리에 바탕을 두고 있다. 예컨대 코미디언 로완 앳킨슨Rowan Atkinson은 미스터 빈 역할에서 당신은 절대로 하지 않았을 상상도 못 할 온갖 행동들을 끊임없이 한다. 그냥 영화일 뿐이라고 생각해도, 그를 볼 때 내 안에서 수치심이 슬금슬금 올라오는 걸 느낄 수 있다. 그가 하나도 부끄러워하지 않는 것처럼 보이기 때문에 내가 그를 대신해서 부끄러움을 느낀다.

내가 십 대일 때 누군가 다른 사람 때문에 수치심을 느낀 또 다른 예화가 있다.

"저것 좀 봐!"

한 선배 언니가 킬킬거리면서 손가락으로 누군가를 가리키고 있었다. 그날 나는 영광스럽게도 한 무리의 선배 언니들과 함께 학교 카페에 앉아 있었다. 나는 열세 살, 7학년이었고, 선배 언니들이 남자나 다른 흥미진진한 이야깃거리를 어떻게 나누는지 듣는 것은 언제나 신나는 일이었다.

"저 남자 멍청해 보이는데."

다른 한 언니가 덧붙였다. 호기심에 차서 그쪽을 쳐다본 나는 그만 얼어붙고 말았다. 무엇이 그런 관심을 끌었는지 궁금해서 쳐다봤는데 세상에, 거기 서 있는 사람은 바로 우리 아버지였다.

"개 같지 않아?" 한 소녀가 키득거리며 말했다.

"아니, 멍청이 같아." 다른 누군가가 말하자 모두가 낄낄거렸다.

완벽하게 우스꽝스러운 복장을 한 아버지의 모습에 소름이 끼쳤다. 러시아 털모자를 쓰고 양옆으로 뻗은 귀마개에 정말로 형편없는 재킷을 입고 거기에 서 있는 게 아닌가, 우리 학교 카페 안에!

아버지는 나를 찾아내려고 룸 안을 들여다보고 있었다. 아버지가 곧 나를 찾아낼 것 같아서 나는 잽싸게 내 물건들을 챙겼다. 수치심이 완벽하게 나를 장악해버렸다. 블랙홀이라도 있으면 빨려 들어가고 싶었다. 선배들에게 들리지도 않을 말을 중얼거린 후, 아버지 쪽으로 가서 쳐다보지도 않고 지나치면서 입을 살짝 벌려 속삭였다.

"나와요!"

다른 사람들한테 내가 이 황당한 존재와 일말의 관계라도 있는 것처럼 보이는 게 싫었다. 수용과 공동체에 대한 나의 욕구가 위협받고 있었고, 나는 어떤 대가를 치르더라도 수치심을 불러일으키는 존재와 연결되는 일을 피하고 싶었다. 지금 그 일을 생각하면 몹시 슬프다. 친구들에게 그분이 우리 아버지라고 말할 용기가 있었다면 얼마나 좋았을까. 만약 그때 나에게 수용에 대한 욕구, 선배 언니들 그룹에 소속되고 싶은 욕구가 너무도 크다는 사실을 깨달을 수 있는 방법이 있었다면, 아버지를 부인하지 않아도 되었을 터이다. 그걸 알고 나니 슬픔이 느껴진다.

7장 | 분노의 놀라운 목적

신속한 전환

"당신이 공격을 당했다고 생각하지 않는 한 화가 나는 일은 불가능합니다. 공격당했기 때문에 공격을 해도 정당하며, 당신은 그것에 대해 조금도 책임이 없습니다."

—『기적 수업』[1]

●●●

[1] 『기적 수업: 학생들을 위한 교재와 워크북 그리고 교사를 위한 매뉴얼 *A Course in Miracles: Texts, Workbook for Students and Manual for Teachers*』, Viking, 1997.

세 살 된 아들이 유리창을 깨뜨렸다. 내가 깨진 유리 조각을 치우는 동안, 아이는 가방 안에 가득한 모래 묻은 장난감들을 자기 침대 위에 쏟아놓았다. 내가 모래를 치우는 동안, 그는 화장실 욕조에 떠 있던 천으로 된 장난감을 꺼내, 마룻바닥과 자기 바지 위에 물을 흥건히 흘려놓았다. 그리고는 바지를 갈아입혀 외출 준비를 마치고 잠깐 숨을 돌리려니까, 이번에는 바지를 벗어버리는 게 아닌가. '얘가 작정하고 나를 괴롭히는 게 분명해!' '얘는 내 한계를 시험하고 싶은 거야!'

분노가 나를 덮쳤다. 애에게 소리를 지르면서 바지를 다시 입혔다. 다른 사람이 자기한테 소리를 지르는 데 익숙하지 않았던 아이가 눈을 크게 뜨고 나를 쳐다보면서 조용히 말했다.

"깜짝 놀랐어요."

내 분노가 사라졌다. 그 순간, 아이가 자기 환상 속 게임에 몰입했을 뿐 내 계획을 방해할 생각은 눈곱만큼도 없었다는 사실이 너무도 분명해졌다. 아이가 나를 괴롭히려고 일부러 비협조적으로 굴었다는 건 내 생각일 뿐이었다. 나를 화나게 만든 건 아이가 실제로 한 행동이 아니라 바로 내 생각이었다.

아이를 안고 앉아서 잠시 얘기를 나누다 눈물이 쏟아졌다. 내가 스트레스를 받아서 해버린 말들, 그리고 그 말을 한 방식에 대해 미안하다고 아들에게 말했다. 그리고 지금 느낌이 어떠냐고 아이에게 물었다. 아이가 내 볼을 어루만지면서 이렇게 말했다.

"엄마 배우면 되잖아. 다음에는 분명 다르게 할 수 있을 거야."

그 말의 따뜻함이 나를 더 울게 만들었다. 그 말 덕분에 내가 얼마나 연결을 소중하게 여기고 싶어 하는지, 그 순간의 연결보다 목표 달성에 더 우선순위를 두는 것을 얼마나 원치 않는지 깨달을 수 있었다.

이 이야기는 우리가 자기 생각에 속아서 내 느낌이 다른 사람이 한 행동의 결과라고 믿어버릴 때 관계가 얼마나 손상될 수 있는지를 보여주는 사례이다.

분노를 온전하게 표현하는 프로세스에서 첫 단계는 내 화가 다른 사람의 행동에 의존하지 않는다는 사실을 이해하는 것이다. 화가 날 때 그 뒤에 있는 욕구와 연결하면, 화는 똑같이 강렬한 한 가지 또는 몇 가지의 다른 감정으로 전환된다. 강한 실망감이나 슬픔이나 두려움이 그런 감정들일 수 있는데, 이들의 공통점은 우리의 욕구를 분노보다 더 잘 알려줄 수 있다는 것이다. 누군가가 우리의 분노를 공감으로 들어주면 이러한 전환이 번개처럼 일어날 수 있다. 피상적인 질책만 해대는 분노와는 대조적으로, 공감은 우리가 자기 자신과 더 깊이 연결될 수 있도록 도와준다.

화날 때 다음 세 가지를 떠올리세요.

1. 화가 나는 것은 당신 욕구 중 일부가 충족되지 않고 있기 때문이다.
2. 화가 나는 것은 당신 욕구가 충족되지 않는 것을 두고 다른 사람을 비난하고 있기 때문이다.
3. 화가 날 때 당신을 표현하면, 당신이 원하는 것을 얻는 데 도움이 되지 않는 방식으로 표현하게 되기 쉽다.

폭력의 핵심

"공개적인 폭력이 일어날 때 화해보다 중요한 일은 사회구조 안에 숨어 있는 폭력을 뿌리 뽑는 것이다."
—자야프라카시 나라얀Jayaprakash Narayan

몇 년 동안 우리 사회에서 일어나는 폭력을 목격한 많은 사람들이 두려움과 좌절감을 표현해왔다. 어떤 이들은 폭력적으로 행동하는 젊은이들에 대해 염려하고, 또 다른 이들은 여성이나 아이들을 학대하는 남성들, 그리고 그에 맞서 싸우는 여성과 소녀들을 걱정한다. 학교에서 일하는 사람들은 그곳에서 오가는 수많은 폭력과 폭력적인 말들에 대해 두려움을 표현한다. 어떤 사람들은 거리 폭력과 공공 기물 파손(vandalism)을 걱정한다. 우리의 언어 사용이 서로 수용된다고 느껴지지 않는 방식으로 흐르는 것을 지적하는 사람들도 있고, 아이들과 젊은 세대가 권위와 성인 세대에 대한 존중을 완전히 잃어버렸다고 성토하는 사람들도 있다.

이 모든 일에는 공통된 핵심이 있다. 무례함의 징표로 보이는 행동을 하는 집단이나 개인에만 초점을 맞춘다면, 우리는 그 핵심에 접근할 수 없다. 폭력을 다룰 때에는 바이러스나 전염병을 다루는 방식으로 접근하는 것이 유용하다.

폭력이나 분노를 개인의 잘못이나 책임으로 보게 되면, 우리 대부분이 분노를 초래한 상황을 다룰 때 지원이 필요하다는 사실을 보지 못할 위험이 있다. 폭력을 다루려면 인간을 바라보는 관점을 바꿀 필요가 있다. 우리가 얼마나 서로 의존하는 존재인지, 그리고 우리가 얼마나 서로 존중해야 하는지를 볼 필요가 있는 것이다. 많은 사람들이 복잡한 문제에 대해 간단한 해결책을 바란다. 기진맥진(burnout, 번아웃)을 활동과 휴식 사이에서 균형을 잡지 못하는 개인의 무능력 때문이라고 간주해버리거나, 스트레스가 우리에게 미치는 영향에 대해 개인이 무지하기 때문이라고 생각해버리는 식이다.

그러고는 지친 개인을 돕는 프로그램을 만든다. 물론 그런 프로그램이 도움이 될 수 있다. 그러나 이런 식의 해결책은 열심히 일하는 것이 선이라고 하는, 좀 더 정확하게는 더 열심히 일할수록 더 선하다고 하는 사회적 가치와 규범을 놓칠 위험이 있다. 일 권하는 사회에서 우리는 어떤 비용을 치르더라도 더 생산적이어야 한다. 한번은 어느 회사 직원들을 위한 스트레스 관리 교육을 주관한 적이 있다. 한 참가자가 내가 제시한 이완 연습을 하지 않겠다면서 이런 말을 했다.

"우리가 지금보다 더 열심히 일하도록 만들기 위해, 이제 고용주가 우리한테 스트레스를 어떻게 관리하는지 가르치고 싶어 하는군요."

그날 나는 큰 교훈을 얻었다. 우리는 일단 누군가에 대해 진단이 나오면 문제의 원인을 이해할 수 있고, 따라서 우리가 그 상황을 통제할 수 있다고 생각하는 것 같다. 그렇게 하면 개인적인 평화를 제공할 수는 있지만 공동체 수준에서의 변화 역시 필요하다는 사실을 놓치게 된다. 이 사례의 경우 모든 사람들의 번아웃을 예방할 필요가 있다. 그 출발점은 사람의 한계와 가능성을 보는 것이다. 폭력 그리고 분노, 수치심, 죄책감의 유발을 어떻게 볼 것인가에 대해서도 같은 원칙이 적용된다. 이 문제들을 개인 수준에서만 보기로 선택하면, 중요하고 필수적인 사회 변화가 필요하다는 사실을 놓칠 위험에 빠지게 된다.

오락물의 폭력성

"미국에서 어린이들이 TV를 가장 많이 보는 시간인 저녁 7시에서 9시 사이에 방영되는 프로그램의 75퍼센트에서, 주인공이 누군가를 죽이거나 때린다. 따라서 어린이들은 열다섯 살이 될 때까지 착한 사람들이 저지르는 구타와 살인을 평균 삼천 번에 걸쳐 목격하게 된다."

—마셜 로젠버그[2]

아마 유럽 여러 나라들에서도 앞의 인용문에 제시된 비율과 같은 수치가 나올 것이다. 많은 어린이들이 폭력과 경쟁이 두드러지는 TV 쇼와 영화를 일찍부터 보기 시작한다. <포켓몬*Pokémon*>, <공룡 킹 *Dinosaur King*>, <톰과 제리*Tom and Jerry*> 그리고 거의 대부분의 디즈니 만화영화 주인공이 그에 해당한다. 아들이 유치원에 다녀와서 친구들 모두가 좋아하는 포켓몬[3] 이야기를 시작한 때가 고작 세 살 때였다. 그때 아이가 말하는 TV 쇼가 어떤 부류인지 알아보려고 TV 앞에 앉았는데 너무도 많은 전투와 냉소, 옳고 그름, 선과 악의 관념들이 프로그램 전체에 만연한 것을 보고 충격을 받았다.

한 편의 영화에서 전투와 살해가 언제 정점에 도달하는지 생각해 본 적이 있는가? 그 일은 프로그램의 절정에서 일어난다. 모든 것이 최고로 흥미진진하고 줄거리가 어떻게 마무리될지 알고 싶어지는 바로 그때 말이다. 우리는 어릴 때부터 폭력에 재미를 느끼고 그것을 문제 상황을 해결하는 건설적인 방법으로 여기도록 체계적으로 학습되었다.

모든 시스템이나 문화는 신화, 즉 세상이 어떻게 지금처럼 되었는지를 설명하는 이야기를 필요로 한다. 충분히 들리고 일상생활에서

● ● ●

[2] 마셜 로젠버그, 「분노와 지배 시스템」(www.cnvc.org)

[3] 포켓몬은 일본의 TV 쇼이자 영화이다.

반복적으로 확인되는 이야기는 이제 더는 우화나 환상으로 여겨지지 않고 현실로 받아들여지게 된다. 그렇게 되면 사람들은 자기에게 고통을 안겨주는 이야기마저 수용하고 용인하게 된다. 우리가 문화적으로 학습한 신화 중 하나가 인간은 폭력적이고 게으르며 이기적이고 악한 생명체라는 이야기이다. 많은 사람들이 이 이야기를 하나의 신화나 세계관으로 보지 않고, 유일한 진리로 여긴다.

최근 10년 사이에 폭력은 점점 더 상업화되었다. 할리우드 영화에서 폭력의 증폭과 살해의 빈도는 몇백 퍼센트에 달한다.[4]

영화는 강력한 신화 전달자이다. 영화에 등장하는 영웅들은 영화에서 가장 많이 그리고 가장 잔인하게 누군가를 해치거나 죽이는 데 성공한 자들이다. 모두 '악에 맞서 싸우는 선'이라는 깃발 아래서 말이다. 영화 말미에 가면 악당들을 전멸시키는 무력을 가장 효과적으로 쓴 이들이 액션 영웅이나 슈퍼 영웅으로 불리게 된다. 이것이 우리가 미래 세대에게 전하고 싶은 가치인가? 이것이 우리가 아이들에게 주고 싶은 메시지란 말인가? 갈등을 어른스럽게 다루려면 폭력에 의존해야 한다는 생각을 우리는 정말로 지지하고 싶은 걸까?

타인을 해치는 사람을 악하거나 나쁘다고 보지 않는 문화가 있다. 그 사람들은 단지 자신의 진정한 본성을 망각했을 뿐이다. 그런 문화에서는 타인을 해치는 행동을 한 사람의 주변 사람들이 그 사람의 진정한 본성을 일깨우는 데 집중한다. 그 사람이 스스로 행한 일을 통해 무언가를 배우는 데에는 처벌보다는 '사람답게 행동한다는 게 어

● ● ●

4 리안 아이슬러Riane Eisler, 『내일의 어린이들Tommorrow's Children』, The Perseus Books Group, 2001.

떤 것인지'를 보여주는 쪽이 훨씬 더 효과가 크다고 믿기 때문이다.[5]

사람이란 공격적인 피조물이라는 믿음에 뿌리를 둔 영화들 말고, 사람들이 서로서로 배려하고 협력하는 존재라는 신화에 바탕을 둔 영화들을 더 많이 볼 수 있는 문화 속에서 살아간다면 우리에게 어떤 일들이 벌어질지 궁금하다.

잃어버린 분노 사용 설명서

> "분노는 폭력을 유발하고 삶을 소외시키는 사고의 결과물이다."
> —마셜 로젠버그

여러 맥락에서 분노는 나쁘고 비정상이라서 없애버려야 할 것으로 간주된다. 분노를 이런 태도로 대하면, 우리는 자기 내면의 분노를 숨기려고 애쓰다가 종종 그것을 더 키우게 되기도 한다.

분노의 강렬함을 우리가 무엇을 필요로 하고 원하는지를 명료하게 하는 데 사용할 때, 그 에너지는 우리가 맺는 관계에 기여할 수 있다. 그 반면에 우리 느낌을 두고 다른 사람을 비난하는 데 이 강렬함을 사용할 때, 우리는 가까운 관계를 손상시킬 위험에 빠지게 된다.

● ● ●

[5] 마셜 로젠버그는 「분노와 지배 시스템」에서 오랑 아슬리Orang Asli 부족 사람들에 관한 이야기를 들려준다. 루스 베네딕트Ruth Benedict의 책 『문화의 유형들*Patterns of Culture*』(Mariner books, 2006)을 읽어볼 것.

분노를 효율적으로 다루는 한 가지 방법은 그것이 폭발하기 전에 우리가 느끼고 필요로 하는 바를 말로 표현하는 것이다.

이 방법을 배우는 데 너무 늦은 때란 없을 터이다. 그렇지만 아이들이 어릴 때부터 이 방법을 익히도록 지원받을 수 있는 시스템이 있다면 얼마나 좋을까? 모든 사람이 자기 느낌과 욕구를 말로 표현할 수 있는 능력을 가지고 있고, 다른 사람의 말에서 느낌과 욕구를 듣는 법을 알고 있는 사회를 상상해보자. 그런 사회는 지금 우리가 사는 사회와는 전혀 다른 사회가 될 것이다. 그런 사회에서는 분노가 개인적인 일로 간주되지 않을 것이다. 왜냐하면 분노가 무슨 말을 하고 싶은지를 이해하려고 모두가 노력할 테니까.

아돌프 히틀러는 느낄 수 있고 느낌을 말로 표현할 수 있는 능력이 강압에 기초한 시스템에 위협이 된다는 사실을 이해하고 있었다. 그는 사람들이 자신의 느낌과 욕구를 표현할 수 있는 능력을 가지게 되면 내면의 자유를 알게 되어 통치하기가 어려워진다는 사실을 감지했던 것 같다. 그래서 그는 독일에 있는 학교에서 교사들이 아이들에게 자신의 느낌을 표현하도록 교육하는 일을 금지했다.[6]

자기 느낌과 자신의 인간적 욕구와 접촉하고 있는 사람은 결코 쉽사리 조종당하는 인형이 되지 않을 것이다.

● ● ●

[6]   예루살렘에 있는 홀로코스트 박물관에 가면 히틀러가 이 주제에 대해 내린 몇 가지 칙령들을 볼 수 있다.

분노: 비상벨

분노를 자동차 계기판에서 연료가 떨어져가고 있을 때 신호를 주는 붉은 색 연료 경고등과 비교해보자. 여기에서 불빛 자체가 중요한 것은 아니다. 경고등은 우리에게 반드시 필요한 무언가가 떨어지고 있으니 멈춰서 살펴보라는, 그리고 때로는 문제를 해결하기 위해 도움을 요청하라는 신호를 보내고 있다.

그럴 때 우리는 속을 들여다볼 필요가 있다. 분노 조절의 목표가 단지 비상등을 끄는 것이라고 생각한다면, 그 결과 엄청난 재난이 초래될 수도 있다. 중요한 메시지를 꺼버리고 분노의 이유를 잘못 이해하면, 우리는 누군가를 진정시키고 화를 잠재우는 작업만 하게 될 것이다. 그러면 자동차에 기름 넣기처럼 안 하면 엔진에 고장을 일으킬 수도 있는 중요한 일을 놓치게 된다. 분노가 주는 신호 뒤에 있는 메시지를 놓칠 때, 우리는 충족되기를 기다리고 있는 욕구들을 무시하게 되는 것이다.

자기 분노를 불러일으키고 있는 판단과 강요를 욕구로 전환하는 법을 배우는 일은 가치가 있다. 그렇게 하지 않을 때 분노는 종종 우리를 집어삼켜버리고 나중에 후회할 선택을 하도록 만든다. 그 결과 우리의 더 많은 욕구들이 충족되지 못하는 지경에 이르기도 한다.

분노는 우리에게 중요한 것이 무엇인지를 명료하게 인식하는 데 도움이 된다. 그러나 그것을 이해하려면 분노가 우리에게 무엇을 말해주고 싶은지에 대해 호기심을 가져야 한다. 타인을 탓하게 되면, 자신에게 중요한 것이 무엇인지를 발견할 힘의 일부를 잃어버리게 된다. 그러지 않고 자신의 분노와 그 분노를 일으키는 자신의 생각들에 대해 책임을 지게 되면, 우리는 우리가 가진 힘을 우리가 이루고 싶은 변화를 추진하는 데 온전히 사용할 수 있게 된다.

> **"자기 행동을 자신의 충족되지 못한 욕구라는 관점에서 가늠하면 변화를 향한 원동력이 수치심, 죄책감, 분노, 우울에서 나오는 것이 아니라, 우리 자신과 다른 사람들의 웰빙에 기여하려는 진정한 욕구에서 나오게 된다."[7]**
> ─마셜 로젠버그

분노가 이 목적을 위해 사용되어 우리가 자기 욕구와 가치에 주의를 기울일 때, 그것은 전환될 것이다. 이것은 분노를 억누르는 일과는 다르며, 또 분노를 진정시키는 일 이상을 의미한다. 당신이 자신의 욕구와 접촉할 때 느끼는 정서는 분노만큼이나 강렬하고 고통스러울 수 있다. 그렇지만 그것은 전혀 다른 맛을 가지고 있다.

7장 | 분노의 놀라운 목적

열까지 세기

화가 날 때 우리 뇌가 납치당하는 게 사실이라면, 화가 날 때는 행동하기 전에 "열까지 세라."라고 한 옛 속담은 귀 기울일 만한 가치가 있다. 느낌 뒤에 있는 욕구를 발견하려고 할 때, 자기 내면과 연결할 시

• • •

[7]   마셜 로젠버그, 『비폭력대화: 삶의 언어』

간을 주는 일은 우리에게 커다란 이점을 가져다준다. 분노 안에는 쓸모 있는 정보가 들어 있다.

사람들 대부분이 수치심, 죄책감, 분노를 유발하는 생각들을 가지고 있는데, 그 생각들과 친구가 되는 데에서 중요한 첫 번째 단계는 '일단 멈춤'이다. 내면에서 일어나고 있는 폭력적인 생각들에 공간을 허용하는 멈춤 말이다. 그 생각들이 바깥으로 분출되지 않고 우리 내면에만 머무를 수 있도록 충분한 공간을 허용하면, 우리가 정말로 원하는 일이 무엇인지 확신이 생기고 그 상황에서 어떻게 행동하고 싶은지를 알 수 있게 된다. 우리는 화가 날 때 대개 자동 반응을 해버리기 때문에, 처음에는 일단 멈춤을 할 때 좀 이상한 느낌이 들수도 있다.

많은 사람이 화를 검열해서 밀어내려고 애를 쓴다. 그 결과 화는 폭발해버리거나 아니면 억압되어 우울함을 가져온다. 화가 나는 순간에 우리에게는 자신의 삶에 기여하는 선택을 할 시간이 필요하기 때문에, 열까지 세기는 아주 좋은 조언이 될 수 있다.

수치심에서 분노로, 분노에서 폭력으로

『폭력 예방하기』라는 책을 쓴 제임스 길리건[8]은 자신의 연구와 전문

• • •

[8] 제임스 길리건James Gilligan, 『폭력 예방하기Preventing Violence』, Thames & Hudson, 2011.

가들의 의견을 바탕으로 다음과 같은 결론을 내린다.

"공격성과 폭력성을 불러일으키는 가장 강력한 자극제이자 가장 확실하게 폭력적인 반응을 유발하는 것은 좌절 그 자체가 아니라 모욕과 굴욕이다."

누군가에게 폭력성을 유발하는 가장 효과적인 방법은 모욕을 주는 것이다. 대부분의 사람들에게는 이것이 유일한 방법일지도 모르겠다.

북미에서 점점 자주 일어나고 있고 핀란드와 독일에서도 발생하는 학교 총기 난사 사건에 관한 조사 보고서들을 요약해보면, 이 모든 비극들의 중심에 존중에 대한 욕구가 있음을 알 수 있다.

가해자 내면의 수치심 수준이 통제할 수 없는 정도까지 높아지면, 수치심은 분노와 폭력으로 변한다고 볼 수 있다. 굴욕감을 경험하지 않고서 치명적인 폭력성을 폭발시키는 사람은 없다.

비극적인 결과가 벌어지기 전에 수치심을 감지하는 법을 배우는 일이 폭력 예방에서 핵심적인 부분이다. 그런데 이미 참을 만한 수치심 수준을 넘어서버린 개인을 지원하는 일만 해서는 안 되고 그 이상을 해야 한다. 우리는 폭력을 낳는 정신적 에토스, 그리고 세계관과 구조 자체에 대해서 뭔가를 해야만 한다. 그 첫 단계는 분노를 잘못된 일로 보는 대신에 분노의 느낌을 수용하는 방법을 찾는 것이다. 그런 다음에야 분노 아래에 있는 수치심에 접근할 기회를 가질 수 있기 때문이다.

분노를 잘못된 일로 여길 때 생기는 일

"지금 화내고 있네!"

다섯 살 아들이 단호한 발걸음으로 내게서 떠나가며 어깨를 으쓱해 보였다. 분명 내가 못마땅한 듯했다. 화도 나고 지치기도 한 나는 애원하듯 말했다.

"만약에 내가 네 장난감을 망가뜨리면 너도 엄청 화날 거 아니야?"

내가 분노를 터뜨린 건 그 애가 자동차 천장에 구멍을 뚫어놓은 일 때문이었다. 그날 저녁에 우리 친구 중 한 사람과 외출하면서 아이가 그 어른 친구 귀에 대고 속삭였다(하지만 그 소리가 너무 커서 내게도 다 들렸다).

"엄마만 두고 가도 돼요? 그럼 엄마가 내 장난감 망가뜨릴지도 모르는데."

가슴이 무너졌다. 겁을 주어서 아이를 불안하게 만들려던 게 아니었는데……. 다른 사람에게 입장 바꿔 생각해보라고 요청하더라도 그 사람이 내 심정을 이해할 수는 없다는 것을 분명하게 보여주는 예이다. 그 사람에게 그 말은 협박이나 강요로 들리지, 나를 이해할 수 있게 해주는 말이 아니다.

지배 문화 속에서 화는 누군가가 잘못을 저질렀고 벌을 받을 필요가 있다는 것을 알려주는 신호이다. 그 반면에 생명을 양육하는 데 초점을 맞추는 문화에서 화는 중요한 욕구가 충족되지 않고 있다는 신호로 간주된다.

화가 정상인지 비정상인지를 가리는 일은 갈증이나 기쁨이나 피로감 같은 느낌이 정상인지 아닌지를 가리는 일만큼이나 쓸모가 없는 일이다. 중요한 것은 느낌에 귀를 기울여 그 느낌의 정확한 원인을 발견한 다음 적절한 행동을 취하는 일이다. 나는 그에 대해서 마셜 로젠버그가 한 말을 좋아한다.

> 분노를 충분히 표현하기 위해서 우리는 자기 자신의 욕구를 충분히 의식해야 합니다. 그리고 그 욕구를 충족할 수 있는 에너지를 지니고 있어야 합니다. 그런데 분노는 우리의 욕구를 충족하는 대신에, 우리가 가지고 있는 에너지를 다 가져다가 사람들을 벌주는 데로 향하게 합니다.[9]

스리랑카에서 비폭력대화 교육을 할 때, 가톨릭 수녀님들이 참가한 적이 있었다. 때로 너무 조용하게 말씀들을 해서 그분들 이야기를 알아듣기가 힘들 정도였다. 교육에서 무엇을 다루고 싶은지 여쭤봤더니, 그중 몇 분이 바닥을 내려다보았다. 놀랍게도 한 분 한 분이 부끄러워하며 거의 속삭이듯이 말을 했다. 자기 분노를 다루는 방법을 배우고 싶다는 것이었다. 교육을 진행하면서 나는 그분들이 화를 나쁜 일, 문젯거리로 인식하도록 배웠다는 사실을 알게 되었다. 수녀님들은 화를 느끼는 순간 어떤 말도 하지 않으려 한다. 억제된 분노는 결국은 분출하고야 마는 화산과 비슷하다. 참을 수 있는 한도까지 억제

• • •

9   마셜 로젠버그, 『비폭력대화: 삶의 언어』

되었던 분노는 결국은 터지고야 마는데, 그럴 때 수녀님들은 결코 아름답지 않은 방식으로 자신들을 표현하게 된다.

분노가 주의를 기울일 만한 소중한 신호라는 것, 그리고 분노를 느끼는 것이 잘못된 일이 아니라는 사실을 수녀님들에게 보여주는 데 꽤 많은 시간을 들여야 했다. 수녀님들 대부분이 분노 뒤에 욕구가 있다는 사실을 알게 되었다. 그리고 그 욕구와 연결되면 더 쉽게 분노를 수용하면서, 그리고 때로는 더 즐기면서 그 상황을 다룰 수 있다는 사실도 깨달았다.

분노 죄책감 수치심

분노를 수용하고 다루는 다섯 단계

1. 멈춤. 숨 쉬기. 아무런 행동이나 말도 하지 않기.
2. 자기 안에서 모든 판단과 강요들이 흘러나올 수 있도록 명료한 공간을 허용하기. 당신이 하고 있는 판단들을 감싸 안으면서 내면에서 무슨 일이 일어나고 있는지를 관찰하기. 더 많은 판단으로 판단과 대결하려고 애쓰지 말 것.
3. 판단과 강요 뒤에 있는 욕구와 연결하기.
4. 자신의 느낌과 연결하기. 느낌이 분노에서 똑같이 강렬한 다른 느낌으로 변화할 때, 당신은 자신의 욕구와 연결된다.
5. 느낌과 충족되지 못한 욕구, 그리고 그 욕구를 충족하는 데 도움이 된다고 생각되는 부탁을 표현하기.

기꺼이 주고 싶을 때만 주기

앞에서 이야기한 것처럼 분노는 누군가가 어떤 행동을 해야만 한다거나 해서는 안 된다는 온갖 종류의 생각들과 긴밀하게 연결되어 있다. 어떤 일이 누군가의 의무라는 개념과 무엇이 옳고 무엇이 그른지에 대한 관념 역시 분노를 촉발하는 자극에 들어 있는 공통 성분이다. 비폭력대화의 기본 전제 중 하나는 인간이 주는 일을 즐거워한다는 것이다. 그리고 자발적으로 준다고 느낄 수 있을 때, 그리고 주는 일이 강요되지 않을 때에만 주는 일을 즐길 수 있다는 것이다. 자발적일 때에만 주는 일이 얼마나 중요한지를 뼈아프게 배우게 된 경험이 있었다. 그 일은 내가 사실은 "아니!"라고 말하고 싶은 상황에서 자꾸만 "그래!"라고 말했던 한 친구와의 관계에서 일어났다. 나는 내가 누군가의 친구라면 좋든 싫든 너그럽게 나누며 친구가 필요할 때 항상 그 곁에 있어야 한다는 생각에 사로잡혀 있었다.

실제로는 싫다고 말하고 싶을 때마다, 나는 그 사람에게 "그럴게."라고 했다. 그 사람에 대한 짜증과 내면의 적 이미지가 날로 커져 갔다. 결국 나의 내면에서 그 사람은 괴물이 되었지만, 여전히 그가 어떤 부탁을 할 때마다 나는 예의 바르게 "그래!"를 하고 있었다. 그가 우리 집에 왔을 때 나에게 물어보지도 않고 식탁 위에 놓인 과일 그릇에서 작은 귤 하나를 집어 드는 일이 일어났다. **내** 과일 그릇에서, **내**가 괜찮은지 물어보지도 **않았어!** 나는 보통은 친구들이 내 집에 와서 자기 집처럼 편안하게 지내는 것을 고마워했기 때문에, 그때 내 안에서 일어난 강렬한 반응에 충격을 받았다. 격분해서 몸이 떨리고 그에게 해주고 싶은 온갖 종류의 폭력적인 행동들이 마구 떠올랐다. 그 사람이 껍질을 까고 귤을 먹는 모습을 바라보는 것이 내게는 거의 참을 수가 없는 일이었다. 그렇지만 나는 아무 말도 할 수 없었다.

그 상황에 대해 아무 말도 나누지 않은 채 그가 떠났다. 약간 진정

되자 내가 너무 여러 번 그 사람에게 "예스!"를 했다는 사실과, 그 사람의 선택이 나에게 어떤 영향을 끼치는지에 대해 좀 더 솔직해야 한다는 사실을 깨달았다. 나는 친구들의 도움을 받아 그 사람에게 하고 싶은 말이 무엇인지 정리한 다음, 그에게 만나서 이야기를 나누자고 요청했다.

우리는 그 문제를 어떻게 다룰지, 그리고 서로 어떤 관계를 맺고 싶은지에 관해 대화를 나누었다. "예스!"가 진정한 "예스!"가 아닐 때, 그리고 내가 정말로 자발적으로 주지 않을 때, 상대방과 나는 둘 다 대가를 치르게 된다는 값진 깨달음을 얻었다.

2장에 나오는 안나의 이야기로 돌아가서 이 점이 실제로 어떻게 드러나는지를 살펴보자. 만일 안나가 친구들에게 화를 내며 협박을 해서 강제로라도 그 프로젝트에 합류하려고 했다면, 결국 친구들이 "예스!"를 했을 수도 있다. 그러나 그랬다면 안나는 끊임없는 불확실성에 시달렸을지도 모른다. 왜냐하면 주기로 선택해서 주는 일이 얼마나 중요한지를 우리 모두가 본능적으로 알고 있기 때문이다. 안나는 친구들이 진정으로 자신을 원하지 않았다는 의심 어린 생각들 때문에 괴로웠을 터이고, 카페를 함께하는 기쁨은 이 지속적인 괴로움 때문에 쉽게 가려졌을 것이다.

안나가 너무나 실망하는 모습에 죄책감을 느낀 친구들이 정말로 원치 않는 일을 하는 데 동의한다면, 그들의 생각과 의심이 어느 날 갑자기 쏟아져 나올 위험이 늘 따라다닌다. 비방이나 냉소로, 또는 매사에 안나를 향한 분노나 심지어 반감의 형태로 언제든 새어 나올 수가 있는 것이다.

분노 뒤에 숨어 있는 수치심

"그러나 분노는 우리의 에너지를 우리 자신의 욕구를 충족시키는 데에서 다른 사람을 벌주는 데로 빼앗아 간다."

—마셜 로젠버그[10]

때때로 가장 깊은 수치심은 그것과 함께 오는 분노나 죄책감을 먼저 다룸으로써 감당할 만한 것이 된다. 5장 욕구 나침반에 네이선슨과 몇몇 작가들의 견해가 소개되어 있는데, 이에 따르면 우리는 항상 분노를 느끼기 전에 수치심을 느낀다.[11]

네이선슨은 어떤 굴욕감을 먼저 경험하지 않고 폭력성을 폭발시키는 사람은 아무도 없다고 믿었다. 어떤 사람이 나침반에서 타인을 공격하는 방향으로 행동을 한다면, 그 사람은 대개 그 전에 자기 수치심을 다루기 위해 다른 방향으로 노력을 했었다는 것이다. 그러다 결국 자신의 느낌과 관련해 다른 사람을 비난하는 길 외에는 다른 대안을 찾지 못한 것이다.

이 과정은 매우 빠르게 진행될 수도 있고 오랫동안 진행될 수도 있다. 우리는 수치심을 피하고 싶어 하며 수치심으로부터 벗어나려고 다른 사람을 비난한다. 항상 그런 건 아니지만 종종 화가 나기 전에 미묘한 수치심이 일어난다는 것을 나는 알고 있다. 존중과 존엄에 대한 욕구가 충족되지 않을 때, 이는 다양한 종류의 폭력으로 이어질

● ● ●

10 마셜 로젠버그, 『비폭력대화: 삶의 언어』

11 도널드 네이선슨, 『수치심과 자부심』

수 있다. 왜냐하면 우리가 냉혹한 말이나 자기 증오나 주먹질이 아닌 다른 방법으로는 굴욕감을 다룰 줄 모르기 때문이다. 따라서 수치심 다루기는 분노를 다루는 한 가지 방법이 되기도 한다. 수치심과 분노 는 동전의 양면처럼 함께 다닌다.

분노한 여성들

분노한 여성들을 일컫는 많은 이름들이 있다. 여성해방운동과 같은 자유를 향한 무혈 운동에서 여성들이 이런저런 이름으로 불리면서 어 떤 경멸을 받아왔는지를 우리는 역사에서 목격해왔다. 그 반면에 남성 들 사이의 피비린내 나는 대결에서 '이긴' 자는 영웅으로 불리곤 한다.

몇몇 친구들에게 분노한 여성과 분노한 남성을 떠올릴 때 생각나 는 말이 얼마나 되는지 물어본 적이 있다. 분노한 남성에 대한 말의 목록은 짤막한 반면, 분노한 여성을 일컫는 말은 엄청나게 많았다. 분 노한 여성을 일컫는 말이 이렇게 많다는 사실은 무엇을 뜻할까? 이는 분노한 여성이라는 이미지가 여성은 어떠어떠해야 한다는 규범에서 얼마나 벗어나 있는지를 드러내고 있는지도 모르겠다. 그렇다면 여성 에게 분노는 매우 어려운 내면의 전투를 수반하는 일일 터이다.

화내는 여성은 화내는 남성보다 훨씬 더 위협적이고 부적절하다 고 여겨진다. 때로 여성들이 자기 분노를 표현하는 데 어려움을 겪는 것은 그 때문이기도 하다. 모름지기 여성이란 이러이러하게 행동해야 한다고 믿는 우리의 습관적 패턴을 깨기 때문에, 분노하는 여성은 위협적이다.

그러나 이러한 억압으로 우리는 너무나 많은 힘을 잃어버리고 있다. 나는 사람들의 분노가 담고 있는 강렬함을, 그 사람 깊은 곳에 자리 잡고 있는 가치가 위협당하고 있다는 신호로 본다. 만약 분노가 적절치 않다고 우기는 대신에 그 사람이 어떤 가치를 간직하고 있는지를 들을 수 있다면, 우리는 그 사람의 분노를 편안하게 존중할 수 있을 것이다.[12]

아이들의 분노

분노를 자연스러운 현상으로 보면서 유아들이 하는 특정 행동을 분노로 해석하는 학자들이 많이 있다. 소년이 소녀보다 더 자주 분노한다는 걸 알려주는 연구들도 많다. 정체성 발달에 관한 연구들은 어른들이 여자아이와 남자아이를 다른 기대와 태도로 대한다는 것을 보여주고 있다. 유아에 대한 성인의 반응을 관찰한 몇몇 연구들은 성인들이 아기의 성별에 대한 사전 정보에 따라 아기를 다르게 인지한다는 사실을 알려주었다.[13] 사전에 들은 아기의 성별이 남자냐 여자

• • • •

[12] 2007년에 United Minds가 실시한 연구에 따르면, 55%의 스웨덴 여성이 자신이 분노한 데 대해 수치심을 느꼈다고 한다. 그 반면에 스웨덴 남성은 25%만이 그러했다.

[13] 앤 파우스토스털링Anne Fausto-Sterling, 『젠더 신화: 여성과 남성에 관한 생물학적 이론들Myths of Gender: Biological Theories About Women and Men』, 1985.

냐에 따라서, 우는 아기를 달래는 방식이 다음과 같이 달라진다는 것이다.

아기가 여자아이라는 사전 정보를 주었을 때:
- 아이가 슬프고 무서워서 울었어요.

같은 아기가 남자아이라고 생각했을 때:
- 아이가 화나고 짜증 나서 울었어요.

벌주기 위해서가 아니라 보호하기 위해서

상황이 고조되었을 때에는 말로는 통하지 않기도 한다. 누군가가 해를 입을까봐 너무너무 걱정이 될 수가 있는데, 우리는 그런 상황에서 말이 아닌 방식으로 우리의 힘을 사용할 수 있다. 말만으로는 갈등을 멈출 수 없기 때문이다. 그럴 때 좋은 관계를 유지하려면, 상대편을 벌주려는 의도가 아니라 보호하려는 의도를 가지고 그 상황에 개입하는 것이 중요하다. 누군가가 해를 입지 않도록 보호할 수 있는 행동을 하고 난 다음에는, 되도록 빨리 연결과 상호 존중을 이루려는 의도를 가지고 대화를 나누는 일이 중요하다.

화는 우리가 초점을 벌주기가 아니라 보호하기에 두고 있음을 명료하게 의식하지 못하고 있다는 신호이다. 다른 사람을 판단하고 그 사람이 받아 마땅한 벌을 줄 권리가 우리에게 있다고 생각할 때 뿐

어져 나오는 바로 그 에너지에 의해 분노가 부추겨진다. 화가 나 있을 때에는 우리 머릿속이 판단들로 가득 차 있어서, 다른 사람의 느낌과 욕구를 향해 열린 마음을 갖지 못하게 된다.

내 친구 중에 홀로 아이를 키우는 싱글 맘 한 명이 있다. 때로 그녀의 삶은 경제적 곤경에 부딪혀 추가 지출을 감당하지 못하는 상황에 처하게 된다. 아들이 실내에서 공을 가지고 놀기 시작하자, 그녀는 집에 있는 물건들이 부서질까봐 공을 가지고 놀지 말라고 아들에게 요청했다. 그래도 아이가 계속해서 놀자, 그녀가 나에게 조언을 구했다. 나는 무언가를 하지 말라고 하거나 원치 않는 행동을 말하는 대신에, 아이에게 어떤 행동을 해달라고 부탁을 하고 아울러 왜 그렇게 행동하기를 원하는지를 말해보라고 제안했다. 그녀는 공을 바닥 위에서 굴려달라고 부탁을 하면서 그 이유를 설명해주었다. 그래도 아들은 계속해서 공을 튀기면서 놀았다. 아이를 연민으로 대하려고 애쓰면서 공을 굴려달라고 부탁을 해도 소용이 없다는 그녀의 이야기를 몇 번 더 들은 후에, 나는 그들의 자원을 보호하기 위해 아들에게서 공을 치우는 게 어떻겠냐고 제안을 했다.

"하지만 나는 아이가 자유로움을 느끼기를 원해요."

그녀가 피곤한 어조로 대답했다. 공을 굴리면서 놀아달라고 아이에게 계속 부탁하면서 그녀가 어떤지를 조심스럽게 지켜봤더니, 그녀가 점점 더 짜증을 내는 모습이 보였다. 결국 그녀는 화난 몸짓으로 아이에게서 공을 홱 빼앗더니 아이 손이 닿지 않는 높은 곳에 올려놓았다. 물론 실망한 아이는 소리 높여 불만을 표현했다. 이 지경에 이르자 그녀는 짜증이 나서 더는 아들을 공감하고 배려하면서 대하기가 어려워졌다.

며칠 후 우리는 그 문제에 대해 이야기를 나누었다. 그녀가 깨닫게 된 건 자신이 행동을 너무 늦게 취한 나머지 자기 욕구와의 연결을 잃어버렸다는 사실이었다. 그녀는 자기 말이 들리기를 원했다. 그녀는 안전에 대한 자기 욕구를 지키기 위해 좀 더 일찍 공을 치우지 않았던 것에 대해 화가 났던 것이다.

만약 화가 날 때까지 행동을 미루지 않았다면, 그녀는 아들의 실망을 훨씬 더 잘 이해하면서 부드럽게 반응할 수 있었을 것이다. 그녀가 보호를 위해 좀 더 일찍 개입했더라면, 공을 치우면서도 자신과 좀 더 연결된 상태에서 이렇게 말할 수 있었을 것이다.

"지금 엄마가 너무 걱정이 돼서 물건들이 깨지지 않도록 보호하기 위해 공을 치울 거야. 공을 가져다 치워놓을 건데, 이게 너한테 어떤지 듣고 싶어."

그렇게 한다면 그녀는 자기 욕구와 연결하면서 아이가 분노와 실망을 다룰 수 있도록 도와주기가 훨씬 쉬울 것이다.

분노를 다룰 수 있게 도와주는 전제들

- 분노는 더 밑에 있는 다른 느낌으로부터 에너지를 얻는다.
- 분노는 우리 삶에 기여하지 않는 접근법의 결과이다.
- 내가 상황을 어떻게 보기로 선택하는지가 화가 날지 말지에 영향을 미친다. 그리고 상황을 내가 원하는 방향으로 변화시킬 수 있는 내 능력에도 영향을 미친다.
- 우리는 분노를 틀린 것이라고 판단하는 대신에, 우리가 자신의 느낌과 욕구가 아니라 판단에 초점을 두고 있다는 사실을 알려주는

경보음으로 간주할 수 있다.

- 우리는 사람들과 그들의 행동 방식을 판단하기 때문에 화가 난다. 다른 사람에 대해 느끼는 느낌을 비난하는 대신에 이 판단들에 주의를 기울이면, 자신의 느낌에 대해 책임을 지는 데 도움이 된다.
- 강요를 담고 있는 모든 생각은 분노를 촉발할 가능성을 안고 있다. 그런 생각들은 "해야 해", "하지 않으면 안 돼", "너의 의무야", "나의 권리야", "틀렸어", "적절해", "부적절해" 같은 말을 담고 있다.
- 강렬하고 힘 있게 자신을 표현할 때에도, 자기 느낌을 자신의 욕구와 연결함으로써 우리는 우리의 느낌에 대해 책임을 질 수 있다.
- 우리가 분노 뒤에 있는 생각, 그리고 그 뒤에 있는 욕구와 연결하면, 다른 외부 상황이 전혀 변하지 않아도 분노가 다른 느낌으로 전환되는 일이 종종 일어난다.
- 옳고 그름에 대한 판단을 표현하는 대신에 무엇을 느끼고 무엇을 필요로 하는지를 표현함으로써, 자신의 분노에 대해 온전히 책임을 지면서 분노를 표현할 수 있다.
- 다른 사람의 행동을 이해하려는 시도에 집중할 때, 우리는 분노와 그것을 일으키는 사고 과정을 다룰 수 있다. 누군가가 어떤 행동을 통해 충족하려고 하는 욕구가 무엇인지에 귀를 기울이면, 우리는 분노를 효과적으로 변형시킬 수 있다.

2장에서 말한 것처럼 **우리 자신의 욕구와 접촉할 때, 우리는 더는 화가 나지 않는다. 왜냐하면 분노가 우리의 욕구와 가까운 다른 감정들로 전환되었기 때문이다.** 나는 종종 화가 전환되었는지 아닌지를 알아차리기 위해 이 전제를 사용한다.

분노 관리 연습

무엇이 당신을 화나게 하는가?

당신을 화나게 하는 다른 사람의 행동을 쭉 적어서 목록을 만들어 보라. 해석이나 분석을 적지 말고 분명한 관찰을 적도록 한다. 분노를 관리하는 방법을 배우는 데 이 목록을 사용할 수 있다. 당신이 좀 더 주의를 기울여야 하는 상황을 되새기는 데 도움이 될 것이다.

실제로 무슨 일이 있었는지에 대한 관찰을 해석, 판단, 분석과 구분할 수 있는 것은 분노를 다루는 첫 번째 단계이다. 생각이나 느낌이라는 필터로 거르지 않고 상황을 있는 그대로 볼 수 있을 때, 우리는 충족되거나 충족되지 않고 있는 욕구와 쉽게 연결할 수 있다. 이것은 분노를 만들어내는 생각을 다루는 데에서 중요한 단계이다. 화가 날 때에는 아무 말도 하지 않는 편이 더 효율적일 수 있다. 왜냐하면 화날 때 하는 말은 다른 사람을 비난하거나 벌주려는 욕망으로 물들기 때문이다.

무엇이 당신을 화나게 하는지를 쉽게 발견하기 위해서 아래 문장들을 완성해볼 수 있다.

- 나는 _____ 한 사람이 싫다.
- _____ 한 사람은 _____ 해야 한다.
- 나는 _____ 한 사람을 보면 불같이 화가 난다.
- 나는 사람들이 _____ 하는 것을 보면 너무너무 화가 난다.
- 나를 열받게 하는 상황은 _____ 할 때이다.

분노를 전환하기

~~~~~~~~~

1. 누군가가 당신의 화를 촉발하는 행동을 했던 상황을 떠올려보세요. 이해심 많은 친구에게 편하게 말하듯 그 상황을 간단하게 묘사해보세요. 당신이 경험한 일에 잘 맞는 언어를 사용하도록 스스로에게 허용해줍니다. 몰입해서 작업할 만한 의미가 있다고 느껴지는 상황을 선택해보세요.

2. 이제 상대편이 어떤 행동을 했는지 관찰로 적어봅니다. 일어난 일에 대한 해석을 실제로 일어난 일에 대한 관찰로 번역해보세요.

3. 화를 일으키는 원인이 되는 당신의 주장은 무엇입니까? 어떤 판단을 하고 있나요? 누가 어떤 행동을 해야만 한다고 자기 자신에게 말하고 있나요?

4. 당신을 한 사람으로 바라보면서, 이 상황에서 당신이 충족하고자 했던 욕구와 연결해보세요. 3번에 적어놓은 판단과 강요 문장의 도움을 받아 욕구를 명료하게 인식해보세요. 잘 떠오르지 않으면 p.66에 있는 욕구 목록의 도움을 받을 수 있습니다.

5. 이 욕구들과 연결할 때 어떤 느낌이 드나요? 분노와는 다른 어떤 느낌을 느끼나요?

   이 단계를 위해 충분한 시간을 가집니다. 천천히 욕구 하나하나 와 진정으로 연결하면서 느낌의 변화를 바라봅니다. 강제로 변화 시키려 하지 마세요. 느낌이 변화하지 않는다면, 시간이 더 필요할 수도 있습니다. 아니면 앞에 나오는 단계들을 다시 거칠 수도 있 습니다. 또, 계속해서 다음 단계로 넘어가서 분노가 전환되는지를 탐구해볼 수도 있습니다.

분노 죄책감 수치심

6. 이제 상대방을 한 사람의 인간으로 바라봅니다. 상대편이 2번에 적은 행동을 할 때 어떤 느낌과 욕구가 있었을지 짐작해보세요. 그 상황에서 상대방의 느낌과 욕구를 추측해서 적어봅니다.

7. 당신의 욕구 그리고 상대편의 욕구에 주의를 기울여봅니다. 그렇 게 할 때 어떤 느낌이 드나요?

   여전히 화가 난다면 3번으로 돌아가 프로세스를 반복해보세요.

8. 분노가 걷히고 '새로운' 느낌 뒤에 있는 욕구와 연결되었다면, 그 욕구를 충족하기 위해 당신 자신이나 상대방에게 부탁하고 싶은 것이 있나요?

전환 후에 분노를 표현하기

상대방과 소통하기 전에 다음 세 가지를 스스로에게 물어볼 수 있다.

"내가 어떤 일에 반응하고 있는지가 명료한가?"

"내가 내 느낌과 욕구에 연결되어 있나?"

"내가 상대방의 느낌과 욕구를 추측하고 있나?"

"내가 다음에 무슨 일이 일어나기를 원하는지가 명료한가?"라는 질문이 매우 중요하다. 그 점이 명료하지 않으면 '분노를 전환하기' 연습을 먼저 하는 것이 더 효과적이다.

앞에 나오는 질문들에 대해 답을 가지고 있다면, 이제 소통을 시도할 시간이 되었다고 볼 수 있다. 당신이 가지고 있던 판단들은 연결을 방해할 수도 있으니까 상대편과 나누지 않는 것이 좋다. 그 대신에 당신의 느낌과 욕구가 무엇인지, 그리고 어떤 일이 일어나기를 바라는지를 전달하라.

당신이 소통하고 있는 상대방도 자기 말이 잘 들리기를 간절히 바라고 있을 터이다. 상대방의 말을 잘 듣는 일이 그 말에 동의하거나 그 사람이 부탁하는 바를 기꺼이 행한다는 뜻이 아님을 기억하라. 당신이 상대방의 말을 이해하려고 노력하고 있음을 분명하게 보여주면, 상대편은 자기 욕구가 당신에게도 중요하다는 점을 놀라울 만큼 빠르게 신뢰하기 시작할 것이다. 이렇게 되면 상대방도 당신의 욕구에 더 기꺼이 귀 기울이려고 할 것이다. 자기 욕구가 의사 결정에 포함되리라는 확신이 들 때, 사람들은 상황을 다룰 수 있는 다른 방법에도 마음을 열게 된다. 사람들이 우리가 부탁한 대로 해줄 때, 그 일을 해주는 것만큼이나 중요한 것은 왜 그 일을 해주는가이다. 어떤 일을 할 때 의무감, 죄책감, 수치심 때문에 하거나 보상을 얻기 위해서 한다면, 혹은 벌 받을까봐 두려워서 한다면, 그 행동은 항상 관계에 부담이 된다. 그 행동 때문에 양 당사자는 신뢰나 선의, 또는 확신을 대가로 치러야 할 수도 있다. 자기표현을 하는 방법을 분명하게 알고 싶으면 아래에 있는 네 가지 안내를 따라보라.

1. 상대방에게 할 말을 관찰, 느낌, 욕구, 부탁으로 표현해보세요.

분노·죄책감·수치심

2. 그 말에 상대방이 어떻게 반응할지 적어 보세요.

3. 말이나 행동을 통해 표현되고 있는 상대방의 느낌과 욕구는 무엇인가요? 상대편과 연결하려고 하면서 공감적 추측을 표현해보세요.

4. 중요하게 다가오는 부분을 발견할 때까지 주고받는 대화를 계속해서 써보세요. 공감으로 듣기와 자신의 느낌, 욕구, 바라는 바 표현하기를 번갈아서 이어갑니다.

8장 | 끈질긴 죄책감

끈질긴 죄책감

오후 9시 10분

잠자리에 들면서 오늘 하루를 생각한다. '오늘은 뉘우칠 일이 없네.' 잠깐 잠이 들었다가…… 깬다! 뉘우칠 일투성이네. 엄마한테 전화를 안 했어. 늘 당신 집에 와서 자고 가기를 바라시는데. 지금이라도 전화를 할까. 뱃속에 있던 죄책감과 통증이 커질까봐 무서워. 아버지는 알코올중독이었고, 할아버지도 그랬지. 어머니는 그걸 당신 잘못이라고 여기고 계셔. 엄마가 편하게 함께 있을 수 있는 사람은 나밖에 없어. 내가 기억하는 한 그런걸. 엄마를 좀 더 보살펴드려야 해. 그러

면서 졸음 속으로 빠져든다.

오후 10시30분

잠이 안 오네. '아프다고 거짓말할 수도 있었잖아……. 안 돼!'

'하루 종일 손님이 와 있었다고 말할 수도 있어. 사실이잖아. 그래도 어쨌든 전화를 했었어야 해. 전화했는데 안 받으시더라고 거짓말을 할 수도 있잖아……. 내가 뭘 하고 있는 거지. 내가 왜 이런 거짓말을 해야 해?' 잠든다.

오후 11시15분

또다시 깬다. 피로 때문에 머리가 무겁다. 앉으려고 일어나니 몸이 바위처럼 느껴진다. 피곤하지만 다시 자려고 해도 소용이 없을 거다. 뼛속까지 슬프다.

—소니아[1]

수치심과 죄책감은 종종 함께 나타난다. 우리를 죄책감으로 이끄는 생각을 다루면, 수치심을 다루는 데에도 도움이 된다. 수치심을 다루지 않으면 우리는 쉽게 죄책감으로 빠질 수 있다. 이 둘은 다음과 같은 생각에 함께 섞여 들어 있다.

'나는 왜 그렇게 하지 않았지?'

'왜 몰랐을까?'

'왜 아무 말도 안 했어?'

'그 사람은 고통을 받고 있는데 내가 어떻게 삶을 즐길 수 있지?'

죄책감은 우리를 변화시키지 못한다. 다만 가끔씩 거짓말을 하도록 유도할 뿐이다. 우리는 죄책감을 어떻게 다룰지 모른다. 그래서 다른 사람이 자기 고통 때문에 우리를 비난할까봐 두려울 때, 진실을 둘러싼 여러 이야기를 지어낸다. 죄책감은 서로 영향을 미치는 둘 이상의 선택지 사이에서 우리 마음이 갈라지고 있다는 신호이다. 한편으로 우리는 자기 욕구를 충족시켜줄 거라고 믿는 어떤 일을 하고 싶어한다. 다른 한편으로는 다른 사람에게 기여하고 싶은 자기 욕구에 그

분노, 죄책감, 수치심

• • •

[1]   소니아Sonja: 노르웨이의 피겨스케이팅 선수이자 영화배우—옮긴이

선택이 영향을 줄까봐 죄책감을 느낀다. 스스로에게 당연히 해야만 한다고 말함으로써 정말로 그 일을 하고 싶게 만들려고 애를 쓸 때 내면의 전쟁이 치열해진다.

이를 악물고 해야만 한다고 생각하는 일을 하고 나서 시큼한 뒷맛을 느낄 때가 종종 있는데, 특히 인간관계에서 그런 일이 일어나곤 한다. 간혹 스스로에게 해야만 한다고 말한 일을 무시하려고 애를 쓰기도 한다. 그럴 때 처음에는 선택의 자유를 즐기기도 하지만, 언젠가는 수치심과 죄책감이 우리를 갉아먹게 되는 위험에 처하기도 한다. 어떤 욕구를 충족하기 위해서 다른 어떤 욕구는 포기해야 한다는 신념 때문에 쩔쩔매게 되는 것이다.

죄책감을 느낄 때 기억해야 할 것들

1. 죄책감을 느낄 때 당신에게는 적어도 두 가지의 충족되지 않는 욕구가 있다. 그리고……
2. 이 두 욕구는 모두 다 중요하고 아름답다.
3. 당신이 죄책감을 느끼는 것은 누군가가 무언가를 포기하지 않으면 이 욕구들이 모두 충족될 수 없다고 당신이 생각하기 때문이거나, 이 욕구들이 모두 아름답다는 사실을 당신이 보지 못하기 때문이다.
4. 이 모든 욕구들과 연결되기 전에 행동한다면, 당신이 어떤 행동을 선택하든 거기에는 대가가 따를 것이다..

수치심과 죄책감의 차이

"죄책감은 내가 잘못된 행동을 했다고 말한다. 그 반면에 수치심은 나한테 잘못이 있다고 말한다.

죄책감은 내가 실수를 저질렀다고 말한다. 그 반면에 수치심은 내 존재 자체가 하나의 실수라고 말한다.

죄책감은 내가 한 행동이 좋지 않다고 말한다. 그 반면에 수치심은 내가 좋지 않은 사람이라고 말한다."

—존 브래드쇼[2]

몸을 통해 드러나는 정서 반응을 연구한 심리학자 실반 톰킨스 Silvan Tomkins의 연구에 따르면, 죄책감에는 모든 인간에게 공통으로 나타나는 신체적 징후가 없다. 수치심을 느낄 때면 누구나 낯을 붉히지만 죄책감은 그렇지 않다. 톰킨스는 죄책감을 **도덕적 수치심**이라고 불렀다. 죄책감이 항상 수치심에서 비롯한다고 보았기 때문이다.[3]

수치심은 나에게 어떤 잘못이 있는지에 초점을 맞출 때 일어나고, 죄책감은 내가 한 행동에 어떤 잘못이 있는지에 초점을 맞출 때 일어난다. 죄책감을 느끼지 않고도 수치심을 느낄 수 있다. 그러나 죄책감의 핵심에는 거의 항상 미묘한 수치심이 서려 있다. 이 두 감정이 함께

● ● ●

[2]　　존 브래드쇼John Bradshaw, 『당신을 묶고 있는 수치심 치유하기Healing The Shame That Binds You』, Health Communication inc, 1988.

[3]　　도널드 네이선슨, 『수치심과 자부심』

일어나면, 그것을 다루기가 훨씬 더 어려워진다. 했어야 할 일을 하지 않았다는 죄책감이 가고 난 뒤에도, 이런저런 행동을 한 내가 얼마나 끔찍한 사람인가 하는 생각을 끈질기게 붙잡고 있는 수치심은 가지 않고 남아 있을 수 있다.

이 두 감정을 구분할 때, 수치심이 내가 사람으로서 실패자라는 생각과 관련이 있다는 걸 기억해두면 도움이 된다. 수치심은 행동에 근거를 두면서도 그렇게 행동한 것은 내가 그런 사람이기 때문이라는 생각이 불러일으키는 감정이다. 예컨대 내가 누군가에게 거짓말을 하고는 그 일에 대해 수치심을 느끼는 상황이라고 하자. 나중에 진실을 말해도 수치심은 여전히 남는데, 그것은 수치심이 내가 한 행동과 관련된 감정이 아니라 내가 얼마나 나쁜 사람인지와 관련된 감정이기 때문이다. 나는 거짓말쟁이인 것이다.

죄책감은 하지 말아야 한다고 생각하는 행동을 하거나, 해야 한다고 생각하는 행동을 하지 않았을 때 느끼는 감정이다. 그것은 내가 사람으로서 가치가 없다고 생각하는 것과는 다르다.

죄책감 유도하기와 수치심 유도하기

옳고 그름을 따지는 사고방식이 죄책감과 수치심을 가져온다.

죄책감을 유발하는 사고방식은 **해야만 한다**는 생각에 기초를 두고 있다.

자기 자신을 비난하는 생각들:

왜 그렇게 하지 않았어?

손자손녀를 위해 좀 더 잘 해줬어야 해.

더 많이 주었어야지.

나는 지금 내가 누리고 있는 삶을 누릴 자격이 없어.

다른 사람을 비난하는 생각들:

네가 어떻게 나한테 이럴 수 있는지 이해할 수 없어. 이제 내 삶은 아무 의미가 없어졌어. 너 때문이야! 살 이유가 아무것도 남아 있지 않은 느낌이야.

다른 사람에게 수치심 주기:

도대체 무슨 사람이 그래? 믿을 수 있는 사람이라고 생각했는데, 자기밖에 모르는 사람이었어.

자기 자신에게 수치심 주기:

나란 사람은 대체 왜 이런 거야? 다른 사람들은 신경도 안 쓰는 거야?

난 너무 멍청해.

내 몸은 추해. 아무도 가까이 오려고 하지 않는 게 당연하지.

내가 일을 어떻게 망쳐놓았는지 좀 봐. 사람들이 어떻게 생각하겠어?

이걸 명심하는 게 좋다. 수치심을 없애기 위해 어떤 행동을 한다고 해서 수치심을 유발하는 사고방식이 달라지지는 않는다는 사실 말이다. 죄책감을 유발하는 사고방식은 때로 없어지기도 한다. 내가 해야만 한다고 생각하는 행동을 하고나면 일시적으로 사라지는 것이다. 유리창을 닦는 나이 든 어머니를 도와야 한다고 생각할 때, 실제로 그렇게 하면 죄책감은 사라진다. 그런데 '늙은 엄마를 도와드리는 데 대해서 반발심을 느끼고 있네. 이런 나는 비정상이야.'라는 식의 사고방식이 가져오는 수치심은 엄마를 도와드린다고 해서 사라지지는 않는다. 무엇보다 중요한 점은 자기 자유의지에서 나오는 행동이 아닐 때 인간관계 자체가 곪아버릴 수 있다는 것이다. 이런 관계에서는 앞으로 우리가 어떤 행동을 할 때, 그 행동이 선의에서 나오기 어려워진다.

수치심과 죄책감의 차이 중에 이런 것도 있다. 죄책감을 느낄 때 우리는 어떤 벌을 받게 될지를 두려워한다. 그런데 수치심을 느낄 때에는 배제되거나 수용되지 않을까봐 걱정한다.

수치심과 죄책감 둘 다 우리가 삶에서 방향을 잡고 행동을 선택하는 데 도움이 될 수도 있지만, 너무 지나치면 통제 불능 상태에 빠질 수 있다.

죄책감과 수치심에 바탕을 둔 사고방식은 우리가 무엇을 필요로 하고 무엇을 원하는지 깨닫도록 도와주는 대신에 우리를 마비시킬 수도 있다. 이 두 가지를 분리해서 살펴보는 이유 가운데 하나는 그렇게 할 때 자기 욕구와 연결하는 일이 좀 더 쉬워지기 때문이다.

죄책감을 자극하는 일과 수치심을 자극하는 일을 완벽하게 구분할 수는 없다. 누군가가 수치심을 느끼는 상황에서 다른 사람은 죄책감을 느낄 수 있다.

죄책감 재구성하기: 죄책감을 욕구로 전환하기

죄책감을 느낄 때 자주 일어나는 일은, 우리가 자신의 한쪽 면의 이야기만 듣는 것이다. 죄책감이란 우리가 자신의 욕구 중에서 한 부분을 희생한 대가로 다른 한 부분을 충족하는 행동을 할 때 일어나는 내면의 갈등이라고 할 수 있다.

때로는 우리가 오래된 패턴을 깨뜨리려고 할 때 죄책감이 불쑥 튀어나오기도 한다. 예컨대 오랫동안 충족되지 못한 욕구를 충족하기 위해 뭔가 새로운 일을 시도하려고 할 때, 우리를 익숙한 길로 되돌아가게 하려는 듯 죄책감이 느껴진다. 죄책감이 원하는 것은 수용되리라고 믿을 수 있는 익숙하고 안전한 곳으로 우리를 이끌어가는 일이다.

오래되고 익숙한 방식으로 되돌아가면 죄책감은 사라질지도 모른다. 그러나 내면의 불만족은 더 커진다. 새로운 일을 하고 싶은 욕망 뒤에 있는 욕구의 말을 들어주지 않을 때, 우리는 반쯤 죽은 상태로 차가운 우울 속으로 빠져들 수도 있다. 그리고 이런 우울로부터 해방되려고 알코올이나 다른 약물을 찾게 될지도 모른다.

우리는 자신 안에 있는 서로 다른 부분들의 이야기를 들어주는 방법을 찾아야 한다. 우리 안에는 저마다 자기에게 맞는 수단·방법을 찾으려고 서로 다른 방향으로 우리를 잡아당기고 있는 다양한 부분들이 존재한다. 우리가 이미 어떤 행동을 하고 나서 죄책감을 느낄 때, 우리는 죄책감(내면의 비판자) 뒤에 있는 욕구와 그 행동을 함으로써 충족하려고 했던 욕구를 함께 들어주는 법을 배워야 한다.

만약 자신을 비판하는 목소리만 들어주면, 우리는 자신이 충분하지 못하다는 생각을 하면서 욕구 나침반의 자기비판 방향으로 끝도 없이 가게 될 것이다. 그 반면에 자기비판 목소리를 들어주지 않고 행동할 때에는, 다른 사람들을 돌보고자 하는 또 다른 중요한 부분을 막아버렸기 때문에, 우리의 내면이 차가워진다. 이럴 때 우리는 욕구 나침반에서 반항의 길로 접어들어 죄책감이라는 느낌을 무찔러버리고 자신이 원하는 대로만 하려고 한다. 어떤 방향을 선택하든 이 길들은 다른 사람과 우리 자신에게 도움이 되지 않는 선택을 하게 만들 것이다. 만약 이런 상황을 만나게 되면, 아래에 있는 '죄책감 전환하기' 단계들을 밟아보기를 권한다.

죄책감 전환하기

1. 죄책감이 느껴지면 일단 멈추고 숨을 쉰다. 그리고 내면에서 무슨 일이 일어나고 있는지 자기 자신과 연결한다.
2. 내면에서 모든 판단과 '해야만 해 사고방식'이 나올 수 있도록 공간을 허용해준다. 생각을 잘 듣는다. 그러나 생각에 따라 행동하지는 않는다.
3. 이 생각들이 당신에게 알려주고자 하는 욕구가 무엇인지 스스로에게 물어본다.
4. 스스로에게 해야만 한다고 이야기하는 일을 하지 않기로 선택하면 어떤 욕구가 충족될지 자기 자신에게 질문해본다.
5. 3번과 4번에서 발견한 욕구를 둘 다 충족하기 위해(적어도 둘 다를 고려하면서) 무엇을 할 수 있는지 자기 자신에게 물어본다.
6. 죄책감이 전환된 후에 행동을 한다. 모든 욕구를 충족할 수 있는 방법을 찾지 못할 수도 있다. 지금 당장 충족할 방법을 찾지 못한 욕구에 대해서는 스스로 애도할 수 있도록 허용한다.

신처럼 행동하는 것을 멈추기

"당신을 반항하거나 복종하게 만들 힘을 어떤 체제에도 주지 마세요."
—마셜 로젠버그

힘이란 당신이 원하는 변화를 위해 행동할 수 있는 능력이라고 할 수 있다. 효과적으로 소통하기 위해서는 우리 힘으로 할 수 있는 일과 그렇지 않은 일을 구분하는 것이 도움이 된다. 그러려면 통제할 수 없는 일을 통제할 수 있다고 믿으면서 신처럼 행동하는 것을 멈추어야 한다. 그래야 우리 힘을 우리가 원하는 방식으로 사용할 수 있는 능력이 커진다. 이것이 명료해져야 우리가 결정할 수 있는 일과 우리 힘을 넘어서 있는 것 사이에 선을 그을 수 있다.

소통과 관계에서 우리 힘 안에 있는 일이 무엇일까?

우리 힘 안에 있는 일:
- 자신을 표현하는 방식
- 자신의 말 뒤에 있는 의도
- 다른 사람의 말에 대해 반응하는 방식
- 다른 사람의 말에 대한 자신의 반응을 다루는 방식

우리 힘 밖에 있는 일:
- 자신의 말과 표현 방식에 대한 다른 사람의 반응
- 다른 사람의 말과 표현 방식 뒤에 있는 의도

- 다른 사람이 선택하는 행동이나 말

우리는 행동하는 방식을 선택할 수는 있지만, 그 행동에 의해 다른 사람이 어떤 영향을 받을지는 선택할 수 없다. 우리가 하는 모든 행동은 환경에 영향을 미치지만, 어떤 영향을 미칠지를 늘 선택할 수 있는 것은 아니다. 죄책감이 끈질기게 일어날 때 죄책감을 불러일으키는 생각에 먹이를 주는 대신에 우리의 힘 안에 있는 일과 그렇지 않은 일을 구분하면 행동할 수 있는 힘이 생긴다.

우리는 일어나는 일을 변화시킬 수 없을 때에도 그 일과 어떤 관계를 맺을지를 선택할 수 있다. 살을 빼고 싶은데 사탕을 먹고 싶다면, 굉장히 많은 운동을 해야만 살이 빠질 것이다. 사탕을 먹기로 선택할 수 있지만, 사탕이 함유하고 있는 칼로리의 양이나 그것이 우리 몸에 미치는 영향을 결정할 수는 없다. 나의 선택과 그것이 미치는 영향 사이의 상호작용을 수용할 때 행동과 소통이 수월해진다. 끊임없이 주변 환경과 힘겨루기를 하지 않고, 그것과 조화롭게 살아가는 법을 배울 수 있다.

어떤 사람이 "당신이 나를 배려하지 않아서 실망스러워요."라고 말할 때 다른 사람에게 특정한 느낌을 만들어낼 수 있는 힘이 우리에게 있다고 믿는다면, 우리는 그 말을 다른 사람의 실망감에 대한 책임이 우리에게 있다는 말로 들을 것이다.

우리가 다른 사람 안에 있는 느낌을 창조해낼 힘을 가진 신이 아니라는 사실을 인식하면, 연민에 이르는 계단이 짧아진다. 이제 우리는 그 사람의 고통을, 그 사람이 현재 경험하고 있는 것보다 더 많은 돌봄과 사랑을 필요로 한다는 신호로 들을 수 있게 된다. 그 사람의 느낌에 대한 책임이 나에게 있지 않다는 것을 알기 때문에, 우리는 이제 그 사람의 삶에 기여하는 것을 선택할 수 있다. 이것은 우리의 관계에서 의무감 때문에 또는 죄책감을 피하기 위해 기여할 때와는 전혀 다른 효과를 미치게 될 것이다.

죄책감과 강요

강요는 우리가 다른 사람의 삶이나 선택을 통제할 수 있는 힘을 가지고 있다는 사고방식 때문에 일어난다. 우리가 다른 사람의 삶이나 선택에 영향을 미칠 수는 있지만, 다른 사람을 대신해서 선택할 수는 없다. 궁극적으로 선택을 하는 사람은 그 사람 자신이다. 만약 다른 사람에게 우리가 원하는 대로 결정해야 한다고 강요했는데 그 사람이 거절을 하면, 우리는 화가 날 것이다.

죄책감을 이용해서 다른 사람이 무언가를 하도록 강요하면, 그것은 신뢰나 선의라는 차원에서 비용을 치르게 된다. 사람은 기여하려는 욕구가 있고, 자신과 다른 사람들의 삶을 풍요롭게 하는 일을 즐긴다. 이때 그 사람이 자신이 하는 기여를 자발적인 일로 경험하고 있다면, 우리는 강요가 아니라 협력을 위해 우리의 힘을 사용하고 있는 것이다. 협력하는 힘은 다른 행동 방식에 대해서도 열려 있기 때문에 다른 사람에 대한 영향력이 더 크다.

강요할 때 우리는 다른 사람의 욕구를 희생시킬 일들을 할 준비가 되어 있음을 보여주게 된다. 우리가 결정할 수 없는 일에 대한 통제권을 얻으려고 애쓰면서, 실제로 우리가 가지고 있는 힘을 잃어버리는 것이다. 때로 죄책감이 누군가의 행동을 변화시킬 수 있지만, 그러한 행동 변화는 건성일 때가 많다. 왜냐하면 행동 뒤에 있는 의도에는 변함이 없기 때문이다. 그럴 때 사람은 기여하려는 진정한 동기에서 행동하는 것이 아니라, **그래야 하기 때문에** 그리고 죄책감을 피하기 위해서 행동하는 것이다.

희생양 만들기

"희생양만 바치면 문제가 사라질 거야!"

직장에서 갈등이 생겼을 때 이 말대로 제안을 한다면, 당신은 비웃음을 살 것이다. 그러나 실제로 갈등이 일어났을 때 희생양 찾기는 종종 일어나는 일이다. 우리는 어려운 일이 생겼을 때 그 일을 두고 비난을 퍼부을 누군가를 찾으려고 한다. 우리는 앞으로 나아갈 수 있기 위해서 잘못을 저지른 사람, 다르게 행동했어야 할 사람, 따라서 합당한 벌을 받아야만 할 사람을 찾는다.

　누군가에게 책임을 강요할 때, 일어난 일에 대해 비난을 퍼부을 누군가가 필요할 때, 희생양 찾기라는 생각이 떠오른다. 그렇지만 희생양이란 무엇인가? 희생양은 잘못이 없지만 신을 만족시키기 위해 제물로 바치는 누군가를 가리킨다. 희생양 찾기란 잘못된 일에 대해 비난을 쏟을 개인이나 집단을 찾는 것을 뜻한다. 실제 인과관계를 밝

히기보다는 몇몇 사람을 벌주는 쪽이 더 쉽다.

"그는 두 손을 양의 머리에 올리고 이스라엘 백성들의 모든 사악함, 반항, 죄를 고백할 것이다. 이렇게 그는 백성들의 죄를 양의 머리로 옮길 것이다. 그런 후에 이 일을 위해 특별히 선택된 한 남자가 양을 광야로 끌고 갈 것이다. 양이 광야로 가면서 자신이 짊어진 모든 백성들의 죄를 버려진 땅으로 가져갈 것이다."[4]

「창세기」를 비롯해 성경에는 희생양에 관한 여러 이야기들이 나온다. 의례를 통해 사람들의 죄가 상징적으로 한 마리 동물에게 옮겨진 다음에 그 동물은 희생 제물이 된다. 비슷한 의례가 여러 다른 종교에도 묘사되어 있다.

사제는 지난해 동안 이스라엘 백성들이 지은 모든 죄와 잘못을 희생양 위에 올림으로써 백성들의 죗값을 치른다. 희생양 자체는 잘못이 없지만, 백성들의 죄를 사하기 위해 희생된다.[5]

다른 사람들이 한 일에 대한 비난을 떠맡는 양이라는 아이디어는 나에게는 터무니없이 느껴진다. 그렇지만 이러한 접근법은 조직, 가족을 비롯한 여러 맥락에서 우리가 생각하는 것보다 훨씬 더 흔하게 나타난다. 오래된 신화와 의례가 생각보다 훨씬 더 많은 영향을 미친다. 몇 가지 예를 들어보겠다.

● ● ●

[4] 『구약 성경』, 「레위기」, 16장 21~22절

[5] 예수는 우리의 죄를 사하기 위해 십자가에서 돌아가셨다고 한다. 이것이 궁극적인 희생 혹은 희생양이라고 할 수 있다.

- 경기를 잘하지 못한 한 축구 선수가 희생양이 될 수 있다. 팀의 실수가 그의 책임이라고 손가락질을 받는다. 때로는 트레이너가 팀의 좋지 못한 성적에 대해서 비난을 받기도 한다.

- 내가 중재를 했던 많은 조직에서는 서로 다른 사람들을 희생양으로 지목하는 하위 집단들 때문에 분쟁이 교착상태에 빠지곤 했다. 일이 잘못되었을 때 **"이게 누구 잘못이지? 누가 이 일에 대해 책임을 져야 하지?"**라는 물음이 제기된다. 이 질문은 빠른 속도로 별 생각 없이 일어난다. 누군가가 꼭 책임을 져야 한다는 것이 자연의 법칙이라도 되는 것 같다. 이토록 일이 잘못된 지금 누가 벌을 받아야 하는지, 혹은 심지어 누가 해고되어야 하는지를 두고 끊임없는 수색 작업이 벌어진다.

- 스웨덴에서는 에스토니아호 침몰 사건이나 태국의 쓰나미 같은 재난에 대해서 누가 비난받아야 하는가를 둘러싼 논쟁이 몇 년간 벌어졌다. 희생양이 일을 바로잡을 것이라는 신념(물론 이와 같은 비극적인 상황에서는 불가능한)은 매우 강력한 것 같다.

- 때로는 비난을 떠맡는 일이 '고상한' 일로 간주된다. 인터넷에는 온갖 종류의 사건에 대해 책임을 감수하는 사람들의 블로그까지 등장하고 있다.

사람들은 책임을 다른 누군가에게 떠넘김으로써 자기 문제를 완화시키려고 한다. 그렇게 하면 적어도 일시적으로는 평화가 찾아온다. 죄책감을 느낄 때, 잘못을 저지른 다른 누군가가 존재한다고 말하면 기분이 좋아질 수 있다. 혹은 내가 비난받아야 하며 그걸로 이 일이 끝나기를 바란다고 말함으로써 마음이 가벼워지기도 한다. 양을 신에게 제물로 바치면 백성들의 죄가 사해지는 것처럼, 우리는 누가 비난받아야 할지를 알면 그제야 쉴 수 있다고 생각하는지도 모른다.

문제는 한 집단이 실패했을 때 그에 대한 책임을 한 개인에게 떠넘길 수가 없다는 사실이다. 그렇게 하면 조직 전체가 실수로부터 뭔가를 배울 기회를 잃어버리게 된다. 그러면 우리는 그것이 효율적이라고 착각하면서 나중에 같은 실수를 더 쉽게 저지르게 된다.

희생양의 핵심부에는 우리의 죄를 용서해줄 수 있는 누군가가 있다는 믿음이 있다. 우리에게 죄가 있는지 없는지를 결정할 수 있는 어떤 높은 힘, 누군가가 희생을 하면 거기에 만족해하는 신 말이다. 신은 일종의 회계사로서, 장부에 적힌 대변과 차변을 지속적으로 파악하고 있다. 삶에 대해서 이런 관점을 가지면, 우리는 자선단체에 돈을 기부함으로써 천국에 자리를 사둘 수가 있다.

조직에서 어떤 일이 일어났을 때 희생양을 찾게 되면 실제로 무슨 일이 벌어질까? 누구 책임인지를 밝혀 적절한 벌을 줄 수 있다. 그런 다음에는 어떻게 되는가? 모든 일들이 다시 제자리를 찾게 될까? 다시 조화로운 상태로 되돌아가려는 애초의 의도에도 불구하고 그런 일은 좀처럼 일어나지 않는다. 적어도 관련된 모든 사람들을 포함하는 조화는 이루어지지 않는다. 실제로 일어날 법한 상황은, 사람들이 자기 실수를 언급하지 않으려들고 되도록 오랫동안 그것을 감추려 하게 되는 것이다.

자신감과 자존감

죄책감과 수치심은 자신감과 자존감에 영향을 미친다. 자존감과 자신감이란 자기 자신이나 자신이 한 행동에 대해 어떤 방식으로 사고하는지를 나타내는 말이다. 이 사고방식을 알아차리고, 자신을 얼마나 '자신감이 낮은 사람'이라고 생각하는지를 자각하면 삶에 도움이 된다.

자존감과 자신감이라는 개념이 곧잘 사람이 소유하는 어떤 것으로 간주되기 때문에, 이 개념들을 사용하는 데 대해서 염려가 된다. 정지해 있어서 변화할 수 없는 것이라는 생각이 들 수 있기 때문이다. 그러나 자신감과 자존감은 변화 가능하다. 수치심과 죄책감 뒤에 있는 우리의 연약한 부분에 도달하려고 노력할 때, 변화가 일어난다. 우리에게 필요한 첫 번째 스텝은 스스로에 대해서 무슨 이야기를 하고 있는지를 알아차리는 일이다.

자신감

자신감이란 자기 자신의 행동, 기술, 성취에 대한 내면의 비판을 얼마나 잘 다룰 수 있는지를 나타내는 척도라고 정의할 수 있다. 누군가가 자신감이 높다는 것은, 그 사람이 이런 유형의 비판(내면에서 오는 비판과 외부에서 오는 비판)이 전달하고 있는 의미를 효과적으로 알아들을 수 있는 능력이 있다는 뜻이다.

자존감

자존감이란 자기 자신에 대한 비판적인 판단을 관리할 수 있는 능력이라고 정의할 수 있다. 비판을 다룰 줄 아는 능력은 "나는 ……해요. 나는 충분히 ……하지가 않아요. 내가 좀 더 ……해야 하는데."처럼 주로 '……하다'라는 말(영어의 'be' 동사)을 다룰 수 있는 능력에서 나온다.

누군가가 자존감이 높다는 것은, 그 사람이 자기 내면과 외부에서 이와 같은 비판이 일어날 때 동시통역을 통해 그 속에 들어 있는 핵심적인 삶의 메시지를 이해할 수 있음을 의미한다. 이것이 가능할 때 가장 끈질긴 죄책감도 다룰 수 있게 된다.

죄책감에서 자유로워지기

"아들이 화를 낼 때 그걸 다루기가 나는 정말 어려웠어요. 수년간 아들이 분노를 표출할 때면, 나는 그 애를 위로하거나, 무시하거나, 아니면 아들이나 주위에 있는 다른 아이들을 비난하려고 애쓰면서 온 힘을 다해 아들의 분노에 대항해서 싸워왔어요. 나는 무엇보다 아이의 분노가 머무를 수 있는 공간을 허용하고 싶었어요. 그렇지만 늘 아이의 행동을 책임지려 하면서, 그 아이가 표출하는 분노에 대해서 죄책감과 수치심을 느꼈어요.

비폭력대화 훈련에 참가한 지 이틀이 된 어제, 아이가 학교에서 싸우고 집으로 돌아왔지요. 아이 옆에 앉아서 공감으로 아이의 말을 들었어요. 아이의 느낌과 욕구를 추측하면서 귀 기울여 듣다보니, 아이가 내 품에 안겨 우는 거예요. 우리는 얘기를 나누다가 아무 말 없이 앉아 있기도 했어요. 이번에는 학교에서 일어난 일에 대해서 곧잘 찾아오던 죄책감이 느껴지지 않았어요. 오로지 아이와의 연결감만이 느껴졌어요."

—수산네Susanne

분노, 수치심, 죄책감을 다루는 NVC 워크숍을 진행한 후에 이처럼 고무적인 소감문을 선물받았다. 이 이야기가 알려주는 것은 죄책감에서 자유로워질 때 우리 안에 다른 사람을 위한 공간이 생겨난다는 사실이다. 다른 사람이 화가 나거나 슬픔을 느끼는 순간에 죄책감을 느끼면, 우리는 자신의 내면세계를 다루는 데 사로잡혀서 다른 사람이 다가올 수 없는 상태가 된다.

　　죄책감은 종종 서로 이야기를 들어주는 우리의 능력을 방해한다. 내 말에서 누군가가 비난을 듣는다면, 그것은 그 사람이 내가 원하는 바를 알아듣지 못했다는 신호이다. 누군가에게 말을 할 때 그 사람이 자기 자신을 비난하면, 나는 보통 아래의 세 가지 가운데 하나를 한다.

1. 상대방에게 내 느낌과 그 느낌에 연결되어 있는 나의 욕구를 반영해달라고 부탁한다. 이렇게 하면 내가 자신의 느낌에 대해 책임지기를 원하고 있음을 알리는 데 도움이 된다.
   "제가 분명하게 표현했는지 확인하고 싶어요. 제 말을 통해 표현된 저의 느낌과 욕구가 무엇인지 들으신 대로 말해주시겠어요?"

2. 그 순간 상대방에게 살아 있는 느낌과 욕구가 무엇인지 추측한다. 소리 내어 물어볼 수도 있고 속으로 조용하게 추측하기도 한다.

"제가 오지 않을 거라는 말을 들으셨을 때 실망스러우신가요? 지금 당장 충분한 지지를 받는 일이 정말로 필요하기 때문인가요?"

3. 스스로 명료해지기 위해 도움을 요청한다. 다음과 같이 말할 수 있다.

"제가 드린 말씀을 비난으로 듣지는 않으셨는지 알고 싶어요. 제가 당신을 제 느낌에 대한 원인 제공자로 보고 있지 않다는 점을 분명하게 알려드리려면 어떻게 다르게 말씀드릴 수 있을까요?"

분노 죄책감 수치심

돈과 죄책감

- "저는 그 직원보다 월급을 많이 받아요. 그녀는 늘 이리저리 형편이 쪼들린다는 이야기를 해요. 그럼 저는 최근에 충동구매한 일에 대해 말하기를 멈추지요. 쇼핑백을 감추게 되고 새 옷을 입고 출근한 데 대해 부끄러움이 올라와요."

- "생일 선물로 사드리고 싶은 걸 살 형편이 안 될 때 아버지를 뵐 면목이 없어요. 지난번 제 생일 때 아버지가 비싼 선물을 주셨는데 말이죠. 너무 부끄러워서 생일 파티조차 갈 수가 없다니까요."

돈이 너무 많아도 또 너무 적어도 수치심이나 죄책감이 올라올 수 있다. 두 경우 모두 수치심과 죄책감이 우리가 다른 사람들과 연결하는 것을 방해한다. 수용되려고 애를 쓰다 보면, 돈과 관련해 이것저것 비밀이 생길 때가 있다. 많은 사람들에게 물어봤는데 친구나 부모, 자녀의 수입이 얼마인지 모를 때가 많았다.

워크숍을 진행할 때 돈 문제를 다루고 싶어 하는 사람들을 만나는데, 그분들이 도움을 받고 싶어 하는 상황은 보통 두 가지이다. 하나는 돈을 청구할 때 수치심을 느끼는 상황이고, 다른 하나는 돈을 다루는 방식에 대해 죄책감을 느끼는 상황이다.

수년간 몇몇 협력자들과 함께 에스토니아에서 일주일에 걸쳐 NVC 워크숍을 조직해서 진행한 적이 있다. 생활수준이 현격하게 다른 나라에서 참가자들이 오기 때문에, 매해 참가비를 다른 식으로 조정해보았다. 우리는 조금밖에 지불할 수 없는 사람들도 환영하고 싶었다. 한번은 동유럽에 사는 사람과 서유럽에 사는 사람에게 다른 액수를 요청했다. 워크숍이 진행되는 동안 받은 참가비 총액으로 어떻게 비용을 부담했는지를 공유하고, 서로 다른 참가비를 요구받을 때 어떤 반응이 올라왔는지 물어보았다. 서유럽에서 온 참가자 중에는 더 많이 지불하는 일이 불공평하다고 생각하는 분이 있을 거라고 짐작하고 있었다.

가장 강렬한 반응을 보여준 사람은 동유럽에서 온 분이었다. 그분은 자신이 어떤 "박스"에 넣어진 것 같아 굴욕감을 느꼈다고 했다. 그녀는 자신이 세상의 특정 장소에서 왔다는 이유 하나로 가난하다고 여겨진다는 사실에 분개했다. 그녀는 심지어 "이등 시민"이 된 것 같이 느껴져서 굴욕적이었다는 표현까지 했다.

"모든 사람은 똑같이 성공할 기회를 가지고 있다."라고 믿는 문화권에서 온 사람은 돈이 없을 때 쉽게 수치심을 느낀다. 자신의 재정

상태를 잘 관리하지 못한 것이 수치스러운 일로 간주되며, 사람은 자신이 가진 것에 만족하면서 살아야 한다.

모든 시련을 견디고 성공한 사람들에 관한 감동적인 영화들이 할리우드에서 지속적으로 양산되고 있다. 종종 "실화에 바탕을 둔" 영화들이 충분히 노력하기만 하면 어떤 상황에서든 성공할 수 있다는 메시지를 변함없이 내보내고 있다. 만약 당신이 가난하고 행복하지 않다면, 그것은 당신이 상황을 바꾸려고 충분히 노력하지 않았다는 것을 뜻한다. "뿌린 만큼 거두리라."라고 외치는 이런 관념이 우리를 길들여, 우리 주변에 존재하는 현실을 손쉽게 무시하도록 만들고 있다.

분노 죄책감 수치심

죄책감을 자극하는 일들의 목록

자신이 죄책감을 경험하는 상황들의 목록을 작성해서, 죄책감에 대한 자각을 키우고 죄책감을 다루는 기술을 향상시키는 데 사용할 수 있다. 이 목록은 당신이 어떤 상황에서 좀 더 주의를 기울여야 하는지를 알려준다.

만약 죄책감을 느낀 적이 없다는 생각이 든다면, 죄책감을 피하기 위해 어떤 행동을 할 때가 있는지 좀 더 생각해볼 것을 권한다. 죄책감은 거의 자동으로 일어나기 때문에, 이런 감정이 든다는 사실조차 알아차리지 못할 때가 있다.

때로 죄책감이 다양한 종류의 혐오감이나 불편감과 함께 찾아오기 때문에, 어떤 대가를 치르더라도 그 느낌을 피하려고 애를 쓰면서 죄책감 자체에는 별 주의를 기울이지 않는 것이다. 죄책감은 초기 단계에서 인식할수록 관리하기가 쉽다. 죄책감을 촉발하는 생각이 잠재의식에 아직 뿌리를 내리지 않았기 때문에, 전환하기가 쉽고 욕구와 더 깊이 연결하는 데 도움이 된다. 아래 질문들을 이용하면 죄책감이 어떤 순간에 당신 삶에 나타나는지를 볼 수 있다.

- 무슨 일이 일어나고 있는가? 죄책감이 일어나는 순간에 당신이 관찰하는 것은 무엇인가?

- 이 상황에서 스스로에게 해야만 한다고 말하고 있는 일은 무엇인가?

- 이 상황에서 스스로에게 해서는 안 된다고 말하고 있는 일은 무엇인가?

- 자기 자신에 대해서는 어떤 생각을 하는가? 스스로를 어떻게 판단하고 있는가?

- 다른 사람들에 대해서는 무슨 생각을 하는가? 다른 사람들을 어떻게 판단하고 있는가?

- 다른 사람의 말 속에서 무엇을 듣는가?

- 당신 자신의 말 속에서 무엇을 듣는가?

내가 느끼는 죄책감의 예

언니를 만나자마자 거의 항상 죄책감을 느낀다는 사실을 받아들이자, 나는 욕구와 연결할 수 있었다. 그녀를 보는 순간에, 아니면 언니를 본다는 생각만 해도 오래된 패턴이 나를 사로잡는다는 사실을 깨달았다. 내 안에서 무슨 일이 일어나고 있는지 관찰해보았다. 언니가 있을 때면 알아서 자기 욕구를 포기해버리는 자신에게 그러지 말고 자기 욕구를 지키라는 메시지를 전달하기 위해 죄책감이 올라온다는 사실을 알아차렸다.

나 자신의 욕구를 옹호하면서 언니와 연결도 유지할 수 있게 되자, 매 순간 내 욕구를 상기시켜주던 죄책감이 더는 일어나지 않게 되었다.

죄책감 탐구의 날

어느 하루를 택해서, 죄책감을 피하기 위해서라면 아무 일도 하지 말라는 말의 의미를 특별히 탐구하는 날로 삼아보기를 권한다. 그 하루 동안 일어나는 통찰을 잘 담아두기 위해, 메모장에 아래의 네 단계를 기록해보면 도움이 된다.

단계 1:

죄책감을 피하기 위해 무언가를 하려고 하는 자신을 발견하면, 그 행동을 하지 말 것! 더 많은 죄책감을 느끼려고 노력하라는 말이 아니다. 대개는 죄책감이 이미 충분하다. 죄책감이 드는 순간에 그것을 알아차리고, 그것을 떨쳐버리기 위해서 하려는 행동을 멈추기만 하면 된다.

단계 2:

죄책감 뒤에 있는 나의 욕구에 주의를 기울인다. 그 욕구와 연결될 때 어떤 느낌이 드는지도 알아차린다.

단계 3:

죄책감을 피하려고 애쓸 때 충족되고 있는 욕구와 그때 충족되지 않고 있는 욕구 둘 다를 명료하게 의식한다.

단계 4:

이 두 가지 욕구에 연결되었을 때, 당신은 죄책감이 드는 그 행동을 하고 싶은가, 그렇지 않은가?

여전히 자신이 무엇을 원하는지 알기 어렵다면, 옳거나 그른 행동이란 없으며, 해야만 하거나 해서는 안 되는 행동 역시 없다는 사실을 스스로에게 상기시킨다.

선택의 결과에 직면할 준비가 되어 있는가? 누군가에게 어떤 부탁을 하고 싶은가?

맺는말

이 책을 쓰는 데 상상했던 것보다 훨씬 오랜 시간이 걸렸다. 처음에는 분노에 대한 소책자 정도를 생각했는데, 점점 자라고 자라서 이 책이 되었다. 애초에 분노, 수치심, 죄책감이라는 세 가지 감정이 나의 흥미를 끈 것은, 그것이 생각과 섞여 있는 감정의 표현들이기 때문이었다. 정말로 멈춰서 시간을 들여 죄책감, 수치심, 분노를 면밀히 들여다볼 때, 그 표면 아래에서 무엇을 발견하게 될지를 알지 못한 상태였다. 나보다 먼저 이 작업을 했던 수많은 작가들, 영화 제작자들, 그리고 연구자들에게 엄청나게 큰 감사가 있다. 다양한 방향으로 다채로운 자극을 받을 수 있어서 큰 도움이 되었다.

나와 함께 수치심을 탐구하는 데 헌신해주었던 사람들이 없었다면, 나는 결코 여기까지 올 수 없었을 것이다. 내가 이 여행을 할 수 있도록 도와준 더 많은 사람들이 있지만, 특별히 케이 렁Kay Rung, 카타리나 호프만Katarina Hoffman, 조앤 린먼Johan Rinman을 언급하고 싶다. 그들은 반박하기도 하고 덧붙이거나 빼주기도 하면서, 지식이 나 자신과 잘 통합되도록 너무나 많은 일들을 해주었다.

이 책의 맺는말을 쓰는 지금, 이 작업이 마무리되는 것을 의식할 때 기분이 좋다. 아울러 좀 더 자라날 수 있는 작업을 끝맺는 데에서 오는 약간의 불만도 느낀다. 더 확장되고 더 다듬어져서 더 많은 새로운 아이디어와 접근 방법들을 불러올 수 있었다면 얼마나 좋았을까? 그러나 내가 쓴 이 책이 독자들의 삶에 다가가 중요한 영향을 미치리라는 희망과 믿음 속에서 기쁜 마음으로 이 작업을 맺으려 한다.

내가 언제 다시 수치심, 죄책감, 분노를 느낄지가 기다려진다. 여러분도 그렇게 되기를 희망한다!

리브 라르손

참고 문헌

Alakoski, Susanna. *Svinalängorna*. Bonnier pocket. 2006.

Bach, Richard. *Illusions, The Adventures of a Reluctant Messiah*. Dell Publishing, 1977.

Benedict, Ruth. *Patterns of Culture*. Mariner books, 2006.

Bradshaw, John. *Healing The Shame That Binds You*. Health Communications inc. 1988.

Brown, Brené. *I Thought It Was Just Me (But It Isn't) - Women Reclaiming Power and Courage in a Culture of Shame*. Gotham Books. 2008.

Brown, Dan. *Den förlorade symbolen*. [The Lost Symbol] Albert Bonniers förlag. 2009.

Buber, Martin. *Skuld och skuldkänsla*. [Guilt and Guilt Feelings] Dualis förlag. 2000.

Böhm & Kaplan. *Hämnd och att avstå från att ge igen*. [On revenge] Natur och Kultur. 2006.

Can, Mustafa. *Tätt intill dagarna. Berättelsen om min mor*. [The Story of my mother] Norstedts. 2006.

Clark, E Mary. *In Search of Human Nature*. Routledge. 2002.

Cullberg Weston, Marta. *Från skam till självrespekt*. [From shame to self respect] Från Natur och Kultur. 2008.

Damasio, Antonio. *På spaning efter Spinoza. Glädje, sorg och den kännande hjärnan*. [Looking for Spinoza: Joy, Sorrow, and the Feeling Brain] Bokförlaget Natur och Kultur. 2003

Diamond, Jared. *Vete, vapen och virus. En kort sammanfattning av mänsklighetens historia under de senaste 13 000 åren.* [Wheat, Germs and Steel] Norstedts. 2006.

Eisler, Riane. *Bägaren och svärdet, vår historia, vår framtid.* [The Chalice and the Blade] Friare liv. 2005.

- *Sacred Pleasure: Sex, Myth, and the Politics of the Body.* Harper. 1996.

- *The Real Wealth of Nations: Creating a Caring Economics.* Berrett-Koehler. 2007.

Fredriksson, Marianne. *Anna, Hanna och Johanna.* [Anna, Hanna and Johanna] Norstedts audio. 2006.

Foundation for inner peace. *A Course in Miracles.* Foundation for inner peace. 2007.

Gandhi, Mohandas. *My Experiments with Truth.* Highbridge Audio. 1995.

Galtung, Johan & Andreas. *En Flygapelsin berättar.* [Stories from a flying orange] Vita Älgen förlag. 2003.

Gibson & Klein. *What's Making You Angry. 10 steps to Transforming Anger So Everyone Wins.* PuddleDancer Press. 2004.

Goleman, Daniel. *Emotional Intelligence.* Bantam Books. 2006.

Hartmann, Thom. *The Last Hours of Ancient Sunlight.* Hodder and Stoughton. 2001.

Isdal, Per. *Meningen med våld.* [The meaning of violence] Gothia förlag. 2001.

Kashtan, Inbal. *Föräldraskap från hjärtat, att föra medkänsla, kontakt och valfrihet vidare till nästa generation.* [Parenting From the Heart] Friare Liv. 2006.

Kohn, Alfie. *Unconditional Parenting, Moving from Rewards and Punishmen to Love and Reason.* Atria books. 2005.

Kjellqvist, Else-Britt. *Rött och vitt: om skam och skamlöshet.* [Red and white: about shame and shamelessness] Carlssons förlag. 1993.

Larsson, Göran. *Skamfilad - om skammens många ansikten och längtan efter liv.* [The many faces of shame] Cordia/Verbum förlag AB. 2007.

Larsson, Liv. *A Helping Hand. Mediation with Nonviolent Communication.* Friare Liv. 2008.

Lerner, Harriet. *The Dance of Anger: A Woman's Guide to Changing the Patterns of Intimate Relationships.* Harper Collins books. 2005.

Liedloff, Jean. *Kontinuumbegreppet. Sökandet efter den förlorade lyckan.* [The Continuum Concept] Carlssons. 1986.

Milgram, Stanley. *Lydnad och auktoritet.* [Obedience to Authority] Wahlström & Widstrand. 1975.

Nathanson, Donald L. *Shame and Pride. Affect, Sex and The Birth of The Self.* W.W. Norton&CO. 1992.

Obama, Barack. *Att våga hoppas.* [The Audacity of Hope] Albert Bonniers Förlag. 2008.

Rosenberg, Marshall. *Nonviolent Communication, Ett språk för livet.* [Nonviolent Communication, a Language of Life] Friare Liv. (Översättning G Fleetwood, L Larsson) 2007.

- *Vi kan reda ut det, fredliga sätt att hantera konflikter.* [We Can Work It Out] Friare Liv. (Översättning. T Jordan. L Larsson) 2008.

Rosenberg, Marshall. *Speak Peace In A World Of Conflict, What You Say Next Will Change Your World.* PuddleDancer Press. 2005.

Rosenberg, Marshall. *The Surprising Purpose of Anger, Beyond Anger Management: Finding the Gift.* PuddleDancer Press. 2005.

Saint-Exupéry, Antoine de. *Lille Prinsen.* [The Little Prince] Rabén och Sjögren. 2006.

Sjödin, Agneta. *En kvinnas resa.* [A Womans Journey] Bazar förlag. 2007.

Skårderud Finn. *Oro.* [Worry] Natur och Kultur. 2002.

Quinn, Daniel. *Ishmael.* Bantam Doubleday Dell Publishing Group Inc. 1995.

Wennstam, Katarina. *En riktig våldtäktsman: en bok om samhällets syn på våldtäkt.* [A real rapist] Albert Bonniers Förlag. 2005.

Wink, Walter. *Powers that be. Theology for a New Millennium.* Doubleday Image. 2000.

Wink, Walter. *Engaging the Powers Discernment and Resistance in a World of Domination.* Fortress P. 1992.

참고문헌

DVD, CD

Basics of NVC. Rosenberg, Marshall. CNVC. 2003.

Bowling for Columbine. Moore, Michael. 2002.

Children of Tomorrow. Eisler, Riane. DVD. 2004.

Managing Shame, Preventing Violence: A Call to Our Clergy. Nathanson, Donald L, DVD. 2003.

분노 회행간 수지선